Die vom Annehmenden verschuldete Aufhebung
einer Adoption (§ 1763 BGB)
als vermögensrechtliches Problem

Europäische Hochschulschriften
Publications Universitaires Européennes
European University Studies

Reihe II
Rechtswissenschaft

Série II Series II
Droit
Law

Bd./Vol. 3002

PETER LANG
Frankfurt am Main · Berlin · Bern · Bruxelles · New York · Oxford · Wien

Andrik Abramenko

Die vom Annehmenden verschuldete Aufhebung einer Adoption (§ 1763 BGB) als vermögensrechtliches Problem

Untersuchungen zu Anspruchsgrundlagen und Umfang eines Schadensersatzanspruchs von Angenommenem und Drittgeschädigten

PETER LANG
Europäischer Verlag der Wissenschaften

Die Deutsche Bibliothek - CIP-Einheitsaufnahme

Abramenko, Andrik:

Die vom Annehmenden verschuldete Aufhebung einer Adoption (§ 1763 BGB) als vermögensrechtliches Problem : Untersuchungen zu Anspruchsgrundlagen und Umfang eines Schadensersatzanspruchs von Angenommenem und Drittgeschädigten / Andrik Abramenko. - Frankfurt am Main ; Berlin ; Bern ; Bruxelles ; New York ; Oxford ; Wien : Lang, 2000
(Europäische Hochschulschriften : Reihe 2, Rechtswissenschaft ; Bd. 3002)
Zugl: Mainz, Univ., Diss., 2000
ISBN 3-631-37193-4

D 77
ISSN 0531-7312
ISBN 3-631-37193-4

Dem Andenken an Ursula Auguste Freiin von le Fort gewidmet

Vorwort

Die vorliegende Arbeit wurde vom Fachbereich Rechts- und Wirtschaftswissenschaften der Johannes Gutenberg-Universität Mainz im Jahr 2000 als Dissertation zur Erlangung des Grades eines Doktors der Rechte angenommen. Das Manuskript wurde im Dezember 1999 fertiggestellt.

Dem zu früh verstorbenen Betreuer dieser Arbeit, Herrn Prof. Dr. Manfred Harder nicht mehr persönlich für die wohlwollende Behandlung und Begutachtung danken zu können, bedauere ich zutiefst. Schon aufgrund der wissenschaftlichen Toleranz, mit der er das vom Verfasser selbst gewählte Thema akzeptierte, die Ergebnisse der ersten Fassung prüfte und schließlich durch eigene Anregungen bereicherte, erschien er mir als vorbildlicher akademischer Lehrer. Insbesondere werde ich aber seine stets zuvorkommende Art vermissen, mit der er dem jungen Kollegen aus der Praxis ganz ohne die bisweilen anzutreffende universitäre Distanz begegnete.

Mein Dank gilt ferner dem Zweitberichterstatter, Herrn Prof. Dr. Andreas Roth für die kritische, aber ebenfalls wohlwollende Begutachtung dieser Arbeit, ferner für die zusätzlichen Mühen, die mit der Betreuung des Promotionsverfahrens nach dem Tode des Erstreferenten verbunden waren. Nicht unerwähnt dürfen hier auch die Kollegen insbesondere am Amtsgericht Friedberg bleiben, deren Anteilnahme am zweiten Promotionsverfahren des Verfassers bei allen humorvollen Untertönen stets als besonderer Ansporn gedacht war.

Schließlich habe ich wiederum meiner Familie, vor allem meiner Mutter Ursula Abramenko-von le Fort und meinem Bruder Dr. habil. Peter Abramenko zu danken. Ihre Unterstützung und die Geduld, mit der sie meinen möglicherweise bisweilen etwas langatmigen juristischen Referaten zu folgen pflegten, waren ein unverzichtbarer Rückhalt bei der Fertigstellung dieser Arbeit.

Gewidmet sei das Werk dem Andenken an meine Großmutter Ursula Auguste von le Fort. Selbst aus einer Juristenfamilie stammend hat sie die Hinwendung ihres jüngsten Enkels zur Rechtswissenschaft mit besonderem Wohlwollen aufgenommen und großzügig gefördert.

Deshalb sei ihr wenigstens auf diesem Wege der gebührende Dank abgestattet.

Eppstein im Juli 2000 Andrik Abramenko

Inhaltsverzeichnis

Literatur- und Abkürzungsverzeichnis

AK-Bearbeiter .... Alternativkommentar zum Bürgerlichen Gesetzbuch, herausgegeben von Rudolf Wassermann, Neuwied 1979ff

Behn, ZfJ 1977, 463ff .... Behn, Michael: Die Aufhebung des Adoptionsverhältnisses nach dem neuen Recht: Zugleich zu den Übergangsvorschriften des neuen Adoptionsgesetzes, ZfJ 1977, 463-485

Beitzke, MDR 1957, 408ff .... Beitzke, Günther: Anmerkung zu BGH, MDR 1957, 407f = BGHZ 23, 279ff, MDR 1957, 408-410

Beitzke, FamRZ 1959, 44ff .... Beitzke, Günther: Die Kosten der Anfechtung der Ehelichkeit, FamRZ 1959, 44-46

Beitzke/Lüderitz .... Beitzke, Günther/Lüderitz, Alexander: Familienrecht, München 27. Aufl. 1999

Berg, JuS 1961, 137ff .... Berg, Hans: Ehestörungsklage und Schadensersatzansprüche wegen Ehestörung, JuS 1961, 137-142

Binschus, ZfJ 1991, 451ff .... Binschus, Wolfgang: Adoption — keine Waffe gegen die Abtreibung? ZfJ 1991, 451-454

Bistritzki .... Bistritzki, Walter: Voraussetzungen für die Qualifikation einer Norm als Schutzgesetz im Sinne des § 823 Abs. 2 BGB, Diss. München 1981

Boehmer, JZ 1953, 745ff .... Boehmer, Gustav: Zur Frage der Unterlassungs- und Schadensersatzklage bei Ehestörungen, JZ 1953, 745-748

Boehmer, FamRZ 1955, 7ff .... Boehmer, Gustav: Die Ehestörungsklage, FamRZ 1955, 7-9

Boehmer, AcP 155, 181ff .... Boehmer, Gustav: Zur Ehestörungsklage, AcP 155, 1956, 181-208

Boehmer, FamRZ 1956, 182f............Boehmer, Gustav: Anmerkung zu BGH, FamRZ 1956, 180-182, FamRZ 1956, 182-183

Boehmer, FamRZ 1957, 196ff..........Boehmer, Gustav: Die neueste Rechtsprechung zur Frage der "Ehestörungsklage", FamRZ 1957, 196-199

Bötticher, AcP 158, 385ff............... Bötticher, Eduard: Zur Ausrichtung der Sanktion nach dem Schutzzweck der verletzten Privatrechtsnorm, AcP 158, 1959/60, 385-409

Bosch, FamRZ 1958, 101f................ Bosch, Friedrich Wilhelm: Anmerkung zu BGH, FamRZ 1958, 99-101 = BGHZ 26, 216ff, FamRZ 1958, 101-102

Bosch, FamRZ 1976, 401ff...............Bosch, Friedrich Wilhelm: Neues deutsches Familienrecht 1976/1977, FamRZ 1976, 401-409

Bosch, FamRZ 1978, 656ff...............Bosch, Friedrich Wilhelm: Die gescheiterte Adoption. Erwägungen zum neuen deutschen Recht, insbesondere zur Erwachsenen-Adoption und deren Wiederaufhebung, FamRZ 1978, 656-667

Bosch, FamRZ 1983, 976f................Bosch, Friedrich Wilhelm: Zwei Familienrechts-Reformanliegen: Geplante Änderungen zum Adoptionsrecht sowie zum Sozialhilferecht, speziell zum Regreß der Sozialbehörde gegen Großeltern und Enkel, FamRZ 1983, 976-977

Bosch, FamRZ 1984, 829ff..............Bosch, Friedrich Wilhelm: Entwicklungen und Probleme des Adoptionsrechts in der Bundesrepublik Deutschland. Ein auch rechtsvergleichender und rechtspolitischer Beitrag, FamRZ 1984, 829-842

Bosch u.a., FamRZ 1972, 356 ff....... Bosch, Friedrich Wilhelm/Jansen, Ludwig/Lissek, Vincens Maria/Niemeyer, Johannes/Turowski, Leopold: Vorgeburtliche Einwilligung in die Adoption. Ein Diskussionsvorschlag, FamRZ 1972, 356-358

Canaris, JZ 1976, 132 ff..................... Canaris, Claus-Wilhelm: Anmerkung zu BGH, JZ 1976, 132, JZ 1976, 132-134

Canaris, FS Larenz..........................Canaris, Claus-Wilhelm: Schutzgesetze — Verkehrspflichten — Schutzpflichten, in: Canaris, Claus-Wilhelm/Diederichsen, Uwe (Hrsg.): Festschrift für Karl Larenz zum 80. Geburtstag am 23. April 1989, München 1993, 27-110

Coester-Waltjen, Jura 1992, 209 ff...Coester-Waltjen, Dagmar: Rechtsgüter und Rechte i.S.d. § 823 I BGB, Jura 1992, 209-212

v. Craushaar, JuS 1971, 127 ff..........v. Craushaar, Götz: Haftung aus culpa in contrahendo wegen Ablehnung des Vertragsabschlusses — BGH, LM § 276 (Fa) BGB Nr. 28, JuS 1971, 127-131

Derleder, FuR 1994, 144 ff...............Derleder, Peter: Das Kindeswohl als Prinzip der Familiensteuerung, FuR 1994, 144-152

Deutsch, JZ 1984, 308 ff................. Deutsch, Erwin: Die neuere Entwicklung der Rechtsprechung zum Haftungsrecht, JZ 1984, 308-316

Deutsch, NJW 1993, 2361 ff............ Deutsch, Erwin: Neues Verfassungszivilrecht: Rechtswidriger Abtreibungsvertrag gültig — Unterhaltspflicht aber kein Schaden, NJW 1993, 2361-2363

Deutsch, FS Gernhuber .... Deutsch, Erwin: Familienrechte als Haftungsgrund, in: Lange, Hermann/ Nörr, Knut Wolfgang/Westermann, Harm Peter (Hrsg.): Festschrift für Joachim Gernhuber zum 70. Geburtstag, Tübingen 1993, S81-596 (wieder abgedruckt in VersR 1993, 1-7)

Deutsch, VersR 1995, 609 ff .... Deutsch, Erwin: Das Kind oder sein Unterhalt als Schaden – Eine methodische Grundfrage des geltenden Rechts, VersR 1995, 609-616

Deutsch, Unerlaubte Handlungen ... Deutsch, Erwin: Unerlaubte Handlungen, Schadensersatz und Schmerzensgeld, Berlin u.a. 3. Aufl. 1995

Diederichsen, VersR 1981, 693 ff .... Diederichsen, Uwe: Unterhaltskosten als Vermögensschäden, VersR 1981, 693-696

Dölle .... Dölle, Hans: Familienrecht. Eine Darstellung des deutschen Familienrechts mit rechtsvergleichenden Hinweisen, 2 Bde. Hamburg 1964 u. 1965

Dörner, JuS 1987, 522 ff .... Dörner, Heinrich: Zur Dogmatik der Schutzgesetzverletzungen – BGH, NJW 1982, 1037 und NJW 1985, 134, JuS 1987, 522-528

Doms, FamRZ 1981, 325 ff .... Doms, Thomas: Zum Wegfall des Unterhaltsanspruchs bei Adoption, FamRZ 1981, 325-326

van Els, DAV 1991, 123 ff .... van Els, Hans: § 1618 a – eine zeitgemäße Ausformulierung des Fünften Gebots, DAV 1991, 123-128

Emmerich, JuS 1994, 608 ff .... Emmerich, Volker: Unterhaltsaufwand für ein Kind als Schaden, JuS 1994, 608-609

Engler, FamRZ 1976, 584 ff .... Engler, Helmut: Das neue Adoptionsrecht, FamRZ 1976, 584-594

Erman, AcP 139, 273ff.................... Erman, Walter: Beiträge zur Haftung für das Verhalten bei Vertragsverhandlungen, AcP 139, 1934, 273-336

Erman-Bearbeiter.......................... Erman, Handkommentar zum Bürgerlichen Gesetzbuch, neu herausgegeben von Harm Peter Westermann, Münster 9. Aufl. 1993

Fabricius, AcP 160, 273ff................. Fabricius, Fritz: Zur Dogmatik des "sonstigen Rechts" gemäß § 823 Abs. 1 BGB, AcP 160, 1961, 273-336

Fikentscher..................................... Fikentscher, Wolfgang: Schuldrecht, Berlin, New York 9. Aufl. 1997

Flik, BWNotZ 1980, 132f................ Flik, Hanns: Beeinflußt die Aufhebung eines Adoptionsverhältnisses frühere Verfügungen von Todes wegen? BWNotZ 1980, 132-133

Frank, JA 1979, 583ff..................... Frank, Rainer: Die Schutzobjekte des § 823 Abs. 1 BGB und ihre Bedeutung für die Systematik der Deliktstatbestände, JA 1979, 583-590

Gawlitta, FamRZ 1990, 96f............. Gawlitta, Kurt: Anmerkung zu OLG Karlsruhe, FamRZ 1990, 94-96, FamRZ 1994, 96-97

Gernhuber/Coester-Waltjen............ Gernhuber, Joachim/Coester-Waltjen, Dagmar: Lehrbuch des Familienrechts, München 4. Aufl. 1994

Giesen.. Giesen, Dieter: Familienrecht, Tübingen 2. Aufl. 1997

Grziwotz, FamRZ 1991, 1399ff......... Grziwotz, Herbert: Schützenswerte Interessen der Abkömmlinge des Annehmenden bei der Volljährigenadoption, FamRZ 1991, 1399-1401

Hanelt.. Hanelt, Hilmar: Schadensersatz-, Beseitigungs- und Unterlassungsansprüche gegen den anderen Ehegatten und den Drittstörer aus ehewidrigem Verhalten, Diss.jur. Mainz 1971

Harrer, DAV 1990, 509ff	Harrer, Herbert: Das Recht auf Familienplanung als sonstiges Recht im Sinne von § 823 I BGB, DAV 1990, 509 - 516
Harrer, FuR 1990, 206ff	Harrer, Herbert: Neue Ansätze bei der Berechnung des Schadens bei fehlgeschlagener Familienplanung, FuR 1990, 206 - 210
Heilmann, DAV 1997, 581ff/671ff	Heilmann, Stefan: Die "Anfechtung" einer Einwilligung vor Erlaß des Adoptionsdekrets, DAV 1997, 581 - 588 und 671 - 676
Henrich	Henrich, Dieter: Familienrecht, Berlin, New York 5. Aufl. 1995
Hess - Bearbeiter	Kommentar zur Konkursordnung, herausgegeben von Harald Hess, Kriftel, Neuwied 6. Aufl. 1998
v. Hippel, NJW 1965, 664ff	v. Hippel, Eike: Schadensersatz bei Ehestörung, NJW 1965, 664 - 671
Hohloch, JuS 1990, 1018f	Hohloch, Gerhard: Eingriff in elterliches Sorgerecht und Schadensersatz, JuS 1990, 1018 - 1019
Honsell, JA 1983, 101ff	Honsell, Thomas: Der Verstoß gegen Schutzgesetze im Sinne des § 823 Abs. 2 BGB, JA 1983, 101 - 109
Hübner, FamRZ 1962, 1ff	Hübner, Heinz: Eheschließung und allgemeine Wirkungen der Ehe als dogmatisches Problem, FamRZ 1962, 1 - 8
Jarass/Pieroth - Bearbeiter	Jarass/Pieroth, Grundgesetz für die Bundesrepublik Deutschland, herausgegeben von Hans D. Jarass und Bodo Pieroth, München 4. Aufl. 1997
Jauernig - Bearbeiter	Jauernig, Bürgerliches Gesetzbuch, herausgegeben von Othmar Jauernig, München 8. Aufl. 1997

Jayme .... Jayme, Erik: Die Familie im Recht der unerlaubten Handlungen, Frankfurt, Berlin 1971

Kilger/Schmidt .... Kilger/Schmidt, Insolvenzgesetze: KO/VglO/GesO, neu bearbeitet von Karsten Schmidt, München 17. Aufl. 1997

Knöpfle, NJW 1967, 697 ff .... Knöpfle, Robert: Zur Problematik der Beurteilung einer Norm als Schutzgesetz im Sinne des § 823 Abs. 2 BGB, NJW 1967, 697-702

Knur, FS Ballerstedt .... Knur, Alexander: Dekretverfahren als Mittel zur Reform des Adoptionsrechts, in: Flume, Werner/Raisch, Peter/Steindorff, Ernst (Hrsg.): Beiträge zum Zivil- und Wirtschaftsrecht. Festschrift für Kurt Ballerstedt zum 70. Geburtstag am 24. Dezember 1975, Berlin 1975, 383-395.

Kramer, JZ 1976, 338 ff .... Kramer, Ernst: Schutzgesetze und adäquate Kausalität, JZ 1976, 338-346

Künkel, FamRZ 1966, 176 ff .... Künkel, Joseph: Kostenerstattungs- und Schadensausgleichsanspruch im Ehelichkeitsanfechtungsrechtsstreit, FamRZ 1966, 176-180

Kuhlenbeck, DJZ 1905, 1142 ff .... Kuhlenbeck: Zur Lehre vom sog. negativen Vertragsinteresse (§ 153 BGB), DJZ 1905, 1142-1146

Lackner/Kühl - Bearbeiter .... Lackner/Kühl, Strafgesetzbuch mit Erläuterungen, bearbeitet von Karl Lackner und Kristian Kühl, München 23. Aufl. 1999

Lakies, FamRZ 1990, 698 ff .... Lakies, Thomas: Zum Verhältnis von Pflegekindschaft und Adoption, FamRZ 1990, 698-703

Larenz, FS Ballerstedt.................... Larenz, Karl: Bemerkungen zur Haftung für "culpa in contrahendo", in: Flume, Werner/Raisch, Peter/Steindorff, Ernst (Hrsg.): Beiträge zum Zivil- und Wirtschaftsrecht. Festschrift für Kurt Ballerstedt zum 70. Geburtstag am 24. Dezember 1975, Berlin 1975, 397-419

Larenz/Canaris................................ Larenz, Karl/Canaris, Claus-Wilhelm: Lehrbuch des Schuldrechts Bd. 2, Teil 2, München 13. Aufl. 1994

Larenz/Wolf.................................... Larenz, Karl/Wolf, Manfred: Allgemeiner Teil des Bürgerlichen Rechtes, München 8. Aufl. 1997

Laufs, NJW 1998, 796ff..................... Laufs, Adolf: Schädliche Geburten—und kein Ende, NJW 1998, 796-798

Leßmann, JA 1988, 57ff.................... Leßmann, H.: Einführung und Überblick zum Recht der unerlaubten Handlungen, JA 1988, 57-62

Lipp, Die eherechtlichen Pflichten... Lipp, Martin: Die eherechtlichen Pflichten und ihre Verletzung. Ein Beitrag zur Fortbildung des persönlichen Eherechts, Bielefeld 1988

Lipp, JuS 1990, 790ff........................ Lipp, Martin: Ersatzansprüche zwischen Ehegatten wegen vorprozessualer Aufwendungen — BGH, NJW 1988, 2032, JuS 1990, 790-795

LK-Bearbeiter................................. Leipziger Kommentar, Großkommentar StGB, herausgegeben von Burkhard Jähnke, Heinrich Wilhelm Laufhütte, Walter Odersky, Berlin, New York 11. Aufl. 1992ff

Löwisch.. Löwisch, Manfred: Der Deliktsschutz relativer Rechte, Berlin 1970

Lüderitz, AcP 178, 263ff.................... Lüderitz, Alexander: Elterliche Sorge als privates Recht, AcP 178, 1978, 263-297

Lüderitz, NJW 1993, 1050f .... Lüderitz, Alexander: Gesetzliche Klarstellungen im Adoptionsrecht, NJW 1993, 1050-1051

Lüke, AcP 178, 1ff .... Lüke, Gerhard: Grundsätzliche Veränderungen im Familienrecht durch das 1. EheRG, AcP 178, 1978, 1-33

Medicus, VersR 1981, 593ff .... Medicus, Dieter: Schadensersatz und Billigkeit, VersR 1981, 593-603

Medicus, Bürgerliches Recht .... Medicus, Dieter: Bürgerliches Recht, München 18. Aufl. 1999

Moritz, FS Lübtow .... Moritz, Heinz Peter: Ein «rechtsfreier Innenraum» der Familie, in: Slapnicar, Klaus (Hrsg.): Tradition und Fortentwicklung im Recht. Festschrift zum 90. Geburtstag von Ulrich von Lübtow am 21. August 1990, Rheinfelden, Berlin 1991, 163-174

v.Münch/Kunig-Bearbeiter .... v. Münch/Kunig, Grundgesetz-Kommentar, herausgegeben von Philip Kunig, Bd. 1, München 4. Aufl. 1992

Münch.Komm.-Bearbeiter .... Münchener Kommentar zum Bürgerlichen Gesetzbuch, herausgegeben von Kurt Rebmann und Franz Jürgen Säcker, München 3. Aufl. 1992ff

Musielak-Bearbeiter .... Musielak, Kommentar zur Zivilprozeßordnung, herausgegeben von Hans-Joachim Musielak, München 1999

Neumann-Duesberg, SJZ 1950, 425 ... Neumann-Duesberg, Horst: Anmerkung zu AG Tauberbischofsheim, SJZ 1950, 424-425, SJZ 1950, 425

Otto/Stierle, WM 1978, 530ff .... Otto, H./ Stierle, G.: (Fehl)Entwicklungen beim girovertraglichen Stornorecht der Kreditinstitute? WM 1978, 530-547

Padrutt .... Padrutt, Willy: Die Ehestörungsklage, Bern 1954

Palandt-Bearbeiter.......................... Palandt, Bürgerliches Gesetzbuch, herausgegeben von Peter Bassenge u.a., München 58. Aufl. 1999

Paulitz, NDV 1996, 323ff................Paulitz, Harald: Adoption — Leben mit doppelter Elternschaft, NDV 1996, 323-326

Paulitz, ZfJ 1996, 305ff..................Paulitz, Harald: Das Spannungsverhälthältnis des Adoptionsdreiecks, ZfJ 1996, 305-309

Paulitz, ZfJ 1997, 126ff.................... Paulitz, Harald: Adoption — Reizwort oder Zauberformel? ZfJ 1997, 126-132

Peters, JZ 1983, 913ff...................... Peters, Frank: Zur Gesetzestechnik des § 823 II BGB, JZ 1983, 913-926

Picker, AcP 195, 483ff..................... Picker, Eduard: Schadensersatz für das unerwünschte Kind («Wrongful birth»). Medizinischer Fortschritt als zivilisatorischer Rückschritt? AcP 195, 1995, 483-547

Raiser, JZ 1961, 465ff.....................Raiser, Ludwig: Der Stand der Lehre vom subjektiven Recht im Deutschen Zivilrecht, JZ 1961, 465-473

Reuter, AcP 192, 108ff..................Reuter, Dieter: Elterliche Sorge und Verfassungsrecht, AcP 192, 1992, 108-152

RGRK-Bearbeiter............................Reichsgerichtsräte-Kommentar, Das Bürgerliche Gesetzbuch mit besonderer Berücksichtigung der Rechtsprechung des Reichsgerichts und des Bundesgerichtshofs, herausgegeben von Mitgliedern des Bundesgerichtshofs, Berlin, New York 12. Aufl. 1974ff

Riegel, NJW 1989, 2798ff................ Riegel, Ralf: Grenzen des Schutzes des räumlich-gegenständlichen Bereichs der Ehe, NJW 1989, 2798-2800

Roth, FuR 1991, 86 ff .... Roth, Andreas: Schadensersatz wegen Unterhaltszahlungen an ein Kind, dessen Vaterschaft erfolgreich angefochten wurde, FuR 1991, 86-88

Roth, NJW 1994, 2402 ff .... Roth, Andreas: Unterhaltspflicht für ein Kind als Schaden? NJW 1994, 2402-2404

Ruhl .... Ruhl, Werner: Familienrecht, München 2. Aufl. 1992

Ruthe, FamRZ 1977, 30 ff .... Ruthe, Rangar: Zum Unterhaltsanspruch des adoptierten Kindes. Die unterhaltsrechtlichen Wirkungen der Volladoption, FamRZ 1977, 30-32

Ruthe, FamRZ 1979, 388 f .... Ruthe, Rangar: Die unterhaltsrechtlichen Wirkungen der Volladoption. Eine Erwiderung, FamRZ 1979, 388-389

Schlosser, JuS 1982, 657 ff .... Schlosser, Hans: Deliktischer Schadensersatzanspruch aus § 823 II BGB und eigenständiger Interessensschutz des Verkehrsopfers — BGH, NJW 1980, 1792, JuS 1982, 657-660

Schlüter .... Schlüter, Wilfried: BGB Familienrecht, Heidelberg 8. Aufl. 1998

Schmidt-Bleibtreu-Bearbeiter .... Schmidt-Bleibtreu, Kommentar zum Grundgesetz, herausgegeben von Bruno Schmidt-Bleibtreu, Neuwied, Kriftel 9. Aufl. 1999

Schmiedel .... Schmiedel, Burkhard: Deliktsobligationen nach deutschem Kartellrecht, Erster Teil. Zivilrechtsdogmatische Grundlegung: Untersuchungen zu § 823 Abs. 2 BGB, Tübingen 1974

Schöbener, JR 1996, 89 ff .... Schöbener, Burkhard: Menschliche Existenz als Schadensquelle? Verfassungsrechtliche Aspekte der Rechtsprechung des BGH zur Geburt eines unerwünschten Kindes, JR 1996, 89-94

Schönke/Schröder - Bearbeiter......... Schönke/Schröder, Strafgesetzbuch, Kommentar, neu bearbeitet von Theodor Lenckner, München 25. Aufl. 1997

Schöppe-Fredenburg, FuR 1999, 11f... Schöppe - Fredenburg, Pedro: Der kapitalisierte Schlußstrich. Berechnung von Unterhaltsabfindungen, FuR 1999, 11-12

Schwab, NJW 1956, 1149f............... Schwab, Karl Heinz: Anmerkung zu BGH, NJW 1956, 1149-1150, NJW 1956, 1149-1150

Schwab, NJW 1957, 869 f................... Schwab, Karl Heinz: Anmerkung zu BGH, NJW 1957, 670 und NJW 1957, 671, NJW 1957, 869-870

Schwab, JuS 1961, 142 ff.................. Schwab, Dieter: Ehestörungsklage und Schadensersatzansprüche wegen Ehestörung (Korreferat zu Hans Berg), JuS 1961, 142-146

Schwab, Familienrecht...................... Schwab, Dieter: Familienrecht, München 9. Aufl. 1999

Schwenzer, JZ 1990, 441f................ Schwenzer, Ingeborg: Anmerkung zu BGH, JZ 1990, 438-441 = NJW 1990, 706 ff, JZ 1990, 441-442

SK - Bearbeiter.................................. Systematischer Kommentar zum StGB, herausgegeben von Hans-Joachim Rudolphi, Berlin, Kriftel 1998 (§§ 1-79b) bzw. 1999 (§§ 80-358)

Smid - Bearbeiter.............................. Insolvenzordnung, Kommentar, herausgegeben von Stefan Smid, Berlin, Köln, Stuttgart, 1999

Soergel - Bearbeiter.......................... Soergel, Bürgerliches Gesetzbuch, neu herausgegeben von Otto Mühl und Walther Hadding, Berlin, Köln, Stuttgart 12. Aufl. 1987 ff

Stark, FS Hegnauer........................ Stark, Emil W.: Kann ein Dritter wegen Ehestörung zu Genugtuungszahlungen verpflichtet werden? in: Riemer, Hans Michael/Walder, Hans Ulrich/Weimar, Peter (Hrsg.): Festschrift für Cyril Hegnauer zum 65. Geburtstag, Bern 1986, 515-533

Staudinger 12.A.1978 ff-Bearbeiter... Staudinger, Kommentar zum Bürgerlichen Gesetzbuch, herausgegeben von Günther Beitzke u.a., Berlin 12. Aufl. 1978 ff

Staudinger-Bearbeiter...................... Staudinger, Kommentar zum Bürgerlichen Gesetzbuch, herausgegeben von Günther Beitzke u.a., Berlin 13. Aufl. 1993 ff

Steding, ZfJ 1993, 576 ff.................. Steding, Christian: Das Rechtsverhältnis zwischen Pflegefamilie und Jugendamt, ZfJ 1993, 576-579

Steffen, VersR 1985, 605 ff.............. Steffen, Erich: Abkehr von der konkreten Berechnung des Personenschadens und kein Ende? VersR 1985, 605-611

Stürner, JZ 1998, 317 ff.................... Stürner, Rolf: Das Bundesverfassungsgericht und das frühe menschliche Leben — Schadensdogmatik als Ausformung humaner Rechtskultur? JZ 1998, 317-330

Textor, ZfJ 1993, 248 ff..................... Textor, Martin: Die Klientel von Adoptionsvermittlungsstellen — Ergebnisse einer bayerischen Studie, ZfJ 1993, 248-250

Textor, NDV 1993, 189 f.................... Textor, Martin: Adoptionsvermittlung: Forschungsergebnisse und Verbesserungsvorschläge, NDV 1993, 189-190

Thomas/Putzo-Bearbeiter............... Thomas/Putzo, Zivilprozeßordnung, erläutert von Heinz Thomas, Hans Putzo, Klaus Reichold und Rainer Hüßtege, München 21. Aufl. 1999

Tröndle/Fischer-Bearbeiter............ Tröndle/Fischer, Strafgesetzbuch, erläutert von Herbert Tröndle und Thomas Fischer, München 49. Aufl. 1999

Tschernitschek................................. Tschernitschek, Horst: Familienrecht, München 2. Aufl. 1998

Weimar, FS Hegnauer....................... Weimar, Peter: Schadensersatz für den Unterhalt des unerwünschten Kindes? In: Riemer, Hans Michael/Walder, Hans Ulrich/Weimar, Peter (Hrsg.): Festschrift für Cyril Hegnauer zum 65. Geburtstag, Bern 1986, 641-655

Wenz, JR 1991, 238 f......................... Wenz, Eberhard: Anmerkung zu BGH, JR 1991, 234-238, JR 1991, 238-239

Wieacker, FS Nipperdey.................... Wieacker, Franz: Leistungshandlung und Leistungserfolg im bürgerlichen Schuldrecht, in: Dietz, Rolf/Hübner, Heinz: Festschrift für Hans Carl Nipperdey zum 70. Geburtstag am 21. Januar 1965, Berlin, München 1965, 783-813

Zöller-Bearbeiter............................. Zöller, Zivilprozeßordnung, bearbeitet von Reinhold Geimer u.a., Köln 21. Aufl. 1999

Zopfs, FamRZ 1979, 385 ff............... Zopfs, Jannpeter: Kein Regelunterhalt nach der Adoption, FamRZ 1979, 385-387

§ 1 Einleitung

I. Die Aufhebung des Annahmeverhältnisses

1.) *Der historische Hintergrund der Aufhebung von Adoptionen*

Das Rechtsinstitut der Adoption, das bereits zahlreiche Zivilrechtskodifikationen der deutschen Partikularstaaten eingehend geregelt hatten, gehörte schon vor Erlaß des BGB zu den gesicherten Errungenschaften des Familienrechts[1]. Trotz vereinzelter Gegenstimmen in den vorbereitenden Kommissionen eröffnete auch das BGB die Möglichkeit, durch Vertrag zwischen Annehmendem und Angenommenen dort ein juristisches Verwandtschaftsverhältnis zu knüpfen, wo kein genetisches bestand. Dieser Regelung lag ursprünglich vorrangig die Absicht zugrunde, vermögenden, aber kinderlosen Personen zu einem Ersatz für die fehlende leibliche Verwandtschaft zu verhelfen[2]. Entsprechend dieser begrenzten Zielsetzung begnügte sich das BGB anfangs mit einer beschränkten Wirkung der Adoption: Sie vermittelte nur eine Verwandtschaft des Angenommenen zum Annehmenden, nicht auch zu dessen Verwandten. Zudem erlosch die Verwandtschaft zur Ursprungsfamilie nicht[3]. Schon bald nach Inkrafttreten des BGB gewann die «Annahme an Kindes Statt» aber eine andere soziale Funktion als ihr ursprünglich zugedacht war. Der eigentlich nur als Nebeneffekt betrachtete Fürsorgecharakter der Adoption trat hervor, das eigennützige Interesse des Annehmenden zurück: Immer stärker wurde das Adoptionswesen von der Absicht bestimmt, Kindern ein neues Zuhause zu geben, deren Familienverhältnisse durch uneheliche Geburt, Entzweiung bzw. Tod der Eltern oder auch durch Kriegseinflüsse zerrüttet waren[4].

---

1 Zur geschichtlichen Entwicklung der Adoption bis zum Inkrafttreten des BGB s. die kurzen Überblicksdarstellungen etwa in BT-Drucks. 7/3061, 15f; ferner bei Bosch, FamRZ 1984, 829f; RGRK-Dickescheid Vor § 1741 Rn. 1; Erman-Holzhauer Vor § 1741 Rn. 1; Paulitz, ZfJ 1997, 127f, jeweils m.w.N.

2 S. schon Motive 4.B. 952; AK-Fieseler Vor § 1741 Rn. 1; RGRK-Dickescheid Vor § 1741 Rn. 2; Münch.Komm.-Lüderitz Vor § 1741 Rn. 2; Erman-Holzhauer Vor § 1741 Rn. 1; Giesen Rn. 694.

3 S. BT-Drucks. 7/3061, 19; Bosch, FamRZ 1984, 831; RGRK-Dickescheid Vor § 1741 Rn. 2; Münch.Komm.-Lüderitz Vor § 1741 Rn. 17; Beitzke/Lüderitz Rn. 1004.

4 AK-Fieseler Vor § 1741 Rn. 2; RGRK-Dickescheid Vor § 1741 Rn. 3; Soergel-Liermann Vor § 1741 Rn. 2; Münch.Komm.-Lüderitz Vor § 1741 Rn. 3; Erman-Holzhauer Vor § 1741 Rn. 4.

Dieser soziale Bedeutungswandel schlug sich auch in einer Reihe gesetzlicher Neuregelungen nieder. So wurde die Minderjährigenadoption 1961 zur gesetzlichen Regel gemacht[5], wohingegen nunmehr für die Annahme Volljähriger eine besondere sittliche Rechtfertigung erforderlich wurde[6]. Ferner senkte man das ursprünglich sehr hohe Mindestalter des Annehmenden von 50 Jahren, das erkennbar vom Leitbild des älteren, auf Fortführung von Namen und Vermögen bedachten Adoptionswilligen ausging[7]. Darüber hinaus verzichtete der Gesetzgeber auf die ursprüngliche Adoptionsvoraussetzung, derzufolge der Annehmende kinderlos sein mußte[8]. Damit wurde dem in der Regel minderjährigen Adoptivkind das Aufwachsen in einem größeren Familienzusammenhang mit Geschwistern ermöglicht. Doch wurden die vertragsrechtliche Ausgestaltung der Adoption und ihre schwache Wirkung beibehalten, was nicht recht mit deren Fürsorgefunktion für das Kind harmonierte[9]. Es war sicherlich nicht allzu bedenklich, wenn der erwachsene Anzunehmende und der üblicherweise noch welterfahrenere Adoptionswillige ihre Verwandtschaftsbeziehungen durch einen Vertrag regelten, dessen Bestätigung durch das Vormundschaftsgericht im wesentlichen nur der Kontrolle äußerer Erfordernisse diente[10]. Ebenso bedurfte es in diesem Falle nicht der völligen Herauslösung des Angenommenen aus seiner alten Familie und einer völligen Integration in diejenige des Annehmenden. Anders

5 BT-Drucks. 7/3061, 16; RGRK-Dickescheid Vor §1741 Rn. 6; Münch. Komm.-Lüderitz Vor §1741 Rn. 14; Ruhl Rn. 224; Schwab, Familienrecht Rn. 698.

6 BT-Drucks. 7/3061, 22; Münch.Komm.-Lüderitz Vor §1741 Rn. 14; Erman-Holzhauer Vor §1741 Rn. 3; Gernhuber/Coester-Waltjen §69 I 1f; Giesen Rn. 744; Schwab, Familienrecht Rn. 698; Beitzke/Lüderitz Rn. 1059.

7 BT-Drucks. 7/3061, 15; RGRK-Dickescheid Vor §1741 Rn. 6; Münch. Komm.-Lüderitz Vor §1741 Rn. 14 u. 20; Giesen Rn. 694; Paulitz, ZfJ 1997, 128; Palandt-Diederichsen §1743 Rn. 1.

8 BT-Drucks. 7/3061, 16; RGRK-Dickescheid Vor §1741 Rn. 6; Erman-Holzhauer Vor §1741 Rn. 3; Gernhuber/Coester-Waltjen §68 IV 3; Paulitz, ZfJ 1997, 128; Giesen Rn. 694; Beitzke/Lüderitz Rn. 1018.

9 Vgl. schon aus Sicht der alten Rechtslage Dölle Bd. 2 §115 V 5; jetzt hierzu AK-Fieseler Vor §1741 Rn. 3; RGRK-Dickescheid Vor §1741 Rn. 2; Münch.Komm.-Lüderitz Vor §1741 Rn. 19 f; Henrich §25 I 3.

10 Hierzu Münch.Komm.-Lüderitz Vor §1741 Rn. 11; Erman-Holzhauer Vor §1741 Rn. 2; ähnlich schon BT-Drucks. 7/3061, 16.

steht es, wenn die Adoption vorrangig dazu dient, Minderjährigen aus zerrütteten Verhältnissen zu einer neuen, glücklicheren Familienbindung zu verhelfen. In diesen Fällen kann der fortdauernde Kontakt zur Herkunftsfamilie, deren unerfreulicher Zustand ja regelmäßig erst zur Adoption geführt hat, durchaus schädlich sein[11]. Vor allem aber darf die für das künftige Wohl des Kindes maßgebliche Entscheidung über die Adoption schwerlich allein der privatautonomen Gestaltung der Beteiligten anheimgestellt werden, zumal der Anzunehmende üblicherweise noch nicht einmal beschränkt geschäftsfähig ist.

Diese Erwägungen führten dazu, daß die Adoption durch Vertrag einer immer stärkeren vormundschaftsgerichtlichen Kontrolle unterworfen wurde. Mit Wirkung zum 1. 1. 1977 wurde sie schließlich gänzlich vom Dekretsystem abgelöst, d. h. die Änderung der juristischen Verwandtschaftsbeziehungen erfolgt nicht mehr durch einen Vertrag zwischen Annehmendem und Angenommenen, sondern durch entsprechenden Beschluß des Vormundschaftsgerichtes[12]. Die Willenserklärungen der Wahlverwandten sowie die Einwilligung der leiblichen Eltern stellen nunmehr nur noch notwendige, aber nicht mehr hinreichende Bedingungen einer Adoption dar[13]. Erforderlich sind ferner dem Beschluß vorausgehende eigene Feststellungen des Richters (§ 12 FGG) insbesondere darüber, ob die gewünschte Adoption tatsächlich dem Wohl des Kindes entspricht[14].

---

11 BT-Drucks. 7/3061, 19 u. 21; AK-Fieseler Vor § 1741 Rn. 3; Bosch, FamRZ 1984, 833; RGRK-Dickescheid Vor § 1741 Rn. 11f; Tschernitschek Rn. 634; vgl. Erman-Holzhauer § 1761 Rn. 3, wo sogar von einer «spezielle(n) Pflicht, das Annahmeverhältnis nicht zu stören» die Rede ist; ähnlich Gernhuber/Coester-Waltjen § 68 IX 6 u. 7; Beitzke/Lüderitz Rn. 1015; anders hingegen aus kinder- und familienpsychologischer Sicht Paulitz, ZfJ 1996, 305-309, der sogar die Inkognito-Adoption grundsätzlich in Frage stellt; ähnlich ders., NDV 1996, 323-326 und ZfJ 1997, 129.

12 BT-Drucks. 7/3061, 24; AK-Fieseler Vor § 1741 Rn. 3; RGRK-Dickescheid Vor § 1741 Rn. 10; Soergel-Liermann Vor § 1741 Rn. 5; Münch. Komm.-Lüderitz Vor § 1741 Rn. 25; Palandt-Diederichsen Vor § 1741 Rn. 2.

13 Gernhuber/Coester-Waltjen § 68 II 1; Giesen Rn. 705 (der die Unterschiede zwischen früherem und jetzigem Recht aber nicht überbetont sehen will); Schwab, Familienrecht Rn. 697.

14 AK-Fieseler Vor § 1741 Rn. 13; RGRK-Dickescheid § 1741 Rn. 2; Ruhl Rn. 230; Henrich § 25 II 5; Tschernitschek Rn. 649.

Überdies wird der Minderjährige durch die Annahme nunmehr, sofern keiner der Sonderfälle gemäß § 1755 Abs. 2 BGB oder § 1756 BGB vorliegt, vollständig in die Familie des Annehmenden integriert. Der Angenommene nimmt bei einer solchen «Volladoption» dieselbe rechtliche Stellung ein wie ein eheliches Kind des oder der Annehmenden (§ 1754 BGB), während die Verwandtschaft zur Herkunftsfamilie erlischt (§ 1755 Abs. 1 BGB). Zugleich wurde mit Einführung von Dekretsystem und Volladoption auch die Dauerhaftigkeit der juristischen Beziehung zwischen Adoptiveltern und -kindern an die genetische Verwandtschaft angeglichen: Wie die leibliche soll auch die durch Adoption vermittelte Verwandtschaft grundsätzlich unauflöslich sein[15].

Mit diesem Grundgedanken unvereinbar war die einvernehmliche Beendigung des Verwandtschaftverhältnisses durch Aufhebungsvertrag, die das bis 1976 geltende Adoptionsrecht gestattete. Diese Möglichkeit ist ersatzlos entfallen.

2.) *Die gesetzlichen Möglichkeiten zur Aufhebung eines Annahmeverhältnisses*

Aus dem früheren Recht übernommen wurden dagegen die drei anderen Grundtatbestände, die die Auflösung der Adoptivverwandtschaft regeln.

a) *Eheschließung zwischen Annehmendem und Angenommenem*

Davon ist einer, die kraft Gesetzes eintretende Annullierung des Verwandtschaftsverhältnisses bei Eheschließung von Annehmendem und Angenommenen (§ 1766 BGB), ohne praktische Relevanz. Denn die Adoptivverwandtschaft ist gemäß § 1308 Abs. 1 BGB ein Ehehindernis, so daß der Standesbeamte seine Mitwirkung bei der Eheschließung verweigern muß (§ 5 Abs. 2 S. 1 PStG). Die Ehe zwischen Adoptivverwandten und somit die Aufhebung des Annahmeverhältnisses gemäß § 1766 BGB dürften daher in der Praxis kaum jemals vorkommen.

---

15 BT-Drucks. 7/3061, 25; RGRK-Dickescheid § 1759 Rn. 6; Soergel-Liermann § 1759 Rn. 1; Staudinger-Frank 12.A.1992 § 1759 Rn. 2; Gernhuber/Coester-Waltjen § 68 XI 2 u. XII 1; Giesen Rn. 735; kritisch Erman-Holzhauer § 1759 Rn. 5 f, der geradezu von «Volladoptions-Mystik» redet.

b) *Fehler in der Einwilligung zur Adoption*

Die Aufhebung eines Annahmeverhältnisses ist zum zweiten dann möglich, wenn eine Einwilligung zur Adoption oder gar der Antrag des Annehmenden fehlt oder fehlerhaft ist (§§ 1760-1762 BGB). Auch hier sind durch die Annäherung des Annahmeverhältnisses an die leibliche Verwandtschaft wesentliche Veränderungen eingetreten: Während der Adoptionsvertrag grundsätzlich gemäß §§ 119 ff BGB gegebenenfalls noch nach Jahrzehnten angefochten werden konnte[16], wurde diese Möglichkeit durch die Reform des Adoptionsrechts drastisch beschnitten: Nach dem Vorbild der §§ 31-35 EheG[17] (die den jetzigen §§ 1314-1317 BGB entsprechen) sind nur bestimmte Willensmängel erheblich, die zudem nur innerhalb einer Frist von drei Jahren nach der Annahme geltend gemacht werden können. Insbesondere entfällt die Anfechtung wegen Irrtums über eine Eigenschaft des Angenommenen: Ebensowenig wie leibliche Eltern soll sich der Annehmende vom Adoptivkind lossagen können, wenn sich dieses nicht wunschgemäß entwickelt[18].

c) *Scheitern der Adoption gemäß § 1763 BGB*

Gegenstand der vorliegenden Untersuchung ist die dritte Möglichkeit, ein Annahmeverhältnis gemäß § 1763 BGB aufzuheben. Dabei handelt es sich um die grundsätzlich schon im alten Adoptionsrecht (§ 1770a BGB a. F.) vorgesehene Auflösung des Annahmeverhältnisses bei gescheiterter Adoption[19]. Sie erfolgt, wie die Norm ausdrücklich bestimmt, auch ohne Antrag eines Beteiligten («von Amts wegen») und ist nur «während der Minderjährigkeit des Kindes» möglich.

---

16 BT-Drucks. 7/3061, 24 u. 46 f; zur alten Rechtslage s. Dölle Bd. 2 § 115 II u. III; Bosch, FamRZ 1978, 659; RGRK-Dickescheid § 1764 Rn. 1; Staudinger-Frank 12.A.1992 § 1759 Rn. 1; Henrich § 25 II 7.

17 BT-Drucks. 7/3061, 47-49; vgl. RGRK-Dickescheid § 1759 Rn. 1, § 1760 Rn. 5-9 u. § 1764 Rn. 1; Soergel-Liermann § 1759 Rn. 4, § 1760 Rn. 5 u. § 1764 Rn. 1; Münch.Komm.-Lüderitz § 1762 Rn. 1.

18 RGRK-Dickescheid § 1763 Rn. 4; Staudinger-Frank 12.A.1992 § 1759 Rn. 17; Erman-Holzhauer § 1763 Rn. 3; Palandt-Diederichsen § 1763 Rn. 1; kritisch Münch.Komm.-Lüderitz § 1759 Rn. 5; diese Kritik ebenfalls erwogen von Gernhuber/Coester-Waltjen § 68 XI 3 mit Fn. 4.

19 Zur bewußten Anknüpfung der Neuregelung an den alten Rechtszustand s. BT-Drucks. 7/3061, 49.

3.) *Die Voraussetzungen für die Aufhebung eines Annahmeverhältnisses nach § 1763 BGB*

Für eine solche Aufhebung nach § 1763 BGB müssen drei Voraussetzungen gegeben sein:

a) *Kindeswohl*

Zum einen ist die Aufhebung nur zum Wohle des Kindes zulässig (§ 1763 Abs. 1 BGB). Liegen allein aus Sicht der Adoptiveltern schwerwiegende, für eine Beendigung der Verwandtschaftsbeziehung sprechende Gründe vor, so rechtfertigt dies die Aufhebung des Annahmeverhältnisses nicht[20]. Wie die leiblichen Eltern in vergleichbarer Situation soll auch der Annehmende grundsätzlich keine Möglichkeit haben, sich bei unerwünschter Entwicklung des Kindes von diesem loszusagen. Wenn die Verfehlungen gegen den Annehmenden zu einer nachhaltigen Störung des Eltern-Kind-Verhältnisses führen, kann die Aufhebung allerdings auch dem Wohle des Kindes entsprechen und deswegen gemäß § 1763 BGB geboten sein[21].

b) *Fortbestehen einer Verwandtschaftsbindung*

Zum zweiten darf das Adoptivkind durch die Aufhebung des Annahmeverhältnisses nicht jeglicher Familienbindung beraubt werden. Daher kann das Annahmeverhältnis nach geltendem Recht nur aufgelöst werden, wenn begründete Aussicht auf eine erneute Adoption besteht (§ 1763 Abs. 3 lit. b BGB) oder aber mindestens ein leiblicher Elternteil zur Pflege und Erziehung des Kindes bereit ist (§ 1763 Abs. 3 lit. a, 2. Fall BGB). Sofern das Kind durch Ehegatten adoptiert wurde und nur das Annahmeverhältnis zu einem von ihnen aufgehoben werden soll, genügt es auch, wenn sich der andere zur Übernahme der alleinigen Sorge bereiterklärt (§ 1763 Abs. 3 lit. a 1. Fall BGB). Ist keine dieser drei Möglichkeiten zur Fortdauer einer Familienbindung gegeben, so darf die Adoption nicht aufgehoben werden.

---

20 Engler, FamRZ 1976, 590; RGRK-Dickescheid § 1763 Rn. 4; Soergel-Liermann § 1759 Rn. 7; Münch.Komm.-Lüderitz § 1759 Rn. 5; Staudinger-Frank 12.A.1992 § 1759 Rn. 16 u. § 1763 Rn. 7.

21 So schon BT-Drucks. 7/3061, 26; vgl. RGRK-Dickescheid § 1763 Rn. 5; Soergel-Liermann § 1759 Rn. 7; Staudinger-Frank 12.A.1992 § 1759 Rn. 17; Erman-Holzhauer § 1763 Rn. 3. Beitzke/Lüderitz Rn. 1049.

c) *Schwerwiegende Gründe*

Als dritte Voraussetzung für die Aufhebung eines Annahmeverhältnisses nennt § 1763 Abs. 1 BGB schließlich das Vorliegen von «schwerwiegenden Gründen». Damit wird zwar ausgerechnet die wichtigste Voraussetzung für diese familienrechtliche Maßnahme nur in Form einer Generalklausel ausgedrückt. Sie ist aber hinreichend konkretisierbar, da § 1763 Abs. 1 BGB insoweit mit § 1770 a BGB a. F. übereinstimmt und deshalb auf jahrzehntelange umfangreiche Rechtsprechung und Literatur zu den «schwerwiegenden Gründen» zurückgegriffen werden kann[22].

4.) *Einteilung der schwerwiegenden Gründe*

Teilt man die schwerwiegenden Gründe nach dem Verschulden der Beteiligten ein, so sind, abgesehen von Kombinationen, drei Fallkonstellationen denkbar. Demnach können schwerwiegende Gründe zur Aufhebung der Adoption führen, die der Annehmende verschuldet hat, solche, die der Angenommene verschuldet hat, und schließlich von keinem der Adoptivverwandten zu vertretende Ursachen.

a) *Vom Annehmenden zu vertretende Gründe*

Daß die zur Aufhebung der Adoption führenden schwerwiegenden Gründe vom Annehmenden verschuldet wurden, dürfte, sofern die veröffentlichten Entscheidungen einigermaßen repräsentativ sind, in der Praxis am häufigsten vorkommen. Dabei müssen die Auswirkungen des Fehlverhaltens mindestens von der Schwere sein, daß sie auch ein Vorgehen nach § 1666 BGB erlauben würden. Dies wird vor allem daraus geschlossen, daß die Aufhebung nach § 1763 Abs. 1 BGB «erforderlich» sein muß. Im Vergleich zur gänzlichen Beseitigung der Verwandtschaftsbeziehungen sind Maßnahmen nach § 1666 BGB nämlich das mildere Mittel[23]. Maßgeblich für die Wahl zwischen dem Vorgehen nach

---

22 BayObLG, FamRZ 1980, 498, 499 f; RGRK-Dickescheid § 1763 Rn. 4; Soergel-Liermann § 1763 Rn. 2 u. 5; Staudinger-Frank 12.A.1992 § 1763 Rn. 2; Palandt-Diederichsen § 1763 Rn. 4; zu Anhaltspunkten aus rechtsvergleichender Sicht s. Behn, ZfJ 1977, 472-476.

23 RGRK-Dickescheid § 1763 Rn. 7; Soergel-Liermann § 1763 Rn. 9; Staudinger-Frank 12.A.1992 § 1763 Rn. 12; Gernhuber/Coester-Waltjen § 68 XII 5; Giesen Rn. 737; Tschernitschek Rn. 662; a.A. Erman-Holzhauer § 1763 Rn. 4 (Die Aufhebung sei nicht nur als ultima ratio, sondern stets

§ 1666 BGB und einer Aufhebung des Annahmeverhältnisses ist das Wohl des Kindes: Erscheint dessen gedeihliche Entwicklung nur in der Obhut einer neuen Familie gewährleistet, so ist trotz des Plurals «schwerwiegende Gründe» auch nach nur einmaligem Fehlverhalten eine Auflösung der Adoptivverwandtschaft geboten[24]. Dies kann insbesondere nach schweren Verfehlungen, etwa nach körperlichen und seelischen Mißhandlungen oder sexuellem Mißbrauch des Adoptivkindes der Fall sein[25]. Bei entsprechendem Einfluß auf die Entwicklung des Kindes können aber auch Straftaten gegen Dritte die Aufhebung rechtfertigen, etwa dann, wenn es hierdurch selbst auf kriminelle Abwege gerät[26]. Sofern sie das Wohl des Kindes in ähnlicher Weise beeinträchtigen, kommen auch innerfamiliäre Vorgänge ohne strafrechtliche Relevanz als schwerwiegende Gründe im Sinne des § 1763 BGB in Betracht. Dies kann etwa dann zu bejahen sein, wenn die Adoptiveltern nach der unerwarteten Geburt eines leiblichen Kindes das Interesse am Angenommenen verlieren und diesem deshalb keinerlei Zuwendung mehr zukommen lassen, so daß er Schaden zu nehmen droht[27]. Gerade in diesen Konstellationen muß aber natürlich die Anwendung milderer Mittel sorgfältig geprüft werden.

b) *Weder vom Annehmenden noch vom Angenommenen zu vertretende Gründe*

Die Aufhebung einer Adoption kann aber ähnlich wie die Ersetzung der Einwilligung zur Adoption aber auch infolge schwerwiegender Gründe

---

neben Maßnahmen nach § 1666 BGB in Betracht zu ziehen; vgl. hierzu BT-Drucks. 7/3061, 49: «Wenn das Vormundschaftsgericht Maßnahmen nach § 1666 BGB zum Schutz des Kindes trifft, soll es auch prüfen, ob die Aufhebung des Annahmeverhältnisses erforderlich ist.»)

24 Soergel-Liermann § 1763 Rn. 7; implizit auch Staudinger-Frank 12.A.1992 § 1763 Rn. 6 und Erman-Holzhauer § 1763 Rn. 4, wo folgerichtig nur von *einem* «schwerwiegenden Grund» die Rede ist.

25 AG Hechingen, DAV 1992, 1360, 1360; Münch.Komm.-Lüderitz § 1763 Rn. 3; Tschernitschek Rn. 662; ähnlich, aber allgemeiner auch Beitzke/Lüderitz Rn. 1049.

26 Soergel-Liermann § 1763 Rn. 7; Tschernitschek Rn. 662; Palandt-Diederichsen § 1763 Rn. 4; ebenso schon zur alten Rechtslage nach § 1770 a BGB a.F. Dölle Bd. 2 § 115 VI 2.

27 Zu dieser Fallgestaltung s. etwa RGRK-Dickescheid § 1763 Rn. 4; Erman-Holzhauer § 1763 Rn. 3.

geboten sein, die der Annehmende nicht zu vertreten hat[28]. So kann etwa auch ein schwerer Unfall oder eine psychische Krankheit die Auflösung eines Annahmeverhältnisses rechtfertigen, sofern dadurch die angemessene Pflege und Erziehung des Kindes dauerhaft unmöglich wird[29]. Allerdings gehen auch hier Maßnahmen nach § 1666 BGB vor, wenn etwa eine spätere Wiederaufnahme der elterlichen Sorge durch den Annehmenden möglich erscheint.

c) *Vom Angenommenen zu vertretende Gründe*

Letztlich eine Untergruppe der vom Annehmenden nicht zu vertretenden Gründe im Sinne des § 1763 Abs. 1 BGB sind auch solche, die der Angenommene selbst zu vertreten hat. Darunter fällt etwa die bereits angesprochene Zerstörung des Eltern-Kind-Verhältnisses durch besonders schwere Straftaten gegen den Annehmenden oder eine ihm nahestehende Person[30]. Unter diesen Umständen ist eine gedeihliche Entwicklung des Angenommenen unter der Obhut der Adoptiveltern nicht mehr zu erwarten und deshalb im Interesse des Kindes (nicht der Eltern) eine Auflösung des Verwandtschaftsverhältnisses möglich. Ähnlich kann es aber auch in weniger dramatischen Konfliktsituationen stehen, etwa bei einer tiefen Abneigung des Kindes gegen seine Adoptiveltern, die zur Verweigerung jeglichen Kontaktes führt[31]. In derartigen Fällen wird allerdings wohl häufig ein Verschulden auch des Annehmenden, also eine Mischform vorliegen.

II. Die Folgen einer Aufhebung des Annahmeverhältnisses

1.) *Die gesetzlichen Regelungen*

Während die Voraussetzungen für die Aufhebung einer Adoption schon vom Gesetzgeber recht genau eingegrenzt und die verbliebenen Lücken

28 RGRK-Dickescheid § 1763 Rn. 5; Soergel-Liermann § 1763 Rn. 7; Münch. Komm.-Lüderitz § 1763 Rn. 3; Staudinger-Frank 12.A.1992 § 1763 Rn. 6; Gernhuber/Coester-Waltjen § 68 XII 5 mit Fn. 11.

29 RGRK-Dickescheid § 1763 Rn. 5; Soergel-Liermann § 1763 Rn. 7.

30 AG Arnsberg, FamRZ 1987, 1194, 1194-1196 (Tötung eines Adoptivelternteiles); Münch.Komm.-Lüderitz § 1763 Rn. 3; Palandt-Diederichsen § 1763 Rn. 4; ähnlich Staudinger-Frank 12.A.1992 § 1763 Rn. 7.

31 Münch.Komm.-Lüderitz § 1763 Rn. 3a; Tschernitschek Rn. 662; Beitzke/Lüderitz Rn. 1049; Palandt-Diederichsen § 1763 Rn. 4.

durch Rechtsprechung und Literatur sorgsam geschlossen wurden, mutet die Regelung ihrer Rechtsfolgen weit weniger differenziert an: Im Gesetz selbst stehen die für alle Formen der Aufhebung übereinstimmenden personenrechtlichen Konsequenzen im Vordergrund; ihre sonstigen Auswirkungen werden in ausgesprochen summarischer Form zusammengefaßt: Gemäß § 1764 Abs. 2 BGB erlöschen die Adoptivverwandtschaft und alle sich aus ihr ergebenden Rechte und Pflichten, während umgekehrt gemäß § 1764 Abs. 3 BGB die Verwandtschaft zu den leiblichen Eltern und alle sich aus ihr ergebenden Rechte und Pflichten mit Ausnahme der elterlichen Sorge wiederaufleben. Der vermögensrechtliche Aspekt der Aufhebung eines Annahmeverhältnisses erscheint hier also nur als Bestandteil der allgemeinen Rechte und Pflichten. Daraus ergibt sich, daß insbesondere Unterhaltspflicht und gesetzliches Erbrecht zwischen den Adoptivverwandten durch die Aufhebung untergehen und zwischen den leiblichen Verwandten neu begründet werden. In Verbindung mit § 1764 Abs. 1 S. 1 BGB, wonach Erlöschen und Wiederaufleben von Rechten und Pflichten nur für die Zukunft wirken, wird darüber hinaus ersichtlich, daß eine Kondiktion wegen geleisteten Unterhalts ausgeschlossen sein soll: Der Rechtsgrund hierfür fällt erst mit der Aufhebung fort[32].

2.) *Die Ergänzungen durch Rechtsprechung und Literatur*

Es herrscht indessen Übereinstimmung, daß die vermögensrechtliche Seite der Aufhebung mit diesen Anordnungen in § 1764 Abs. 1 und 2 BGB nicht erschöpfend geregelt ist. Insbesondere dem Annehmenden werden über § 1764 BGB hinausgehende Regreßmöglichkeiten eingeräumt, wenn er dem Adoptivkind etwa Schenkungen zukommen ließ oder eine Lebensversicherung zu seinen Gunsten abschloß. Eine gewisse Unsicherheit herrscht allenfalls darüber, auf welchem Wege der Annehmende diese Leistungen zurückverlangen kann. Während die erste Auffassung für eine Kondiktion nach § 812 Abs. 1 S. 2, 2. Fall BGB plädiert, will eine zweite nach den Grundsätzen über den Wegfall der Geschäfts-

---

32 RGRK-Dickescheid § 1764 Rn. 1; Soergel-Liermann § 1764 Rn. 3; Münch. Komm.-Lüderitz § 1764 Rn. 6; Staudinger-Frank 12.A.1992 § 1764 Rn. 8; Erman-Holzhauer § 1764 Rn. 2 u. 4; Gernhuber/Coester-Waltjen § 68 XI 4.

grundlage vorgehen und eine dritte die Anfechtung nach § 119 Abs. 2 BGB zulassen[33]. Ebenso kann eine letztwillige Verfügung des Annehmenden oder eines seiner Verwandten zugunsten des ehemaligen Adoptivkindes angegriffen werden; streitig sind auch hier nur die Einzelheiten: Während derartige Verfügungen nach einer Auffassung gemäß § 2078 Abs. 2 BGB angefochten werden müssen, sind sie nach der Gegenposition sogar analog § 2077 Abs. 2 BGB als gänzlich unwirksam anzusehen[34]. Darüber hinaus werden in der Literatur zu Recht auch Schadensersatzansprüche des Annehmenden gegen die leiblichen Eltern befürwortet. Wenn diese die Adoption etwa zwecks schneller «Abschiebung» eines kranken Kindes durch arglistige Täuschung über dessen Gesundheitszustand erschleichen, so müssen sich die Adoptiveltern nach richtiger Auffassung nicht mit der Aufhebung des Annahmeverhältnisses begnügen. Sie können daneben den zuvor infolge der Krankheit entstandenen Mehrbedarf o. ä. als Schaden geltend machen[35]. Diese Ansprüche werden von der Aufhebung des Annahmeverhältnisses nicht berührt.

Umgekehrt sind auch die vermögensrechtlichen Beziehungen zwischen den leiblichen Angehörigen in § 1764 Abs. 3 BGB nicht erschöpfend geregelt. So war es bis 1998 möglich, daß das nichteheliche Kind gemäß § 1615 e BGB a.F. von seinem leiblichen Vater an Stelle des Unterhaltes eine Abfindung erhielt[36]. Diese wird aber regelmäßig niedrig aus-

---

33 S. die Diskussion bei RGRK-Dickescheid §1764 Rn. 3; für Anfechtung nach §119 Abs. 2 BGB oder Anwendung der Regeln zum Wegfall der Geschäftsgrundlage Soergel-Liermann §1764 Rn. 6; grundsätzlich für Anfechtung nach §119 Abs. 2 BGB Münch.Komm.-Lüderitz §1764 Rn. 3, wo jedoch bei Schenkungen die Kondiktion nach §812 Abs. 1 S. 2, 2. Fall BGB bejaht wird (§1764 Rn. 6); für Anwendung der Regeln zum Wegfall der Geschäftsgrundlage Staudinger-Frank 12.A.1992 §1764 Rn. 8, der aber bei Erbabfindungen ebenfalls nach §812 Abs. 1, S. 2, 2. Fall BGB kondizieren möchte.

34 Für Anfechtung nach §2078 Abs. 2 BGB: Flik, BWNotZ 1980, 132; RGRK-Dickescheid §1764 Rn. 3; Soergel-Liermann §1764 Rn. 3; Münch. Komm.-Lüderitz §1764 Rn. 3; Staudinger-Frank 12.A.1992 §1764 Rn. 8; für analoge Anwendung von §2077 BGB: Erman-Holzhauer §1764 Rn. 8.

35 Soergel-Liermann Vor §1741 Rn. 6.

36 Zur Ausgestaltung dieser mit Wirkung zum 1.7.1998 weggefallenen Möglichkeit im einzelnen s. noch Soergel-Häberle §1615 e bes. Rn. 6 ff u. zuletzt Palandt-Diederichsen 57. A.1998 §1615 e Rn. 1 ff.

gefallen sein, wenn die Eltern bereits zur Adoption entschlossen waren und folglich nur einen niedrigen Bedarf des Kindes kalkuliert hatten. War dieser mit Wiederaufleben von Verwandtschaft und Unterhaltspflicht wider Erwarten doch erheblich höher, so konnte sich der Vater nicht auf die Freistellung durch den Abfindungsvertrag berufen. Dessen Geschäftsgrundlage war mit der Aufhebung der Adoption entfallen[37].

3.) *Vermögensrechtliche Folgen für den Angenommenen*

Diese Beispiele zeigen, daß § 1764 BGB die vermögensrechtlichen Probleme nach Aufhebung eines Annahmeverhältnisses weder ausreichend noch abschließend regelt. Die wissenschaftliche Beschäftigung mit den verschiedenen über § 1764 BGB hinausgehenden Ansprüchen offenbart jedoch eine gewisse Einseitigkeit: Kaum eine der einschlägigen Veröffentlichungen übergeht die angesprochenen Regreßmöglichkeiten des Annehmenden gegen sein ehemaliges Adoptivkind. Dagegen fehlt jegliche Untersuchung darüber, ob auch diesem umgekehrt über § 1764 BGB hinausgehende Ansprüche gegen den Annehmenden zustehen[38]. Dabei ist diese Frage von erheblichem praktischem Interesse. Denn dem Angenommenen entsteht mit dem aufhebungsbedingten Verlust von Unterhaltsansprüchen und gesetzlichem Erbrecht gegenüber seiner ehemaligen Adoptivverwandtschaft ein Vermögensschaden, der üblicherweise durch das Wiederaufleben der entsprechenden Ansprüche gegen die leiblichen

37 Vgl. LG Köln, DAV 1977, 134, 135f, wo die Möglichkeit des Wegfalls der Geschäftsgrundlage für einen solchen Abfindungsvertrag grundsätzlich bejaht und im zugrundeliegenden Fall nur mangels «wesentliche(r) Änderung der tatsächlichen Verhältnisse» abgelehnt wurde; grundsätzlich ebenso z.B. RGRK-Dickescheid §1764 Rn. 4; Soergel-Liermann §1764 Rn. 9; Münch.Komm.-Lüderitz §1764 Rn. 4; Staudinger-Frank 12.A.1992 §1764 Rn. 12; a.A. Soergel-Häberle §1615e Rn. 10.

38 Allenfalls am Rande wird erwähnt, daß Rechtsgeschäfte des Kindes zugunsten seiner Adoptiveltern nach denselben Grundsätzen rückabgewickelt werden müssen wie umgekehrt solche des Annehmenden zugunsten des Kindes (so Soergel-Liermann §1764 Rn. 6). Ansonsten wurde den Ansprüchen des Angenommenen in Rspr. und Lit. wenig Beachtung geschenkt; eine Ausnahme hiervon ist lediglich die Möglichkeit der Testamentsanfechtung nach §2079 BGB, wenn das in die Familie zurückgekehrte Kind übergangen wurde, s. Flik, BWNotZ 1980, 132f; RGRK-Dickescheid §1764 Rn. 4; Soergel-Liermann §1764 Rn. 9; Münch.Komm.-Lüderitz §1764 Rn. 4; Staudinger-Frank 12.A.1992 §1764 Rn. 12.

Eltern nicht kompensiert wird: Regelmäßig gehört der Annehmende einer sozial deutlich höheren und somit weit leistungsfähigeren Schicht an als die leiblichen Eltern[39]. Die Unterhaltsleistungen für das Kind werden dann also, sofern sie überhaupt durchzusetzen sind, deutlich geringer ausfallen als vor der Aufhebung der Adoption. Das Kind hat somit bei einer Rückkehr zu den leiblichen Verwandten auch materiell mit erheblichen Einschränkungen zu rechnen, ganz abgesehen vom weit geringeren Erbe. Eine Zweitadoption ist aber in diesen Fällen schwer zu vermitteln, da der Angenommene nach Aufhebung des Annahmeverhältnisses üblicherweise kein Kleinkind mehr ist. Mit zunehmendem Alter sinkt aber die Vermittlungschance; die meisten Adoptionswilligen bevorzugen sogar Kleinstkinder[40].

4.) *Der bisherige Ansatz zum Schutz des Kindesvermögens*

Diese Problematik des Wegfalls von Unterhaltsansprüchen und zukünftiger Erbenstellung wurde von der Literatur zu §§ 1763, 1764 BGB natürlich nicht übersehen. Die bislang erarbeiteten Lösungsvorschläge setzen aber sämtlich nicht bei den Folgen der Aufhebung, sondern bei ihren Voraussetzungen, also nicht bei § 1764 BGB, sondern bei § 1763 BGB an.

a) *Einbeziehung in die Erforderlichkeitsprüfung gemäß § 1763 Abs. 1 BGB*

Nach einhelliger Auffassung ist der aus der Aufhebung einer Adoption resultierende Wegfall von Unterhaltsansprüchen und künftiger Erbenstellung in die Erforderlichkeitsprüfung nach § 1763 Abs. 1 BGB einzubeziehen: Bei der Suche nach dem mildesten Mittel zur Abstellung der innerfamiliären Mißstände sind demnach neben dem Eingriff in das

39 Zur sozialen Stellung der Adoptiveltern, die in aller Regel weit über derjenigen der leiblichen Eltern angesiedelt ist, s. die Zahlen bei Textor, ZfJ 1993, 250; ähnlich Paulitz, ZfJ 1996, 307; vgl. in der juristischen Literatur Münch.Komm.-Lüderitz § 1741 Rn. 17 (wo ausdrücklich «mindestens ein durchschnittliches Einkommen» der Adoptionswilligen gefordert wird); ähnlich AK-Fieseler § 1764 Rn. 3; Erman-Holzhauer § 1741 Rn. 8.

40 S. schon BT-Drucks. 7/3061, 24; ähnlich AK-Fieseler Vor § 1741 Rn. 9; Erman-Holzhauer Vor § 1741 Rn. 3; Henrich § 2 S I 1; Paulitz, ZfJ 1997, 130.

Elternrecht insbesondere auch die unterhalts- und erbrechtlichen Konsequenzen einer Aufhebung des Annahmeverhältnisses zu berücksichtigen[41]. Das Vormundschaftsgericht soll also, bildlich - drastisch gesprochen, untersuchen, ob der aus einer Auflösung der Adoptionsverwandtschaft resultierende Nutzen für die körperliche und psychische Entwicklung des Kindes den materiellen Verlust «ausgleicht». Erscheinen die mit der Auflösung der Adoptivverwandtschaft verbundenen finanziellen Einbußen zu groß, so fehlt es an der Erforderlichkeit und die Aufhebung der Adoption muß unterbleiben. Stattdessen sind andere Maßnahmen – etwa nach § 1666 BGB – zu ergreifen[42].

b) *Problematik dieses Ansatzes*

Tatsächlich ist im Grundsatz natürlich nichts dagegen einzuwenden, daß die unterhalts- und erbrechtlichen Aspekte bei der Entscheidung über die Aufhebung eines Annahmeverhältnisses Berücksichtigung finden: Auch die wirtschaftlichen Rahmenbedingungen gehören anerkanntermaßen zu den Faktoren, die eine gedeihliche Entwicklung eines Kindes mitbestimmen[43]. Nach der eindeutigen Wertung des Gesetzgebers ist ihnen aber bei Entscheidungen, die das Wohl des Kindes betreffen, nur

---

41 RGRK - Dickescheid § 1763 Rn. 6 u. 13; Münch.Komm. - Lüderitz § 1764 Rn. 3 (allerdings einschränkend § 1763 Rn. 3 b: Die Aufhebung sei «nicht dadurch ausgeschlossen, daß die Surrogateltern schlechtere Vermögensverhältnisse bieten»); Staudinger - Frank 12.A.1992 § 1763 Rn. 11; Palandt - Diederichsen § 1763 Rn. 4.

42 Diese Auffassung schwächt RGRK - Dickescheid § 1763 Rn. 7 (ähnlich auch Münch.Komm. - Lüderitz § 1763 Rn. 3) erheblich ab, wenn als Maßnahme nach § 1666 BGB nur eine dauerhafte Trennung des Angenommenen von den Adoptiveltern in Frage kommt: «Müßte durch eine Maßnahme nach § 1666 das Kind voraussichtlich dauernd von dem Annehmenden getrennt werden, so werden Sinn und Zweck der Adoption in Frage gestellt, so daß zu prüfen ist, ob nicht eine Aufhebung angezeigt ist, um die Erziehung des Kindes in einer anderen Familie zu ermöglichen.» Das erscheint inkonsequent, da das hier in Frage stehende Fehlverhalten, das eine Aufhebung rechtfertigt, regelmäßig auch nach § 1666 BGB die Trennung des Kindes von seinen Adoptiveltern erfordert. Der vermögensrechtliche Aspekt verhindert dann im Ergebnis die Aufhebung der Adoption doch nicht, sondern bleibt unerheblich.

43 Soergel - Liermann § 1741 Rn. 5; Münch.Komm. - Lüderitz § 1741 Rn. 7; Gernhuber/Coester - Waltjen § 68 VIII 2; Giesen Rn. 724; Tschernitschek Rn. 630; Palandt - Diederichsen § 1741 Rn. 3.

eine untergeordnete Bedeutung beizumessen[44]. Das ordnen einige Vorschriften des Adoptionsrechtes sogar ausdrücklich an. Etwa für die Beurteilung der Frage, ob bereits in der Familie des Adoptionswilligen lebende leibliche oder adoptierte Kinder einer Annahme entgegenstehen, findet sich in § 1745 S. 2 BGB diesbezüglich eine klare Vorgabe: «Vermögensrechtliche Interessen sollen nicht ausschlaggebend sein.» Gerade im Zusammenhang mit der Aufhebung von Annahmeverhältnissen behandelt das Gesetz die wirtschaftlichen Belange noch restriktiver. § 1760 Abs. 4 BGB schließt die Aufhebung der Adoption wegen arglistiger Täuschung schlechterdings aus, wenn sich diese nur auf die Vermögensverhältnisse von Annehmendem oder Angenommenem bezog. Ist die wirtschaftliche Leistungsfähigkeit des Adoptionswilligen geringer als er dem Anzunehmenden vorspiegelte, so stellt dies von vorneherein keinen wesentlichen Umstand im Sinne des § 1760 Abs. 2 lit. c BGB dar, der sich auf den Bestand des Annahmeverhältnisses auswirken kann.

Aus rechtspolitischen Gründen mag jedenfalls die Wertung des § 1760 Abs. 4 BGB etwas zu rigoros erscheinen. Es ist de lege ferenda durchaus überlegenswert, «ob in Einzelfällen die Täuschung über Vermögensverhältnisse nicht doch Beachtung verdient (hätte)», etwa dann, «wenn der Annehmende kaum in der Lage ist, für den Unterhalt des Kindes aufzukommen»[45]. De lege lata läßt aber gerade diese eindeutige Stellungnahme des Gesetzgebers in § 1760 Abs. 4 BGB erkennen, welchen Rang er rein vermögensrechtlichen Interessen bei der Entscheidung etwa über die Auflösung einer Adoptivverwandtschaft zumessen will[46]. Im Grundsatz dürfte diese Gewichtung auch Zustimmung verdienen: Nach heutigem Verständnis gebührt dem Aufwachsen in einer liebevol-

44 Bei der Entscheidung über die Annahme: RGRK-Dickescheid §1741 Rn. 4; Münch.Komm.-Lüderitz §1741 Rn. 7; Giesen Rn. 724; Tschernitschek Rn. 630; Schwab, Familienrecht Rn. 711; Beitzke/Lüderitz Rn. 1018; speziell bei der Abwägung nach §1761 Abs. 2 BGB s. RGRK-Dickescheid §1761 Rn. 13; Münch.Komm.-Lüderitz §1761 Rn. 8 u. 10; Staudinger-Frank 12.A.1992 §1761 Rn. 14.

45 Staudinger-Frank 12.A.1992 §1760 Rn. 17; kritisch auch Erman-Holzhauer §1760 Rn. 10.

46 S. schon BT-Drucks. 7/3061, 47; im Schrifttum besonders entschieden Erman-Holzhauer §1761 Rn. 7 («Dagegen treten Vermögensvorteile ganz in den Hintergrund.»); ähnlich etwa Soergel-Liermann §1760 Rn. 8; Gernhuber/Coester-Waltjen §68 XII 1.

len Eltern-Kind-Beziehung, die eine gesunde geistige und psychische Entwicklung gewährleistet, sicherlich Vorrang vor der Wahrung wirtschaftlicher Interessen. «"Kindeswohl" umfaßt auch Vermögensinteressen (...). Im Konfliktsfall müssen diese jedoch hinter persönlichen Interessen (an Pflege, Erziehung und Ausbildung) zurücktreten»[47].

Dieser Vorrang der persönlichen Interessen ist in anderen adoptionsrechtlichen Fallgestaltungen auch allgemein anerkannt. So herrscht Einigkeit darüber, daß bloß wirtschaftliche Vorteile die Aufhebung eines Annahmeverhältnisses nicht rechtfertigen: Bei ansonsten tragbaren Rahmenbedingungen für die Entwicklung des Kindes darf eine Adoption nicht allein deswegen aufgehoben werden, weil der damit wiederauflebende Unterhaltsanspruch gegen die leiblichen Eltern lukrativer[48] oder eine Zweitadoption in eine vermögendere Familie möglich ist[49]. Nichts anderes kann dann aber im umgekehrten, hier zu diskutierenden Fall gelten, wenn tatsächlich eine Aufhebungslage gemäß § 1763 BGB vorliegt: Ist die Grundlage für eine gesunde Entwicklung des Kindes (z.B. hinsichtlich Pflege, Erziehung, Zuwendung) nicht gewährleistet und eine Aufhebung des Annahmeverhältnisses daher geboten, dann ändert auch die Einbeziehung vermögensrechtlicher Interessen hieran üblicherweise nichts. Wirtschaftliche Vorteile des Kindes können allenfalls in Sonderfällen die nach der Wertung des Gesetzgebers weit wichtigeren persönlichen Interessen überwiegen. In Betracht kommen Fälle, in denen das Kind an der Schwelle zur Volljährigkeit steht und das Haus seiner Adoptiveltern dann ohnehin, beispielsweise zu Studienzwecken, verlassen wird. Hier wäre der durch die Aufhebung zu erzielende Nutzen für die gedeihliche Weiterentwicklung des Angenommenen tatsächlich gering und würde den Verlust der künftigen Erbenstellung und insbesondere der Unterhaltsansprüche keineswegs aufwiegen. Derartige Konstellationen dürften in der Gerichtspraxis zur Aufhebung von Annahmeverhältnissen aber eher selten sein.

---

47 Münch.Komm.-Lüderitz § 1741 Rn. 7.

48 BayObLG, FamRZ 1980, 498, 501; RGRK-Dickescheid § 1763 Rn. 6; Münch.Komm.-Lüderitz § 1763 Rn. 3b u. 10; Staudinger-Frank 12.A.1992 § 1763 Rn. 9; Palandt-Diederichsen § 1763 Rn. 4.

49 RGRK-Dickescheid § 1763 Rn. 6; Gernhuber/Coester-Waltjen § 68 XII 5; ähnlich Palandt-Diederichsen § 1763 Rn. 4.

c) *Dauerpflegeverhältnis und Aufhebung der Adoption*

Tatsächlich finden sich im Schrifttum aber Stimmen, die die Aufhebung gemäß § 1763 BGB keineswegs nur in derartigen besonderen Situationen als nicht erforderlich ablehnen. Offenbar wird die Erforderlichkeitsprüfung hier gewissermaßen als allgemeines Korrektiv auf alle Fälle ausgedehnt, in denen das Kind durch die Auflösung der Adoptivverwandtschaft durchsetzbare Unterhaltsansprüche und die Aussicht auf eine nennenswerte Erbschaft verlöre. Diese Auffassung stützt sich auf die Überlegung, daß eine angemessene Betreuung und Erziehung des Kindes auch im Rahmen eines Dauerpflegeverhältnisses möglich ist, das nicht zwangsläufig eine Adoption erfordert: «Ist die tatsächliche Pflege auch (...) ohne Aufhebung in absehbarer Zukunft gesichert und würde das Kind durch die Aufhebung einen erheblichen Vermögensschaden erleiden, so ist diese nicht geboten»[50].

Diese Auffassung verkennt jedoch die gravierenden Nachteile eines Dauerpflegeverhältnisses. Es kann die gedeihliche Entwicklung des Kindes keineswegs in demselben Maß garantieren wie eine Adoption. Selbst wenn die Pflegeeltern eine dauerhafte Aufnahme des Kindes ohne Adoption überhaupt akzeptieren, bietet ihm diese Unterbringung nicht die gleiche Gewähr einer kontinuierlichen Sorge und Betreuung wie ein Annahmeverhältnis. Denn das Pflegeverhältnis kann, anders als die Adoption, von Seiten der Pflegeeltern jederzeit gelöst werden. In diesem Falle müßte das Kind, dessen Bezugsperson ja bereits zweimal gewechselt hat, einen dritten derartigen Bruch verkraften, was der Entwicklung des jungen Menschen anerkanntermaßen abträglich wäre[51]. Umgekehrt bleibt auch für die Pflegeeltern das Risiko einer Trennung von dem Kind: Trotz aller Bemühungen zur rechtlichen Stärkung des Pflegeverhältnisses ist dieses seinem Ursprung nach eben nicht auf Dauer, sondern auf Rückführung des Kindes angelegt[52].

---

50 Münch.Komm.-Lüderitz § 1763 Rn. 8; ebenso RGRK-Dickescheid § 1763 Rn. 13.

51 RGRK-Dickescheid § 1741 Rn. 4 u. 5; Soergel-Liermann § 1741 Rn. 4; Münch.Komm.-Lüderitz Vor § 1741 Rn. 4 u. § 1741 Rn. 8; Erman-Holzhauer § 1741 Rn. 4/5 u. bes. § 1761 Rn. 7.

52 BayObLG, DAV 1990, 381, 383; Soergel-Strätz § 1632 Rn. 28; Lakies, FamRZ 1990, 698; Staudinger-Frank 12.A.1992 § 1748 Rn. 43; Palandt-Diederichsen § 1632 Rn. 24.

Die Pflegeeltern müssen also einerseits immer mit einer Herausgabeforderung von Seiten der juristischen Eltern rechnen und können sich andererseits, etwa bei gravierenden Erziehungsproblemen, auch selbst stets von ihm lossagen[53]. Dieses Wissen wird regelmäßig verhindern, daß die Pflegeeltern ähnlich bedingungslos für das fremde Kind einstehen wollen wie für ein eigenes, sei es nun leiblich oder adoptiert. Eine solche Unterbringung vermittelt also nicht nur in rechtlicher, sondern auch in tatsächlicher Hinsicht keine der Adoption entsprechende Integration in die neue Familie.

Das Dauerpflegeverhältnis bleibt somit in entscheidenden und für die Erziehung des Kindes anerkanntermaßen wichtigen Faktoren hinter der Adoption zurück. Aus diesen Gründen sieht die inzwischen h. M. in einer solchen Unterbringung selbst dann einen unverhältnismäßigen Nachteil gegenüber einer Annahme als Kind, wenn die Pflegeeltern auch ohne Adoption zu einer dauerhaften Aufnahme bereit sind[54]. Dieser Nachteil berechtigt sogar dazu, die fehlende Einwilligung der leiblichen Eltern zur Adoption zu ersetzen: Verweigert ein Elternteil allein unter Hinweis auf die Möglichkeit einer Dauerpflegschaft die Einwilligung zur Adoption, so kann sie bei Vorliegen der sonstigen Voraussetzungen gemäß § 1748 Abs. 1 BGB durch Beschluß des Vormundschaftsgerichtes ersetzt werden[55]. Das Dauerpflegeverhältnis stellt also im Vergleich zur Adoption einen unverhältnismäßigen Nachteil dar, der in diesem Zusammenhang sogar das Elternrecht aus Art. 6 Abs. 2 S. 2 GG aufwiegt. Dieser schwerwiegende Nachteil kann dann im Rahmen des § 1763 BGB nicht ausgerechnet von vermögensrechtlichen Interessen kompensiert werden, denen im Adoptionsrecht regelmäßig nur zweitrangige Be-

---

53 BayObLG, DAV 1990, 381, 383; OLG Karlsruhe, FamRZ 1990, 94, 95; AK-Fieseler Vor § 1741 Rn. 4; Lakies, FamRZ 1990, 699; Gawlitta, FamRZ 1990, 97; zum umgekehrten Bewußtsein der Unauflöslichkeit bei Adoptiveltern s. schon BT-Drucks. 7/3061, 27; RGRK-Dickescheid § 1763 Rn. 4; vgl. Fn. 18.

54 OLG Frankfurt, FamRZ 1986, 1042; BayObLG, DAV 1990, 381, 383; OLG Karlsruhe, FamRZ 1990, 94, 95; Soergel-Liermann § 1748 Rn. 18 mit Fn. 53; Staudinger-Frank 12.A.1992 § 1748 Rn. 43; Ruhl Rn. 240; Erman-Holzhauer § 1748 Rn. 18; Paulitz, ZfJ 1997, 128 u. 130 f; Palandt-Diederichsen § 1748 Rn. 9; a.A. noch OLG Frankfurt, FamRZ 1986, 601; jedenfalls im entschiedenen Fall auch OLG Schleswig, FamRZ 1994, 1351, 1352.

55 S. die Nachweise in der vorigen Fußnote.

deutung zukommt. Die Aufhebung eines Annahmeverhältnisses bleibt also in der Regel erforderlich, auch wenn die dauerhafte Unterbringung bei Pflegeeltern möglich wäre.

5.) *Das begründete Anliegen der herrschenden Meinung*

Der Wegfall von Unterhaltsansprüchen und künftiger Erbenstellung stellt also ein weit größeres Problem dar, als bislang angenommen. Es läßt sich nicht einfach dadurch lösen, daß man die Voraussetzungen für die Aufhebung von Annahmeverhältnissen restriktiv handhabt. Liegen schwerwiegende Gründe im Sinne des § 1763 Abs. 1 BGB vor, so ist eine Aufhebung der Adoption in aller Regel auch bei Berücksichtigung der vermögensrechtlichen Interessen erforderlich. Die eindeutigen und wohl auch angemessenen Wertmaßstäbe des Gesetzgebers lassen hier nur ausnahmsweise eine andere Entscheidung zu. Das heißt aber nicht, daß die im Schrifttum spürbare Abneigung gegen die konsequente Anwendung der §§ 1763, 1764 BGB völlig unbegründet wäre. Insbesondere dann, wenn die Aufhebung vom Annehmenden verschuldet wurde, ist diesbezüglich tatsächlich Skepsis angebracht. Das zeigen die Beispiele, in denen die Adoptiveltern etwa infolge gravierender Erziehungsprobleme[56] oder, wenn Kinderlosigkeit tragendes Motiv der Adoption war, wegen der Geburt eines leiblichen Kindes das Interesse am Angenommenen verlieren[57]. Reagieren sie in dieser Situation mit völliger Vernachlässigung und Lieblosigkeit oder bei innerfamiliären Konflikten gar mit brutaler Gewalt, so wird eine Aufhebung des Annahmeverhältnisses «aus schwerwiegenden Gründen zum Wohle des Kindes» häufig geboten sein. Hätte es mit dem aufhebungsbedingten Wegfall von Unterhaltsansprüchen und zukünftiger Erbenstellung des Kindes sein Bewenden, dann würden sie für ihr Fehlverhalten auch noch belohnt: Sie wären wunschgemäß aller zivilrechtlichen Pflichten gegenüber dem Kind enthoben.

Es würde somit aus §§ 1763, 1764 BGB eine dem Prinzip der unauflöslichen Volladoption zuwiderlaufende Möglichkeit resultieren, sich bei

---

56 Zu dieser Fallgestaltung und der grundsätzlichen Entscheidung des Gesetzgebers gegen eine Aufhebung in dieser Konstellation s. z.B. RGRK-Dickescheid § 1763 Rn. 5; Soergel-Liermann § 1763 Rn. 5; Staudinger-Frank 12.A.1992 § 1763 Rn. 7.

57 Zu dieser Fallgestaltung s. die Nachweise o. in Fn. 27.

unerwünschter Entwicklung des Annahmeverhältnisses den Verpflichtungen gegenüber dem Kind zu entziehen. «Adoptiveltern müssen sich also verantwortungslos verhalten, um — im Interesse des Kindes — entlastet zu werden!»[58] Damit einher ginge eine sachlich in keiner Weise gerechtfertigte Benachteiligung desjenigen Annehmenden, der sich in entsprechenden Situationen nicht ganz so pflichtvergessen verhält: Bei weniger gravierenden Verfehlungen, die lediglich Maßnahmen nach § 1666 BGB rechtfertigen, bleibt er ja zur Leistung des Unterhaltes verpflichtet.

6.) *Hier einzuschlagender Lösungsweg*

Es kann kein Zweifel bestehen, daß derartige systemwidrige Konsequenzen aus §§ 1763, 1764 BGB, die den Grundsatz der unauflöslichen Volladoption unterlaufen, einer Korrektur bedürfen. Immerhin waren Rechtsprechung und Literatur schon früher ohne Zögern bereit, die Bestimmungen über die Aufhebung von Annahmeverhältnissen zu ergänzen, wo sie als ungenügend empfunden wurden. Und diese Unzulänglichkeiten etwa bei Schenkungen oder letztwilligen Verfügungen der Adoptivverwandten muten im Vergleich zur aufgezeigten Problematik des Wegfalls von Unterhaltsansprüchen und zukünftiger Erbenstellung geradezu geringfügig an. Allerdings setzten alle derartigen Vorschläge zur Beseitigung anderer Ungereimtheiten nicht bei den eingehend geregelten *Voraussetzungen*, sondern bei den nur vergleichsweise grob skizzierten *Folgen* der Aufhebung an: Es wurde in allen diesen Fällen nicht gefragt, ob das Annahmeverhältnis überhaupt aufgelöst werden soll, sondern welche Konsequenzen über § 1764 BGB hinaus damit verbunden sind. So entwickelte man das Recht der aufgehobenen Adoptivverwandtschaft nicht im Widerspruch, sondern in Ergänzung zum Wortlaut der §§ 1763, 1764 BGB weiter. Dieses Vorgehen beim hier untersuchten Wegfall von Unterhaltsansprüchen und zukünftiger Erbenstellung zu übernehmen, ist nicht zuletzt aus inhaltlichen Gründen angemessen: Wenn ein Kind vernachlässigt oder mißhandelt wird, erscheint ja nicht die Aufhebung des Annahmeverhältnisses mit dem Ziel der Integration in eine neue Familie als das eigentliche Ärgernis. Anstößig

58 Münch.Komm.-Lüderitz § 1759 Rn. 5 mit Fn. 13.

hieran wirkt nur der Umstand, daß sich der Annehmende infolge seines Fehlverhaltens auch noch auf Kosten des Kindes von allen finanziellen Lasten des Annahmeverhältnisses befreien kann. Genau dieses unerfreuliche Ergebnis ließe sich aber durch eine Regreßmöglichkeit des Angenommenen korrigieren. Dann wäre einerseits das schlimmste Fehlverhalten, das selbst für Maßnahmen nach § 1666 BGB keinen Raum mehr läßt, nicht auch noch wirtschaftlich privilegiert. Andererseits – und das ist noch weit wichtiger – hätte das Kind nicht zu den schwierigen persönlichen Erlebnissen auch noch einen erheblichen Vermögensschaden zu verkraften. Es ist also zu untersuchen, ob der Angenommene nach Aufhebung der Adoption wenigstens einen Ausgleich seines materiellen Schadens verlangen kann.

§ 2 Die Ansprüche des Angenommenen gegen den Annehmenden

I. Ansprüche aus § 1664 BGB

1.) *Zur Terminologie des kindschaftsrechtlichen Ersatzanspruchs*

Vor allem durch den Wegfall der Unterhaltsleistungen kann dem Angenommenen eine für seine Entwicklung empfindliche wirtschaftliche Einbuße entstehen, erst in zweiter Linie auch durch das Erlöschen des gesetzlichen Erbrechts, das regelmäßig erst in einem späteren Lebensabschnitt bedeutsam wird. Erleidet ein Kind einen solchen Vermögensschaden aufgrund einer Pflichtverletzung seiner Eltern, so kommt zuerst ein Ausgleichsanspruch gemäß § 1664 BGB in Betracht. Dem Wortlaut nach legt § 1664 BGB zwar nur den Maßstab für die Haftung der Eltern gegenüber ihren Kindern fest, ähnlich wie § 1359 BGB zwischen Eheleuten. Darüber hinaus wird § 1664 BGB von einer Auffassung auch als Anspruchsgrundlage für Schadensersatzforderungen angesehen, da das Kind ohne eine entsprechende Regelung nur unzureichend gegen Verletzungen der elterlichen Sorge geschützt wäre[1]: § 1664 BGB «ergänzt so den primären gefahrenabwehrenden Kindesschutz nach §§ 1666 f., 1667 (BGB) zumindest in schwerer wiegenden Fällen durch Schadensersatzpflichten, welche ohne derartige Sondernorm angesichts der komplexen Elternpflichten zur Personen- und Vermögenssorge vielfach gar nicht anderweit begründbar wären»[2].

Nach anderer Auffassung erlaubt der Wortlaut des § 1664 BGB eine solche Ausdehnung seines Regelungsgehaltes ebensowenig wie § 1359 BGB. Auch diese Position erkennt aber die Haftung der Eltern im gleichen Umfange wie die h. M. an, die sie nur anders, mit einem «ungeschriebenen Grundsatz (der kindschaftsrechtlichen Parallele zur positiven Forderungsverletzung)» begründet[3]. Im Ergebnis bestehen also nur terminologische Unterschiede, wenn im folgenden von einem Anspruch aus § 1664 BGB die Rede sein wird.

---

1 RGRK-Adelmann § 1664 Rn. 3; Soergel-Strätz § 1664 Rn. 2; Münch. Komm.-Hinz § 1664 Rn. 1; Erman-Michalski § 1664 Rn. 1; Palandt-Diederichsen § 1664 Rn. 1; a.A.: Gernhuber/Coester-Waltjen § 57 IV 6; Staudinger-Engler 12.A.1997 § 1664 Rn. 6; Staudinger-Peschel-Gutzeit 12.A.1997 § 1626 Rn. 74.

2 Münch.Komm.-Hinz § 1664 Rn. 2.

3 Gernhuber/Coester-Waltjen § 57 IV 6; ähnlich z.B. Staudinger-Engler 12.A.1997 § 1664 Rn. 7; Staudinger-Peschel-Gutzeit 12.A.1997 § 1626 Rn. 74.

2.) *Die Voraussetzungen eines Anspruchs aus § 1664 BGB*

Ein Schadensersatzanspruch aus § 1664 BGB ist an das Vorliegen von vier Voraussetzungen geknüpft[4]. Der Anspruch muß erstens vom Kind gegen einen Elternteil geltend gemacht werden. Dieser muß zweitens wenigstens einen Teilbereich der elterlichen Sorge innegehabt und diese drittens pflichtwidrig verletzt haben. Daraus muß dem Kind schließlich viertens ein ersatzfähiger Schaden erwachsen sein. In den Fällen, in denen der Annehmende die Aufhebung der Adoption verschuldet hat, sind die drei ersten Bedingungen erfüllt: Das Annahmeverhältnis steht gemäß § 1754 BGB der Beziehung zwischen Eheleuten und ihrem ehelichen Kind gleich, wobei der Annehmende regelmäßig auch die elterliche Sorge ausübt. Die hier behandelte, vom Annehmenden verschuldete Aufhebung einer Adoption setzt ferner ein Fehlverhalten voraus, das mindestens eine «mißbräuchliche Ausübung der elterlichen Sorge» gemäß § 1666 BGB darstellt[5]. Damit ist in jedem Fall auch eine Verletzung der elterlichen Sorge gegeben, die nach § 1664 BGB zum Schadensersatz verpflichtet.

3.) *Das Problem des ersatzfähigen Schadens*

Fraglich ist allein, ob dadurch ein nach § 1664 BGB ersatzfähiger Schaden entsteht. Die Verletzung der elterlichen Sorge führt zwar adäquat kausal zur Aufhebung der Adoption durch das Vormundschaftsgericht und somit zum Wegfall von Unterhaltsansprüchen und gesetzlichem Erbrecht: Mißhandelt oder vernachlässigt der Annehmende sein Adoptivkind in einer von § 1666 BGB erfaßten Art und Weise, so liegt es sicherlich nicht außerhalb aller Lebenserfahrung, daß das Annahmeverhältnis aufgehoben wird. Es erscheint indessen zweifelhaft, ob der dadurch verursachte Vermögensschaden, der Wegfall von Unterhaltsansprüchen und künftiger Erbenstellung, noch von der Elternhaftung gemäß § 1664 BGB erfaßt wird. Bis zur Rechtskraft des Aufhebungsbeschlusses bleiben dem Angenommenen die Ansprüche auf Unterhalt und

---

4 Zum folgenden s. etwa RGRK-Adelmann § 1664 Rn. 4 - 9; Soergel-Strätz § 1664 Rn. 2 f; Münch.Komm.-Hinz § 1664 Rn. 3; Erman-Michalski § 1664 Rn. 2; Gernhuber/Coester-Waltjen § 57 IV 6.

5 RGRK-Dickescheid § 1763 Rn. 7; Soergel-Liermann § 1763 Rn. 9; Staudinger-Frank 12.A.1992 § 1763 Rn. 12; Münch.Komm.-Lüderitz § 1763 Rn. 3; Gernhuber/Coester-Waltjen § 68 XII 5.

das gesetzliche Erbrecht ja erhalten. Es läßt sich also durchaus die Auffassung vertreten, daß dem Kind bis zur Auflösung der Adoptivverwandtschaft überhaupt kein ersatzfähiger materieller Schaden entstanden ist. Mit der Aufhebung des Annahmeverhältnisses und dem Eintritt des Vermögensschadens fällt aber zugleich die Elternschaft des Annehmenden fort, die der Anspruch gemäß § 1664 BGB voraussetzt. Streng genommen verlangt nun also nicht mehr das Kind von seinen Eltern Schadensersatz, sondern ein beliebiger Rechtsgenosse von einem anderen. Ein solcher Schaden ist aber grundsätzlich nicht nach dem für Sonderbeziehungen geltenden Recht wie etwa dem Familienrecht, sondern nach allgemeinem Deliktsrecht abzuwickeln. Ansprüche aus § 1664 BGB wegen des Verlustes von Unterhaltszahlungen und künftiger Erbenstellung würden demnach überhaupt nicht entstehen, weil dieser Schaden nicht mehr von der Elternhaftung erfaßt wird.

4.) *Das Erlöschen eventueller Ansprüche gemäß § 1764 Abs. 2 BGB*

Eine solche Handhabung von § 1664 BGB mag allerdings zu restriktiv erscheinen. Dem könnte man entgegenhalten, daß die Elternhaftung, auch wenn man der h. M. folgt, eben eine ungeschriebene Rechtsfortbildung aus § 1664 BGB ist[6]. Der Wortlaut der Norm ist daher für die Prüfung der elterlichen Haftung nur von eingeschränkter Aussagekraft. Das gilt natürlich ganz besonders in dem seltenen und vom Gesetzgeber auch ansonsten nur unzureichend bedachten Fall, daß eine Adoption aufgehoben wird und die Verwandtschaft ausnahmsweise erlischt. Es ist also eine Überlegung wert, ob in diesen Konstellationen die noch bei Bestehen des Annahmeverhältnisses begangene Pflichtverletzung einen Schadensersatzanspruch auslösen kann, wenn der Schaden erst nach Aufhebung der Adoption eintritt.

Tatsächlich setzt die Entstehung eines Schadensersatzanspruchs nicht zwangsläufig voraus, daß der Schaden bereits zur Gänze eingetreten ist. So können beispielsweise unerlaubte Handlungen auf dem Gebiet des Umweltrechtes oder auch Körperverletzungen noch geraume Zeit nach der Schädigungshandlung Folge- oder Spätschäden hervorrufen:

---

6 Daß eine Auslegung als Anspruchsgrundlage über den Wortlaut von § 1664 BGB hinausgeht, wird auch innerhalb der h.M. anerkannt, s. etwa Münch.Komm.-Hinz § 1664 Rn. 1.

Kosten für Sanierungen oder für zusätzlich erforderliche Heilbehandlungen können noch Jahrzehnte nach dem schädigenden Ereignis anfallen. Der Schadensersatzanspruch ist dem Grunde nach aber schon mit der Schädigungshandlung gegeben und zwar auch für solche Schäden, die erst später eintreten. Er kann deshalb schon vor dem Eintritt des Schadens mit der Feststellungsklage gerichtlich geltend gemacht werden. Unter Umständen bleibt dem Geschädigten gar nichts anderes übrig, da die Verjährungsfrist gemäß § 852 Abs. 1 BGB eventuell sonst abläuft[7].

Eine ähnliche Konstruktion ist grundsätzlich auch bei einer Verletzung der elterlichen Sorge, die zur Aufhebung des Annahmeverhältnisses führt, in Betracht zu ziehen. Eine Ausübung der elterlichen Sorge, die das Wohl des Adoptivkindes in schwerwiegender Weise gefährdet, führt gleichermaßen vorhersehbar zur Auflösung der Adoptivverwandtschaft und damit zum Verlust von Unterhaltsansprüchen und zukünftiger Erbenstellung. Vor diesem Hintergrund erscheint es vertretbar, auch hier auf die Schädigungshandlung, nicht auf den Schadenseintritt abzustellen. Dann bestünde dem Grunde nach schon im Zeitpunkt der elterlichen Pflichtverletzung ein Anspruch aus § 1664 BGB auf Ersatz des Schadens, der mit Aufhebung der Adoption eintritt. Der Schadensersatzanspruch aus § 1664 BGB wäre dann dem Grundsatz der Naturalrestitution zufolge auf zukünftige Leistungen gerichtet, die erst nach dem Erlöschen der Adoptivverwandtschaft fällig würden.

Selbst eine solche weite Auslegung von § 1664 BGB, die das Bestehen eines Eltern-Kind-Verhältnisses nur zur Zeit der elterlichen Pflichtverletzung, aber nicht mehr bei Eintritt des Vermögensschadens voraussetzt, ändert im Ergebnis jedoch nichts. Denn im vorliegenden Zusammenhang steht dem Schadensersatzanspruch des Angenommenen ein weiteres rechtliches Hindernis entgegen, das den oben angeführten Parallelen aus dem Deliktsrecht fremd ist. Die Aufhebung des Annahmeverhältnisses führt nämlich gemäß § 1764 Abs. 2 BGB zum Erlöschen sämtlicher Rechte und Pflichten aus dem Verwandtschaftsverhältnis. Wie die Parallelvorschrift des § 1755 BGB bei Begründung der Adoption

7 Zur Feststellungsklage bei noch nicht (vollständig) absehbaren Folgen der Schädigungshandlung s. zuletzt Zöller-Greger § 256 Rn. 8 a; Musielak-Foerste § 256 Rn. 14; Thomas/Putzo-Thomas § 256 Rn. 14; jeweils mit der einschlägigen Rspr.

erfaßt auch § 1764 Abs. 2 BGB sämtliche Ansprüche, die auf der Sonderbeziehung beruhen[8]. Dabei soll die Einschränkung in § 1764 Abs. 1 S. 1 BGB, wonach die Aufhebung nur für die Zukunft wirkt, lediglich klarstellen, daß vor der Aufhebung erbrachte Leistungen nicht berührt werden. Erhielt das Kind vor Aufhebung des Annahmeverhältnisses etwa Unterhalts- oder Rentenzahlungen, so sind die bis zur Auflösung der Verwandtschaftsbeziehung geleisteten Zahlungen nicht ohne Rechtsgrund erfolgt[9]. Ebenso behält der Angenommene Ansprüche, die zwar bis zur Rechtskraft des Aufhebungsbeschlusses noch nicht erfüllt, aber bereits fällig waren[10]. Hingegen verliert der Angenommene aus diesem Rechtsverhältnis sämtliche Ansprüche, die erst nach Aufhebung des Annahmeverhältnisses fällig würden. Nach Rechtskraft des Aufhebungsbeschlusses entfallen also weitere Unterhalts- oder Rentenzahlungen.

Ähnliches gilt auch für Ansprüche, die auf eine einmalige Leistung gerichtet sind. Der Angenommene darf zwar eine vor Auflösung der Adoptivverwandtschaft angefallene Erbschaft behalten[11]. Er verliert aber seine Stellung als zukünftiger Erbe seiner Adoptiveltern (und anderer Adoptivverwandter) mit Rechtskraft des Aufhebungsbeschlusses.

Nach diesen Grundsätzen muß auch der hier interessierende Schadensersatzanspruch aus § 1664 BGB entfallen, selbst wenn man seine Entstehung auf den Zeitpunkt der schädigenden Handlung vorverlegt. Denn auch er beruht ausschließlich auf der Verwandtschaft zwischen Adoptivkind und Annehmendem: Es handelt sich um einen spezifisch

---

8 Auf die Parallelen zwischen § 1764 Abs. 2 BGB und § 1755 BGB weisen zu Recht etwa Soergel-Liermann § 1764 Rn. 6; Staudinger-Frank § 1764 Rn. 7; Erman-Holzhauer § 1764 Rn. 4 hin. Zum Umfang des Erlöschens aller Ansprüche aufgrund der Verwandtschaftsbeziehung, gleichgültig ob sie aus bürgerlichem oder öffentlichem Recht resultieren s. Staudinger-Frank § 1755 Rn. 7; Gernhuber/Coester-Waltjen § 68 IX 1; Palandt-Diederichsen § 1755 Rn. 3. Dazu, daß § 1764 Abs. 2 BGB im Gegensatz zu § 1755 Abs. 1 S. 2 BGB bei wiederkehrenden Leistungen keine Ausnahme vorsieht, s. gleich u. mit Fn. 12.

9 RGRK-Dickescheid § 1764 Rn. 1; Soergel-Liermann § 1764 Rn. 3; Staudinger-Frank § 1764 Rn. 8; Münch.Komm.-Lüderitz § 1764 Rn. 6; Erman-Holzhauer § 1764 Rn. 4.

10 RGRK-Dickescheid § 1764 Rn. 1; Soergel-Liermann § 1764 Rn. 3; Gernhuber/Coester-Waltjen § 68 XI 4.

11 RGRK-Dickescheid § 1764 Rn. 1; Soergel-Liermann § 1764 Rn. 3; Erman-Holzhauer § 1764 Rn. 4.

familienrechtlichen Anspruch des Kindes gegen seine Eltern. Ohne Eltern-Kind-Verhältnis ist die Entstehung einer Schadensersatzverpflichtung aus § 1664 BGB schlechterdings nicht denkbar.

Als ein aus der Verwandtschaftsbeziehung resultierendes Recht überdauert der Anspruch aus § 1664 BGB die Aufhebung der Adoption daher nicht. Selbst wenn man einen solchen Schadensersatzanspruch für den Wegfall von Unterhalt und künftiger Erbenstellung konstruktiv begründen könnte, würde er mit der Auflösung der Adoptivverwandtschaft entfallen. Hier gilt nichts anderes als im oben angeführten Beispiel der Unterhalts- oder Rentenzahlungen: Vom Erlöschen nach § 1764 BGB sind nur solche Ansprüche ausgeschlossen, die bis zur Rechtskraft des Aufhebungsbeschlusses fällig werden. Gerade das ist aber im vorliegenden Zusammenhang nicht der Fall. Aus der elterlichen Pflichtverletzung entsteht dem Angenommenen ja erst dadurch ein Vermögensschaden, daß er vom Annehmenden keinen Unterhalt mehr beanspruchen kann. Der Schadensersatz hierfür würde demnach erst nach Aufhebung des Annahmeverhältnisses fällig. Das gilt in noch stärkerem Maße für den Verlust der künftigen Erbenstellung. Der hieraus resultierende Vermögensverlust tritt erst nach dem Tod des Annehmenden und somit üblicherweise erst lange nach Auflösung der Adoptivverwandtschaft ein. Diese noch nicht fälligen Ansprüche aus § 1664 BGB würden folglich nach § 1764 Abs. 2 BGB erlöschen.

Daß der rechtspolitisch eigentlich wünschenswerte Schadensersatz wegen entgehenden Unterhaltes von dieser Wirkung des § 1764 Abs. 2 BGB nicht ausgenommen werden kann, zeigt ein Vergleich mit der entsprechenden Regelung bei Begründung des Annahmeverhältnisses. Auch hier erlöschen gemäß § 1755 Abs. 1 S. 1 BGB die bis dahin bestehenden Verwandtschaftsverhältnisse und damit grundsätzlich alle Rechte, die sich aus ihnen ergeben. Bei wiederkehrenden Leistungen für die Zukunft, worunter man auch den hier interessierenden Schadensersatz für entgangenen Unterhalt zählen könnte, sieht § 1755 Abs. 1 S. 2 BGB aber eine abweichende Regelung vor: «Ansprüche des Kindes, die bis zur Annahme entstanden sind, insbesondere auf Renten, Waisengeld und andere entsprechende wiederkehrende Leistungen, werden durch die Annahme nicht berührt; dies gilt nicht für Unterhaltsansprüche.» Es kann dahingestellt bleiben, ob der hier zu behandelnde Schadensersatz für die wegfallenden Unterhaltsleistungen eher als fortbestehende Rente oder als ein erlöschender Unterhaltsanspruch anzusehen wäre. Jedenfalls fehlt in den Bestimmungen über die Aufhebung der Adoption eine § 1755 Abs. 1 S. 2 BGB entsprechende Vorschrift, nach der zumindest bestimmte Ansprüche auf wiederkehrende Leistungen fortbestehen. Deshalb erlöschen nach einhelliger Auffassung bei Aufhebung der Adoption ausnahmslos alle Ansprüche des Kindes, die sich aus der Adoptivverwandtschaft ergeben[12], also auch ein möglicher Schadensersatzanspruch für entfallende Unterhaltsverpflichtungen des Annehmenden.

5.) *Zwischenergebnis*

Es kann also im Ergebnis dahingestellt bleiben, ob ein Schadensersatzanspruch aus § 1664 BGB überhaupt entsteht. Selbst wenn man dies, was konstruktiv möglich erscheint, dem Grunde nach bejaht, hat er keine praktische Bedeutung. Denn die hieraus resultierenden Ansprüche werden jedenfalls erst nach Aufhebung der Adoptivverwandtschaft fällig und gehen somit nach § 1764 Abs. 2 BGB unter.

II. Ansprüche aus § 823 Abs. 1 BGB wegen der Verletzung von Körper, Gesundheit oder Freiheit

1.) *Die Bedeutung von § 823 Abs. 1 BGB bei der Aufhebung einer Adoption*

Die mißbräuchliche Ausübung der elterlichen Sorge, die zur Aufhebung der Adoption führt, wird häufig mit einer Verletzung von absoluten Rechten im Sinne des § 823 Abs. 1 BGB verbunden sein. In Betracht kommen vor allem Verletzungen von Körper, Gesundheit oder Freiheit. Eine Verletzung des Körpers liegt beispielsweise bei übertriebenen kör-

12 Soergel-Liermann §1764 Rn. 6; Münch.Komm.-Lüderitz §1764 Rn. 3; Staudinger-Frank 12.A.1992 §1764 Rn. 7; Erman-Holzhauer §1764 Rn. 4 (wo das Problem allerdings unterschätzt wird); Gernhuber/Coester-Waltjen §68 XI 4. Lange Zeit war sogar in der Diskussion zu §1755 Abs. 1 S. 2 BGB umstritten, ob bereits vor der Aufhebung entstandene, aber noch nicht befriedigte Unterhaltsansprüche erlöschen, bejahend etwa Zopfs, FamRZ 1979, 385-387; Doms, FamRZ 1981, 325f; verneinend Ruthe, FamRZ 1977, 30-32; ders., FamRZ 1979, 388f. Diese Frage ist jetzt aber durch BGH, FamRZ 1981, 949, 950 geklärt, wonach derartige Ansprüche fortbestehen.

perlichen Züchtigungen vor, eine Beeinträchtigung der Gesundheit etwa bei unzureichender Pflege des Kindes, die zu Entwicklungsrückständen oder Krankheiten führt[13]. Eine Schädigung von Körper oder Gesundheit durch Unterlassen steht hier dem aktiven Handeln gleich, da aus §§ 1618a, 1626 BGB eine Rechtspflicht zum Tätigwerden besteht[14]. Schließlich ist auch denkbar, daß eine Verletzung der Freiheit zur Aufhebung des Annahmeverhältnisses führt. Dies kann wiederum bei pflichtwidrigen Erziehungsmaßnahmen der Fall sein, wenn das Adoptivkind etwa zur Züchtigung tagelang im fensterlosen Keller eingesperrt wird. Hingegen wird eine Auflösung der Adoptivverwandtschaft regelmäßig nicht erforderlich sein, wenn lediglich das Eigentum des Kindes verletzt wird: Es ist kaum vorstellbar, daß ein Schaden für das Kind hier nicht mit milderen Mitteln, etwa durch familiengerichtliche Maßnahmen nach § 1666 Abs. 1 BGB, abgewendet werden kann.

In allen diesen Fällen, in denen die Rechtsgüter Körper, Gesundheit oder Freiheit verletzt werden, kommt neben der Aufhebung noch ein Schadensersatzanspruch aus § 823 Abs. 1 BGB in Betracht. Zwischen der jeweiligen Schädigungshandlung und der Verletzung von Körper, Gesundheit oder Freiheit besteht in aller Regel ein adäquater Kausalzusammenhang. Ebenso bedarf der haftungsbegründende Kausalzusammenhang zwischen der Rechtsgutsverletzung und den dadurch verursachten Vermögenseinbußen häufig keiner weiteren Erörterung: Etwa die Kosten für eine ärztliche oder psychotherapeutische Heilbehandlung sind zweifellos adäquat von der Körperverletzung oder Gesundheitsbeschädigung verursacht und auch vom Schutzzweck der Norm erfaßt. Ein Schadensersatzanspruch für derartige Vermögensschäden ist also ohne weiteres zu bejahen.

---

13 Zu derartigen Fallkonstellationen s. etwa Münch.Komm.-Lüderitz § 1763 Rn. 3; Tschernitschek Rn. 662; Beitzke/Lüderitz Rn. 1049.

14 Soergel-Strätz § 1618a Rn. 4; Staudinger-Coester 12.A.1993 § 1618a Rn. 16; Palandt-Diederichsen § 1618a Rn. 3; kritischer zu Garantenpflichten aus § 1618a BGB RGRK-Wenz § 1618a Rn. 12; zur Pflicht der Gefahrenabwehr aus § 1626 BGB s. etwa RGRK-Wenz Vor § 1626 Rn. 45; Staudinger-Peschel-Gutzeit 12.A.1997 § 1626 Rn. 3.

2.) *Der Wegfall von Unterhalt und gesetzlichem Erbrecht als Schaden gemäß § 823 Abs. 1 BGB*

a) *Adäquat kausale Herbeiführung des Schadens*

Fraglich ist allein, ob derartige Rechtsgutsverletzungen, die zur Auflösung der Adoptivverwandtschaft führen, auch Schadensersatzansprüche wegen des aufhebungsbedingten Verlustes von Unterhalt und gesetzlichem Erbrecht begründen. In diesem Falle sind die Verletzungen von Körper, Gesundheit oder Freiheit zwar im Sinne der condicio-sine-qua-non-Formel auch für diesen Vermögensschaden ursächlich: Denkt man sie weg, so entfällt auch die Aufhebung des Annahmeverhältnisses und somit der Verlust von Unterhaltsansprüchen und künftiger Erbenstellung Dieser Vermögensschaden ist sicherlich auch als adäquate Folge der Rechtsgutsverletzung anzusehen. Denn es liegt keineswegs außerhalb aller Wahrscheinlichkeit, daß eine derartige Verletzung von Körper, Gesundheit oder Freiheit zur Auflösung der Adoption und somit zu den hier interessierenden vermögensrechtlichen Nachteilen des Angenommenen führt. Diese Folge läßt sich im Gegenteil sogar ziemlich sicher vorhersehen. Der Zurechnungszusammenhang wird auch nicht dadurch unterbrochen, daß die letzte Ursache des Schadens das Eingreifen Dritter — des Vormundschaftsgerichts — ist. Selbst ein Fehlverhalten Dritter unterbricht den Zurechnungszusammenhang in der Regel nicht[15], geschweige denn ein korrektes behördliches oder gerichtliches Handeln[16].

b) *Schaden im Schutzzweck der Norm*

Zweifelhaft erscheint dagegen, ob dieser Vermögensschaden noch vom Schutzzweck der Norm erfaßt wird. Das setzt voraus, daß sich in dem eingetretenen Schaden gerade solche Gefahren verwirklicht haben, zu deren Abwendung die verletzte Norm erlassen wurde[17]. Hier müßte die

---

15 S. etwa Soergel-Mertens Vor § 249 Rn. 140 u. 143; Erman-Kuckuk Vor § 249 Rn. 66; Staudinger-Schiemann § 249 Rn. 62-64; Palandt-Heinrichs Vor § 249 Rn. 73.

16 Dazu, daß gerichtliche oder behördliche Entscheidungen den Zurechnungszusammenhang grundsätzlich nicht unterbrechen, s. Soergel-Mertens Vor § 249 Rn. 144 u. 150; Erman-Kuckuk Vor § 249 Rn. 73; Staudinger-Schiemann § 249 Rn. 71; Palandt-Heinrichs Vor § 249 Rn. 85.

17 Das ist heute auch für Ansprüche aus § 823 Abs. 1 BGB allgemein anerkannt, s. hierzu aus der umfangreichen Rspr. u. Lit. etwa BGHZ 27, 137,

Verletzung von Körper, Gesundheit oder Freiheit eines anderen also verboten worden sein, um vor dem Verlust von Unterhaltsansprüchen und gesetzlichem Erbrecht des Verletzten zu schützen. Diese Frage ist, wie zur Klarstellung betont sei, von der Problematik zu unterscheiden, daß eigentlich nicht schwerwiegende Körperverletzungen infolge besonderer Umstände zu außergewöhnlichen Schäden führen. In diesen Fällen wird ein Schadensersatzanspruch durchweg bejaht. Der Schädiger muß grundsätzlich auch für Folgen einstehen, die aus besonderen persönlichen Eigenschaften des Opfers resultieren[18]. Er kann folglich verpflichtet sein, im Wege der Naturalrestitution auch für den Unterhalt des an Körper oder Gesundheit nur leicht Verletzten aufzukommen. Hat der Schädiger etwa, um ein Schulbeispiel zu nennen, einen Pianisten am Finger verletzt, so muß er dessen Verdienstausfall ausgleichen. Insoweit würde es auch hier keine Schwierigkeiten bereiten, dem Angenommenen für den Verlust seiner Unterhaltsansprüche aus § 823 Abs. 1 BGB Schadensersatz zuzusprechen, selbst wenn er keine bleibenden körperlichen Schäden davonträgt.

Die Problematik ist in vorliegender Konstellation vielmehr im begrenzten Kreis der potentiellen Schädiger zu sehen. Auch in den vorgenannten Fällen außergewöhnlicher Kausalverläufe kommt grundsätzlich jedermann als Schadensverursacher in Betracht: Beim Vorliegen solcher besonderen Umstände kann jeder Rechtsgenosse gleichermaßen in die Lage kommen, mit einer einfachen Körperverletzung kaum vorhersehbare Schäden zu verursachen. Etwa der Pianistenfinger aus obigem Beispiel kann von jedem Rechtsgenossen verletzt werden, ohne daß sich für die tatsächlichen und rechtlichen Folgen (Verdienstausfall und entsprechende Schadensersatzansprüche) irgendwelche Unterschiede ergäben.

Ganz anderes gilt dagegen für den Wegfall der Unterhaltsansprüche eines an Körper, Gesundheit oder Freiheit geschädigten Minderjährigen. Verletzt irgendein Rechtsgenosse ein beliebiges Kind an diesen Rechtsgütern, so resultieren hieraus möglicherweise neue Ansprüche

---

140f; Soergel-Mertens Vor § 249 Rn. 146; Deutsch, Unerlaubte Handlungen Rn. 111f; Soergel-Zeuner § 823 Rn. 279; Palandt-Heinrichs Vor § 249 Rn. 63.

18 S. Soergel-Mertens Vor § 249 Rn. 134; Erman-Kuckuk Vor § 249 Rn. 50-52; Staudinger-Schiemann § 249 Rn. 32, 35 u. 37; Palandt-Heinrichs Vor § 249 Rn. 67.

gegen den Schädiger. Der Minderjährige kann aber durch die Schädigungshandlung niemals bereits bestehende Unterhaltsansprüche verlieren. Daß sich die Verletzung absoluter Rechte nach § 823 Abs. 1 BGB im vorliegenden Zusammenhang ausnahmsweise auch auf Unterhaltsansprüche auswirkt, beruht ausschließlich auf der familienrechtlichen Sonderbeziehung. Nur der Annehmende kann wegen § 1763 BGB mit einer Verletzung von Körper, Gesundheit oder Freiheit seines Adoptivkindes auch den Wegfall der Unterhaltsansprüche verursachen. Dasselbe gilt für die zukünftige Erbenstellung eines Kindes. Auch diese wird niemals berührt, wenn ein beliebiger Rechtsgenosse absolute Rechte eines Minderjährigen verletzt. Die diesbezügliche Einbuße des Angenommenen beruht ebenfalls ausschließlich auf der adoptionsrechtlichen Sondervorschrift des § 1763 BGB. Als Verursacher dieser hier interessierenden Vermögensschäden kommt also nur der Annehmende in Betracht.

Diese enge Begrenzung des Kreises möglicher Schädiger kann für die Frage, ob der Schaden im Schutzbereich der Norm liegt, nicht unberücksichtigt bleiben. Denn § 823 Abs. 1 BGB will ausschließlich sogenannte «Jedermannspflichten» festschreiben, die keine Sonderbeziehung zwischen Schädiger und Geschädigtem voraussetzen[19]. Etwa das Verbot, andere an Körper und Gesundheit zu schädigen, soll nur vor den Gefahren schützen, die eintreten können, wenn irgendein beliebiger Schädiger einen anderen in der verbotenen Weise beeinträchtigt. Ebenso soll nur für Schäden, die durch Verletzung dieser Jedermannspflichten verursacht werden, ein Ausgleich geschaffen werden. Das schließt aber den Ersatz für Schäden, die ein beliebiger Rechtsgenosse gar nicht verursachen kann, aus: Vor einem Schaden, den der Adressat der Norm gar nicht herbeiführen kann, will diese auch nicht schützen. Ein Anspruch auf Ersatz solcher Schäden kann nur aus dem Recht der Sonderverbindungen hergeleitet werden.

Etwas anderes ergibt sich auch nicht im Hinblick auf die Regelung des § 844 BGB. Insbesondere ist dieser Vorschrift nicht der allgemeine Rechtsgedanke zu entnehmen, daß der Verlust von Unterhaltsansprü-

---

19 S. jüngst etwa KG, MDR 1998, 897, 897f; in der Literatur z.B. Leßmann, JA 1988, 58f; Soergel-Zeuner Vor § 823 Rn. 1; Palandt-Thomas Vor § 823 Rn. 1.

chen grundsätzlich vom Schutzzweck der deliktsrechtlichen Anspruchsnormen erfaßt wird. Das ergibt sich schon aus dem beschränkten Anwendungsbereich von § 844 BGB: Diese Vorschrift will allein den Unterhaltsverlust erfassen, der aus der Tötung eines Unterhaltsverpflichteten resultiert. Eine darüber hinausgehende Auslegung oder gar eine analoge Anwendung läßt der Ausnahmecharakter der Norm nicht zu[20].

Vor allem verläßt aber auch § 844 BGB nicht den im Deliktsrecht geltenden Grundsatz des Jedermannsrechts. Zwar gewährt diese Vorschrift Ersatz für den Verlust von Unterhaltsansprüchen. Hierbei geht es aber nicht, wie im vorliegenden Zusammenhang, um eigene Ansprüche des an Körper und Gesundheit Geschädigten, sondern um Rechte Dritter, denen er unterhaltspflichtig war. Daß deren Vermögensschaden auf eine Verletzung von Jedermannspflichten zurückgeht, liegt auf der Hand: Auch ohne Bestehen einer Sonderverbindung führt die Tötung eines Unterhaltspflichtigen zum Erlöschen der entsprechenden Ansprüche seitens der Unterhaltsberechtigten. Schädiger und demzufolge Anspruchsgegner aus § 844 BGB kann mithin tatsächlich jeder beliebige Rechtsgenosse sein. Insoweit erweitert diese Vorschrift gegenüber § 823 Abs. 1 BGB nur den Kreis der Anspruchsberechtigten. Für Schäden, die nur im Rahmen von Sonderbeziehungen, nicht aber durch beliebige Rechtsgenossen verursacht werden können, gewährt auch § 844 BGB keinen Ausgleich. Insbesondere für den hier vorliegenden Ausnahmefall, daß der an Körper und Gesundheit Geschädigte selbst bestehende Unterhaltsansprüche verliert, ergibt sich aus § 844 BGB kein neuer Gesichtspunkt. Ein Ersatz dieses Schadens, der vom Schutzbereich des § 823 Abs. 1 BGB nicht erfaßt wird, kann daher aus dem für alle Rechtsgenossen geltenden Deliktsrecht nicht verlangt werden.

3.) *Zur Möglichkeit einer «Lückenfüllung» durch Schmerzensgeld*

Denkbar wäre allenfalls die Verurteilung zu einem erhöhten Schmerzensgeld gemäß § 847 Abs. 1 BGB, das die vermögensrechtlichen Folgen der Verletzung von Körper, Gesundheit oder Freiheit berücksichtigt. Tatsächlich ist die Rechtsprechung diesen Weg in ähnlichen Fällen

---

20 S. zuletzt Münch.Komm.-Stein § 844 Rn. 3; Soergel-Zeuner § 844 Rn. 4; Palandt-Thomas § 844 Rn. 1 mit der einschlägigen Judikatur.

bisweilen gegangen, wenn ein Vermögensschaden nicht genau zu ermitteln war oder an der Grenze zur immateriellen Einbuße stand[21]. Allerdings wäre diese Lösung erkennbar ein dogmatischer Notbehelf[22]. Vor allem aber könnte man dem Annehmenden wegen einer Körperverletzung oder Freiheitsberaubung, die keine bleibenden medizinischen Schäden hinterläßt, kein Schmerzensgeld auferlegen, das den Wegfall von Unterhalt und künftiger Erbenstellung auch nur annäherungsweise ausgleicht. Das wäre im übrigen auch eine sachlich durch nichts gerechtfertigte Besserstellung der an Körper, Gesundheit oder Freiheit verletzten Angenommenen: Führen andere Verhaltensweisen des Annehmenden, etwa die bloße Vernachlässigung des Kindes und dessen daraus resultierende Verwahrlosung zur Aufhebung der Adoption, so verliert das Adoptivkind ebenfalls Unterhalt und künftige Erbenstellung, ohne auf § 847 Abs. 1 BGB zurückgreifen zu können.

4.) *Zwischenergebnis*

Der Vermögensschaden, der durch den aufhebungsbedingten Verlust von Unterhaltsansprüchen und gesetzlichem Erbrecht verursacht wird, liegt außerhalb des Schutzzwecks von § 823 Abs. 1 BGB. Das Adoptivkind kann insoweit keinen Schadensersatz aus § 823 Abs. 1 BGB verlangen, auch wenn eine Verletzung von Körper, Gesundheit oder Freiheit unmittelbar zur Auflösung der Adoptivverwandtschaft führte. Eine Erhöhung des Schmerzensgeldes läßt sich unter Berücksichtigung der aus der Rechtsgutverletzung resultierenden Folgen wohl vertreten, kann und soll den entsprechenden Vermögensschaden aber üblicherweise auch nicht annäherungsweise vollständig ausgleichen.

---

21 S. etwa BGH, JZ 1959, 365 (Verminderung von Heiratsaussichten); BAG, NJW 1990, 65, 65-67; (entgangene Erwerbsmöglichkeit durch geschlechtsbedingte Nichteinstellung an bestimmtem Arbeitsplatz); OLG Köln, VersR 1992, 714 (unfallbedingte Beeinträchtigung der Erwerbsfähigkeit wegen Aufgabe eines bestimmten Berufszieles); hierzu Deutsch, Unerlaubte Handlungen Rn. 491 f; vgl. Münch.Komm.-Mertens § 847 Rn. 24.

22 Grundsätzlich hält die Rspr. auch daran fest, daß der Umfang der wirtschaftlichen Nachteile auf Seiten des Geschädigten keinen Einfluß auf die Entschädigung nach § 847 Abs. 1 BGB haben darf, s. etwa BGH, VersR 1958, 48, 49 f; NJW 1982, 1589, 1590; in der Literatur zuletzt Soergel-Zeuner § 847 Rn. 31; Palandt-Thomas § 847 Rn. 11.

III. Ansprüche aus § 823 Abs. 1 BGB wegen Verletzung eines «sonstigen Rechtes»

1.) *Der Streit um die Einordnung familienrechtlicher Sonderbeziehungen in die «sonstigen Rechte»*

Aus § 823 Abs. 1 BGB könnte das ehemalige Adoptivkind also allenfalls dann Ansprüche gegen den Annehmenden ableiten, wenn durch das Fehlverhalten der Adoptiveltern noch ein «sonstiges Recht» verletzt wird. Tatsächlich beeinträchtigt die vom Annehmenden verschuldete Aufhebung der Adoption, sieht man von möglichen Verletzungen der Rechtsgüter Körper, Leben oder Freiheit ab, nur die Verwandtschaftsbeziehung als solche. Wie ein Vergleich mit dem Eherecht zeigt, ist es durchaus nicht ausgeschlossen, eine derartige personenrechtliche Zuordnung als sonstiges Recht im Sinne des § 823 Abs. 1 BGB anzusehen. Immerhin geht eine weitverbreitete, im Schrifttum wohl sogar überwiegende Meinung davon aus, daß zumindest der Kernbereich der in §§ 1353 ff BGB geregelten ehelichen Lebensgemeinschaft als absolutes Recht gemäß § 823 Abs. 1 BGB anzusehen ist[23]. Dieser Kernbereich umfaßt aber nach dieser Position als begrifflich-logisches Minimum jedenfalls den bloßen Bestand der ehelichen Lebensgemeinschaft[24]. Die Gegenposition vertritt allerdings den genau entgegengesetzten Standpunkt: Danach sollen die Bestimmungen zur ehelichen Lebensgemeinschaft nichts anderes regeln als nur die Beziehungen der Eheleute untereinander[25]. Diese Auffassung begreift die Ehe also ausschließlich als relatives Recht. Ein solches genießt aber in aller Regel nicht den Schutz des § 823 Abs. 1 BGB; insbesondere stellt es kein «sonstiges Recht»

---

23 RGZ 72, 128, 130; offengelassen in BGHZ 6, 360, 366; die Rspr. des Reichsgerichts wiederaufgegriffen in BGHZ 57, 229, 231; ebenso z.B. v. Hippel, NJW 1965, 666; Jayme 224; Hanelt 71 - 74; Münch.Komm.-Wacke § 1353 Rn. 42; Staudinger-Hübner 12.A.1993 § 1353 Rn. 108; Erman-Hekkelmann § 1353 Rn. 30; Gernhuber/Coester-Waltjen § 17 I 1; Palandt-Diederichsen Vor § 1353 Rn. 6 f; krit. Deutsch, FS Gernhuber 594; Giesen Rn. 193.

24 S. etwa OLG Oldenburg, MDR 1953, 170, 170 f; OLG Celle, FamRZ 1964, 366, 367; LG Offenburg, FamRZ 1965, 275, 276; Padrutt 61; Schwab, JuS 1961, 143; Künkel, FamRZ 1966, 179; RGRK-Roth-Stielow Vor § 1353 Rn. 9; Gernhuber/Coester-Waltjen § 17 I 2.

25 BGHZ 23, 279, 281; 26, 217, 221; LG Mönchengladbach, FamRZ 1955, 48, 49; LG Limburg, MDR 1966, 507, 507; Henrich § 8 I 4 b.

dar[26]. Eine vermittelnde, vor allem von Löwisch vertretene Position schließt sich dem zwar insoweit an, als auch sie die eheliche Lebensgemeinschaft lediglich als Komplex relativer Rechte ansieht. Nach dieser Auffassung sind aber auch bestimmte relative Rechte, darunter familienrechtliche Beziehungen wie die Ehe, als sonstige Rechte im Sinne des § 823 Abs. 1 BGB anzusehen und entsprechend deliktsrechtlich geschützt[27].

Vor diesem Hintergrund erscheint es nicht ausgeschlossen, auch das Eltern-Kind-Verhältnis und somit das Annahmeverhältnis als sonstiges Recht im Sinne des § 823 Abs. 1 BGB anzusehen. Immerhin finden sich deutliche Parallelen zwischen Ehe- und Kindschaftsrecht. Gerade das gesetzliche Leitbild des Eltern-Kind-Verhältnisses in § 1618 a BGB ist nach ausdrücklicher Willensbekundung des Gesetzgebers als Gegenstück zu § 1353 BGB, der Generalklausel der ehelichen Lebensgemeinschaft, aufzufassen[28]. Umgekehrt müssen gerade diese Entsprechungen nach der zweiten der oben skizzierten Positionen, die die Ehe als Komplex rein relativer Rechte begreift, auch im Kindschaftsrecht zum Ausschluß der Haftung aus § 823 Abs. 1 BGB führen. Der diesbezügliche Streit zu den eherechtlichen Fragestellungen wäre somit auf die hier behandelte Konstellation übertragbar.

2.) *Die Bedeutung des Streites im vorliegenden Zusammenhang*

Im vorliegenden Zusammenhang muß dieser Streit indessen noch nicht entschieden werden. Denn hier geht es nicht um Schadensersatzansprüche gegen Dritte, sondern gegen den Familienangehörigen selbst, der durch pflichtwidriges Verhalten die personenrechtliche Verbindung beeinträchtigt. Dessen Einbeziehung in die Haftung aus § 823 Abs. 1 BGB wird aber selbst innerhalb des Lagers, das die personenrechtliche Zuordnung im Fall der Ehe als sonstiges Recht ansieht, nur ganz ver-

---

26 S. hierzu schon RGZ 57, 353, 355-358; Fabricius, AcP 160, 301 f; Frank, JA 1979, 585 f; Coester-Waltjen, Jura 1992, 211; Fikentscher Rn. 1214; zuletzt Soergel-Zeuner § 823 Rn. 46 - 48; Palandt-Thomas § 823 Rn. 31.

27 Löwisch 181 - 196.

28 BT-Drucks. 8/2788, 43; hierzu auch RGRK-Wenz § 1618 a Rn. 2; Soergel-Strätz § 1618 a Rn. 3; Staudinger-Coester 12.A.1993 § 1618 a Rn. 6; Palandt-Diederichsen § 1618 a Rn. 1.

einzelt gefordert[29]. Diese wenigen Stimmen wollen mit der Ausgleichspflicht des Ehegatten aus § 823 Abs. 1 BGB zudem spezifisch eherechtliche Probleme ausräumen, die im Kindschaftsrecht gar nicht auftreten[30]. Die ganz überwiegende Mehrheit derjenigen, die Schadensersatzansprüche aus § 823 Abs. 1 BGB wegen Ehestörung grundsätzlich bejahen, schließt eine deliktische Haftung des Ehepartners jedoch aus. Zumeist wird dies mit der rechtlichen Doppelnatur der ehelichen Lebensgemeinschaft begründet: Zwischen den Ehegatten begründe sie tatsächlich nur relative, nicht von § 823 Abs. 1 BGB erfaßte Rechte; lediglich gegen Eingriffe von außen sei der Kernbereich der Ehe als absolutes Recht geschützt (sogenannte relativ-absolute Ehelehre)[31]. Zu ähnlichen Ergebnissen gelangen auch diejenigen, die die Ehe zwar als absolutes Recht ansehen, die relativ-absolute Ehelehre aber ablehnen. So weist Jayme darauf hin, daß «das Recht auf Erfüllung der ehelichen Pflichten gegenüber dem anderen Ehegatten und das Recht auf Ungestörtheit dieser Beziehung gegenüber allen übrigen Personen nicht identisch sind»[32]. Im Ergebnis ebenso entscheidet Löwisch bei der Verletzung relativer Rechte, die seiner Auffassung zufolge Deliktsschutz genießen: Auch er will

---

29 So v. Hippel, NJW 1965, 666; wohl auch Künkel, FamRZ 1966, 179; häufiger wird ein Ersatzanspruch aufgrund spezifisch familienrechtlicher Grundlage (bes. aus § 1353 BGB) gewährt; s. etwa Boehmer, FamRZ 1957, 197; Jayme 260-262; Staudinger-Hübner 12.A.1993 § 1353 Rn. 121f; Fikentscher Rn. 1214; einschränkend (erst nach Auflösung der Ehe) auch OLG Celle, FamRZ 1964, 366, 368; Münch.Komm.-Wacke § 1353 Rn. 40. Eine entsprechende familienrechtliche Haftung (hier also aus § 1664 BGB) kommt in vorliegender Konstellation aufgrund des vorbehaltlosen Erlöschens aller Ansprüche gem. § 1764 Abs. 2 BGB nicht in Betracht, s. o. § 2 I 4.

30 Im Vordergrund stehen der Ersatz bereits geleisteten Unterhalts für ein Ehebruchskind und die Kosten der Ehelichkeitsanfechtung. Beides hat hier keine Entsprechung.

31 S. schon Boehmer, FamRZ 1957, 197 («Niemand behauptet, daß der ehewidrig handelnde Ehegatte dem anderen nach §§ 823ff hafte»); ähnlich etwa OLG Celle, FamRZ 1964, 366, 367; LG Offenburg, FamRZ 1965, 275, 276; Neumann-Duesberg, SJZ 1950, 425; Schwab, NJW 1957, 870; Schwab, JuS 1961, 143f; Berg, JuS 1961, 141; Hübner, FamRZ 1962, 8; Hanelt 96-99; Jayme 260; RGRK-Roth-Stielow Vor § 1353 Rn. 10f; Erman-Heckelmann § 1353 Rn. 30; Gernhuber/Coester-Waltjen § 17 I 4; Medicus, Bürgerliches Recht Rn. 619.

32 Jayme 256 mit Fn. 168.

Schadensersatz in der Innenbeziehung nur nach den dort geltenden Regeln (im Eherecht also nach §§ 1353 ff BGB) gewähren, Ansprüche aus § 823 Abs. 1 BGB aber nur bei Beeinträchtigungen durch Dritte[33].

3.) *Zwischenergebnis*

Selbst wenn man das Eltern-Kind-Verhältnis in Anlehnung an entsprechende Überlegungen zur ehelichen Lebensgemeinschaft als sonstiges Recht anerkennt, ließe sich eine deliktische Haftung innerhalb dieser Sonderbeziehung daraus gerade nicht ableiten. Lehnt man es mit der Gegenposition ab, familienrechtliche Beziehungen überhaupt als sonstige Rechte gemäß § 823 Abs. 1 BGB anzusehen, so kann eine Beeinträchtigung des Eltern-Kind-Verhältnisses von vorneherein nicht zu Schadensersatzansprüchen aus § 823 Abs. 1 BGB führen. Aus § 823 Abs. 1 BGB kann das ehemalige Adoptivkind also in keinem Fall Schadensersatz für den Verlust von Unterhaltsansprüchen und künftiger Erbenstellung herleiten.

IV. Ansprüche aus § 823 Abs. 2 BGB in Verbindung mit Allgemeindelikten des Strafgesetzbuches

Die elterliche Pflichtverletzung, die zur Aufhebung des Annahmeverhältnisses führt, kann, wie bereits zu § 823 Abs. 1 BGB ausgeführt, mit Verletzungen der Rechtsgüter Körper, Gesundheit oder Freiheit verbunden sein. Dann verwirklichen die Eltern regelmäßig auch einen Straftatbestand, etwa § 223 StGB oder § 239 StGB. Diese Normen stellen evident und unbestrittenermaßen Schutzgesetze im Sinne des § 823 Abs. 2 BGB dar[34]. Für Folgeschäden wie Heilungskosten o. ä. kann der Angenommene daher auch aus § 823 Abs. 2 BGB in Verbindung mit dem jeweiligen Strafgesetz Schadensersatz verlangen. Im Hinblick auf seinen Verlust von Unterhaltsansprüchen und gesetzlichem Erbrecht gilt aber auch hier das zu § 823 Abs. 1 BGB Gesagte: Wie § 823 Abs. 1 BGB stellen auch die Allgemeindelikte, also die Straftatbestände, die keine besonderen Tätereigenschaften voraussetzen, lediglich sogenannte «Je-

---

33 Löwisch 25 u. 181.

34 RGRK-Steffen § 823 Rn. 551; Erman-Schiemann § 823 Rn. 160; Soergel-Zeuner § 823 Rn. 298; Palandt-Thomas § 823 Rn. 149.

dermannspflichten» auf[35]. Das ist auch dann zu beachten, wenn sie in Verbindung mit § 823 Abs. 2 BGB zur Grundlage einer zivilrechtlichen Haftung werden: Es werden demnach nur solche Schäden vom Schutzzweck der Norm erfaßt, die bei einer Verwirklichung des Straftatbestandes durch beliebige Täter auftreten können. Eine von Familienfremden begangene Körperverletzung oder Freiheitsberaubung beeinträchtigt aber niemals die Unterhaltsansprüche oder gar das gesetzliche Erbrecht des Opfers. Diese Schäden werden somit nicht vom Schutzzweck von § 823 Abs. 2 BGB in Verbindung mit dem jeweiligen Strafgesetz erfaßt.

V. Ansprüche aus § 823 Abs. 2 BGB in Verbindung mit Art. 6 GG

1.) *Die Bedeutung von Schadensersatzansprüchen gemäß § 823 Abs. 2 BGB im Rahmen von Sonderverbindungen*

Wenn das Eltern-Kind-Verhältnis jedenfalls gegenüber den (Adoptiv-)eltern kein sonstiges Recht im Sinne des § 823 Abs. 1 BGB darstellt, so muß es im Hinblick auf die hier interessierenden Schadensersatzansprüche dennoch nicht bedeutungslos sein. Es ist dem Gesetzgeber unbenommen, auch relative Rechte gegen eine Störung im Innenverhältnis zu schützen. Diesem Zweck können grundsätzlich Normen aller Rechtsgebiete dienen. Etwa im Fall der Zahlungsunfähigkeit schützt § 283 c StGB den Gläubiger davor, daß ihn sein Schuldner gegenüber anderen Gläubigern ungerechtfertigterweise benachteiligt. Dadurch soll das relative Recht des Gläubigers aus dem Schuldverhältnis vor Störungen im Innenverhältnis bewahrt werden[36]. Umgekehrt soll § 283 d StGB aber auch entsprechenden Eingriffen Dritter in das Schuldverhältnis vorbeugen[37].

Vergleichbare Regelungen finden sich auch im öffentlichen Recht, gerade auch im Hinblick auf das Eltern-Kind-Verhältnis. So schränkt Art. 6 Abs. 2 GG die Möglichkeit staatlicher Stellen ein, in dieses Gefüge relativer Rechte zwischen Eltern und Kindern einzugreifen. Gleichzeitig schreibt Art. 6 Abs. 2 S. 2 GG die Wächterrolle des Staates fest und schützt damit das Kind vor Fehlentwicklungen innerhalb dieser Be-

---

35 S. o. § 2 II 2 b mit den Nachweisen in Fn. 19.

36 LK-Tiedemann § 283 c Rn. 1; Schönke/Schröder-Stree Vor § 283 Rn. 2.

37 LK-Tiedemann § 283 d Rn. 4; Schönke/Schröder-Stree Vor § 283 Rn. 2; Lackner/Kühl-Kühl § 283 d Rn. 1.

ziehung. Schließlich finden sich natürlich auch im Zivilrecht selbst gesetzliche Bestimmungen, die relative Rechte im Innen- wie im Außenverhältnis vor Störungen bewahren sollen[38]. Gerade das Eltern-Kind-Verhältnis bietet hier eine Vielzahl von Beispielen. So werden in §§ 1626 ff BGB vorrangig die Pflichten der Eltern gegenüber dem Kind, in §§ 1664 ff BGB die Folgen eines Verstoßes dagegen geregelt. Aber auch in diesem Zusammenhang finden sich Bestimmungen, die relative Rechte im Rahmen des Eltern-Kind-Verhältnisses vor Eingriffen Dritter schützen sollen. Etwa § 1632 Abs. 1 und Abs. 2 BGB geben den Eltern das Recht, die Herausgabe des Kindes von jedermann zu verlangen und seinen Umgang auch mit Wirkung gegenüber Dritten zu bestimmen.

Derartige Einzelbestimmungen zu relativen Rechtsbeziehungen können auch dann von deliktsrechtlicher Bedeutung sein, wenn die Sonderbeziehung nicht insgesamt als «sonstiges Recht» gemäß § 823 Abs. 1 BGB gegen Pflichtverletzungen geschützt wird: Auch die Verletzung einzelner Normen, die innerhalb einer derartigen Sonderbeziehung ein bestimmtes Verhalten gebieten oder verbieten, kann unter Umständen einen deliktischen Schadensersatzanspruch auslösen. Das setzt voraus, daß es sich bei der übertretenen Norm um ein Schutzgesetz im Sinne des § 823 Abs. 2 BGB handelt. Eine solche Funktion kann grundsätzlich auch den Normen zukommen, die das Innenverhältnis familienrechtlicher Sonderbeziehungen regeln. Das zeigt erneut schon die Diskussion um den deliktsrechtlichen Schutz der ehelichen Lebensgemeinschaft. Dort fand eine Auffassung namhafte Vertreter, die die strafrechtliche Sanktionierung des Ehebruchs bis zur Aufhebung von § 172 StGB a. F. als Schutzgesetz zugunsten des hintergangenen Ehepartners ansah[39]. Und auch die Gegner dieser Ansicht bestritten keineswegs, daß solche Nor-

---

38 Daß Familienrechte wie die elterliche Sorge oder die Ehe unabhängig von ihren möglicherweise absoluten Wirkungen Dritten gegenüber zwischen den Familienangehörigen nur relative Rechte darstellen, entspricht ganz h.M., s. etwa Löwisch 3f; Soergel-Lange Vor § 1297 Rn. 4; Münch.Komm.-Rebmann Vor § 1297 Rn. 14; speziell zur elterlichen Sorge s. BGH, JR 1991, 234, 235; Wenz, JR 1991, 238 jeweils m.w.N.; vgl. o. § 2 III 2.

39 OLG Hamm, JZ 1953, 757, 759; OLG Nürnberg, FamRZ 1956, 109; Boehmer, JZ 1953, 746; ders., FamRZ 1955, 7; ders., AcP 155, 192f; Schwab, JuS 1961, 145; Künkel, FamRZ 1966, 179f; wohl auch Padrutt 56f und Beitzke, MDR 1957, 409.

men, die das Verhalten innerhalb einer familienrechtlichen Sonderbeziehung regeln, grundsätzlich Schutzgesetze im Sinne des § 823 Abs. 2 BGB sein können. Sie begründeten ihren Widerspruch gegen die Haftung des untreuen Ehegatten aus § 823 Abs. 2 BGB in Verbindung mit § 172 StGB a. F. lediglich damit, daß diese konkrete Strafnorm nicht die Vermögensinteressen des Ehepartners schütze[40].

Der Charakter eines Schutzgesetzes kann schließlich anerkanntermaßen auch den Normen des Kindschaftsrechtes zukommen, die ein bestimmtes Verhalten gebieten oder verbieten[41]: «Auch sind Verhaltensnormen des Familienrechts, etwa über den Umgang mit dem Vermögen eines Kindes, z. B. § 1640 BGB über die Pflicht zur Anfertigung eines Vermögensverzeichnisses, als Schutzgesetze in das Haftungsrecht zu übertragen»[42]. Es ist also zu prüfen, ob der Annehmende, der schuldhaft die Aufhebung des Annahmeverhältnisses herbeiführt, gegen eine solche Verhaltensnorm verstößt. Ist dies der Fall und der daraus resultierende Verlust von Unterhaltsansprüchen und gesetzlichem Erbrecht als adäquater Schaden im Schutzbereich der Norm anzusehen, so ist der Annehmende aus § 823 Abs. 2 BGB in Verbindung mit der entsprechenden Norm zum Schadensersatz verpflichtet.

2.) *Art. 6 GG als Schutzgesetz nach der Rechtsprechung des BGH*

Auf ein mögliches Schutzgesetz, das die Eltern-Kind-Beziehung betrifft, weist schon die höchstrichterliche Rechtsprechung zum deliktischen Schutz der ehelichen Lebensgemeinschaft hin. In diesem Zusam-

---

40 S. etwa RGZ 72, 128, 129f; BGH, FamRZ 1956, 180, 181; OLG München, FamRZ 1956, 109; OLG Koblenz, FamRZ 1960, 365, 368; Neumann-Duesberg, SJZ 1950, 425; Berg, JuS 1961, 140; Löwisch 177 u. 189f; Erman-Hekkelmann § 1353 Rn. 33.

41 Zur Vermeidung von Mißverständnissen sei darauf hingewiesen, daß es von vorneherein einem anderen Regelungszusammenhang angehört, wenn der Schutznormcharakter etwa von § 1626 BGB bei der Frage der Elternhaftung verneint wird, s. hierzu z.B. RGZ 53, 312, 314; wohl auch 75, 251, 253f; Soergel-Strätz § 1626 Rn. 20; Münch.Komm.-Hinz § 1626 Rn. 65; Staudinger-Peschel-Gutzeit 12.A.1997 § 1626 Rn. 20 u. 76. Denn dies gilt nur im Verhältnis zu Dritten und findet seine Begründung gerade darin, daß etwa § 1626 BGB nur das Kind, nicht aber Außenstehende schützen soll. Der Schutznormcharakter zugunsten des Kindes ist damit jedenfalls nicht ausgeschlossen.

42 Deutsch, FS Gernhuber 587.

menhang erwog der BGH, den Schutz des räumlich-gegenständlichen Bereichs der Ehe auf § 823 Abs. 2 BGB in Verbindung mit Art. 6 GG zu stützen[43]. Dabei wurde zwar, wie auch aus der späteren Judikatur hervorgeht, gemäß der rein eherechtlichen Fallgestaltung nur an den ersten Absatz von Art. 6 GG gedacht[44]. Dies allein wäre jedoch kein Hindernis, bei darüber hinausgehenden Fragestellungen auch dem zweiten Absatz die Qualität einer Schutznorm zuzuerkennen. Die höchstrichterliche Rechtsprechung gibt hier jedoch aus inhaltlichen Gründen Anlaß zum Zögern: Art. 6 Abs. 2 GG nimmt auf Rechte und Pflichten der Eltern Bezug. Würde man dies als Schutzgesetz verstehen, so hätte es die relativen Rechte innerhalb des Eltern-Kind-Verhältnisses zum Gegenstand. Gerade das schließt der BGH bei seiner bisherigen Handhabung des Art. 6 GG als Schutzgesetz aber nachdrücklich aus. Schon in der ersten Entscheidung zum räumlich-gegenständlichen Bereich der Ehe, in der der BGH Art. 6 GG als mögliches Schutzgesetz anspricht, wird nicht auf die relativen Rechte und Pflichten zwischen den Eheleuten abgestellt[45]. In seiner späteren Judikatur betonte das höchste deutsche Zivilgericht sogar ausdrücklich, daß sich Art. 6 GG als Schutzgesetz «nicht auf das persönliche Verhältnis der Ehegatten zueinander (bezieht)»[46]. Deswegen seien auch keine Schadensersatzansprüche des hintergangenen Ehepartners aus § 823 Abs. 2 BGB in Verbindung mit Art. 6 GG herzuleiten. Schon die Rechtsprechung des BGH zu Art. 6 Abs. 1 GG legt also nicht gerade nahe, die in Art. 6 Abs. 2 GG angesprochenen Verpflichtungen als Schutzgesetz zu interpretieren, dessen Verletzung einen deliktischen Schadensersatzanspruch des Kindes auslösen kann.

---

43 Diese Frage wurde in BGHZ 6, 360, 366 nur angesprochen, aber offengelassen, hingegen ausdrücklich bejaht in BGH LM § 823 Af Nr. 2 Bl. 2; ähnlich z.B. OLG Celle, FamRZ 1955, 46, 47.

44 Abs. 1 des Art. 6 GG ist ausdrücklich genannt in BGH, FamRZ 1956, 180, 181; OLG München, FamRZ 1956, 109; ebenso vom entgegengesetzten Standpunkt OLG Düsseldorf, FamRZ 1958, 104, 105.

45 Schon in BGHZ 6, 360, 365 heißt es: «Alle diese Erwägungen (sc. die Schadensersatz wegen Ehebruchs ausschließen) gelten jedoch nur für die persönlichen Beziehungen der Ehegatten zueinander (...). Neben diesem rein persönlichen Bereich der Ehe oder richtiger aus diesem Bereich heraus bildet sich jedoch in der Ehe regelmäßig ein anderer räumlich-gegenständlich bestimmter Bereich ...»

46 BGHZ 26, 217, 223; zust. etwa Löwisch 176; vgl. Lipp, Die eherechtlichen Pflichten 175 f.

3.) *Bedenken gegen den Schutznormcharakter von Art. 6 GG*

Vor allem sprechen aber erhebliche dogmatische Bedenken dagegen, Art. 6 Abs. 2 GG als Schutzgesetz im Sinne des § 823 Abs. 2 BGB anzusehen. In der Literatur wird die entsprechende Interpretation von Art. 6 GG insbesondere unter dem Gesichtspunkt der fehlenden Drittwirkung der Grundrechte weithin abgelehnt[47]. Denn diese binden nach eindeutigem Wortlaut von Art. 1 Abs. 3 GG nur die staatliche Gewalt. Hingegen entfalten sie zwischen den Bürgern und sonstigen Privatrechtssubjekten keine unmittelbare Wirkung, sofern dies nicht ausdrücklich angeordnet ist. Eine entsprechende Bestimmung ist Art. 6 Abs. 1 GG aber nicht zu entnehmen. Folglich kann diese Norm nicht den Schutz des einen Bürgers vor dem anderen bezwecken, wie § 823 Abs. 2 BGB voraussetzt.

Für Art. 6 Abs. 2 GG könnte allenfalls deswegen etwas anderes gelten, weil die Pflichten der Eltern gegenüber ihren Kindern dort ausdrücklich angesprochen werden. Auch diese Formulierung definiert aber nur das Grundrecht der Eltern gegenüber dem Staat[48]. Dabei stellt die ausdrückliche Nennung der elterlichen Pflichten lediglich klar, daß diese nicht nur, wie für Grundrechte eigentlich typisch, «eine das Recht begrenzende Schranke, sondern ein wesensbestimmender Bestandteil dieses "Elternrechts" (sind)»[49]. Auch Art. 6 Abs. 2 GG geht also über die klassische, auf das öffentliche Recht beschränkte Funktion der Grundrechte nicht hinaus. «Da das Eltern-Kind-Verhältnis nicht öffentlichrechtlich organisiert ist, sondern dem Privatrecht angehört, gelten auch hier die Grundrechte jedenfalls nur mittelbar»[50].

4.) *Zwischenergebnis*

Art. 6 Abs. 2 GG läßt sich nicht in Erweiterung der Rechtsprechung zum räumlich-gegenständlichen Bereich der Ehe als Schutzgesetz zugunsten

---

47 S. etwa Lipp, Die eherechtlichen Pflichten 178 f; Riegel, NJW 1989, 2798 f; v.Münch/Kunig-v.Münch Art. 6 Rn. 23; Staudinger-Hübner 12.A.1993 § 1353 Rn. 107; Erman-Heckelmann Einl. Vor § 1297 Rn. 10; Gernhuber/Coester-Waltjen § 17 I 1; Giesen Rn. 190; wohl auch Münch. Komm.-Wacke § 1353 Rn. 40 mit Fn. 199; a.A. Schmidt-Bleibtreu-Kannengießer Art. 6 Rn. 4.

48 Münch/Kunig-v. Münch Art. 6 Rn. 28; Jarass/Pieroth-Pieroth Art. 6 Rn. 28; Schmidt-Bleibtreu-Kannengießer Art. 6 Rn. 8.

49 BVerfGE 24, 119, 143.

50 Münch/Kunig-v. Münch Art. 6 Rn. 28.

der Kinder qualifizieren, das in Verbindung mit § 823 Abs. 2 BGB Schadensersatzansprüche begründet. Denn diese Rechtsprechung beruht nach ausdrücklicher Klarstellung des BGH nicht auf Regelungen relativer Rechtsbeziehungen in Art. 6 GG. Zudem scheitert eine entsprechende Interpretation von Art. 6 Abs. 2 GG an der fehlenden Drittwirkung der Grundrechte, die in aller Regel gerade keine Verpflichtungen zwischen den Bürgern begründen. Hierfür kommen bei der hier interessierenden Verletzung des Eltern-Kind-Verhältnisses nur Normen in Frage, die diese familienrechtliche Sonderbeziehung unmittelbar regeln.

VI. Ansprüche aus § 823 Abs. 2 in Verbindung mit § 1618 a BGB

1.) *Zur Schutznormqualität von § 1618 a BGB*

Tatsächlich hat der Gesetzgeber seiner schon in der Verfassung angesprochenen Wächterrolle unter anderem durch Erlaß einfachgesetzlicher Normen, insbesondere der §§ 1616 ff BGB Rechnung getragen. Den Grundgedanken dieser Regelungen faßt § 1618 a BGB zusammen, wonach Eltern und Kinder einander Beistand und Rücksicht schuldig sind. Dies ist dann, wenn der Annehmende durch schuldhaftes Fehlverhalten die Aufhebung eines Annahmeverhältnisses verursacht, ersichtlich nicht der Fall. Es ist indessen in Rechtsprechung und Literatur kaum diskutiert worden, ob diese Regelung oder andere Vorschriften des Kindschaftsrechtes gemäß § 823 Abs. 2 BGB als Schutzgesetze zugunsten des Kindes aufzufassen sind.

2.) *Mindestanforderungen an ein Schutzgesetz*

Ob eine Norm als Schutzgesetz anzusehen ist, bemißt sich nach einem komplexen, in Rechtsprechung und Lehre nicht immer einheitlich und konsequent gehandhabten Katalog von Kriterien. Allgemein anerkannt sind aber zumindest die Mindestanforderungen, die ein Schutzgesetz im Sinne des § 823 Abs. 2 BGB erfüllen muß[51]. Danach muß ein Gesetz vorliegen[52], das durch Gebot oder Verbot eines bestimmten Verhal-

---

51 Zu den Mindestanforderungen im allgemeinen s. etwa Honsell, JA 1983, 102 f; RGRK-Steffen § 823 Rn. 535 f; Canaris, FS Larenz 45-50; Soergel-Zeuner § 823 Rn. 285.

52 Zum Begriff des Gesetzes im Sinne des § 823 Abs. 2 BGB s. die Nachweise gleich u. in Fn. 55.

tens[53] den Schutz von Individualinteressen[54] bezweckt.

a) *«Gesetz» gemäß Art. 2 EGBGB*

Der Begriff des Gesetzes in § 823 Abs. 2 BGB ist weit auszulegen. Nach Art. 2 EGBGB umfaßt er jede Rechtsnorm[55]. Das ist bei einer Vorschrift des BGB selbstverständlich der Fall.

b) *Schutz von Individualinteressen*

Ebenso eindeutig ist zu bejahen, daß § 1618 a BGB den Schutz von Individualinteressen bezweckt und nicht etwa nur Belange der Allgemeinheit verfolgt: Der Personenkreis, dem das gebotene Verhalten zugute kommen soll, ist ja ausdrücklich genannt[56]. Nach wohl überwiegender Ansicht kann § 1618 a BGB jedenfalls in besonderen Fällen sogar einklagbare Ansprüche begründen, wenn etwa einer der Beteiligten dem anderen objektiv erforderlichen und zumutbaren Beistand verweigert[57]. Das wäre bei einer Norm, die nur Interessen des Staates oder der Allgemeinheit schützen will, schlechterdings ausgeschlossen. Hier ist wohl umgekehrt eine Wirkung von § 1618 a BGB zugunsten der Institution Familie oder anderer öffentlicher Interessen nur als reiner Rechtsreflex des Individualschutzes anzusehen.

53 S. Bistritzki Rn. 22; Peters, JZ 1983, 916; Honsell, JA 1983, 103; Staudinger-Schäfer 12.A.1986 § 823 Rn. 578; RGRK-Steffen § 823 Rn. 539; Soergel-Zeuner § 823 Rn. 285.

54 S. BGHZ 66, 388, 389f; 84, 312, 314; Honsell, JA 1983, 103; Staudinger-Schäfer 12.A.1986 § 823 Rn. 580-585; RGRK-Steffen § 823 Rn. 540-544; Larenz/Canaris § 77 II 2 a; Soergel-Zeuner § 823 Rn. 289; Palandt-Thomas § 823 Rn. 141.

55 BGH LM § 823 (Bf) Nr. 41 Bl. 1; Staudinger-Schäfer 12.A.1986 § 823 Rn. 576; RGRK-Steffen § 823 Rn. 538; Erman-Schiemann § 823 Rn. 154; Soergel-Zeuner § 823 Rn. 285; Palandt-Thomas § 823 Rn. 140.

56 Zur ausdrücklichen Nennung im Gesetz als Kriterium für den bezweckten Individualschutz s. etwa BayObLG, NJW 1972, 1085, 1086; OLG Karlsruhe, NJW 1975, 221, 222; OLG Düsseldorf, NJW 1979, 2618; Schmiedel 168; dem zust. Münch.Komm.-Mertens § 823 Rn. 167; ähnlich z.B. Bistritzki Rn. 33; Honsell, JA 1983, 104; Staudinger-Schäfer 12.A.1986 § 823 Rn. 585; Deutsch, Unerlaubte Handlungen Rn. 213.

57 RGRK-Wenz § 1618 a Rn. 3; Soergel-Strätz § 1618 a Rn. 3; Staudinger-Coester 12.A.1993 § 1618 a Rn. 13; wohl auch Palandt-Diederichsen § 1618 a Rn. 2; einschränkend Münch.Komm.-Hinz § 1618 a Rn. 11 («Die selbständig erzwingbare Rechtspflicht wird deshalb Ausnahme bleiben»).

c) *Verbot oder Gebot bestimmten Verhaltens*

Nicht ganz so schnell ersichtlich ist indessen, ob § 1618 a BGB auch ein bestimmtes Verhalten verbietet oder gebietet. Das ist zwar nicht schon deswegen in Zweifel zu ziehen, weil § 1618 a BGB nach der unglücklichen Begründung in den Bundestagsdrucksachen angeblich nur unverbindliche Leitlinien aufstellt[58]: Schon dem Wortlaut («sind ... schuldig») ist zu entnehmen, daß die gesetzliche Forderung von Beistand und Rücksicht als Rechtspflicht, nicht nur als unverbindlicher moralischer Hinweis aufzufassen ist[59]. Zudem soll § 1618 a BGB nach ausdrücklicher Bekundung des Gesetzgebers für das Eltern-Kind-Verhältnis dieselbe Leitbildfunktion ausüben wie § 1353 BGB für die Ehe[60]. § 1353 BGB statuiert aber ebenfalls rechtliche, nicht nur sittliche Pflichten[61].

Zweifelhaft erscheint jedoch, ob diese Rechtspflichten in einer Weise konkretisierbar sind, daß man von Geboten oder Verboten eines bestimmten Verhaltens reden kann. Eine solche Bestimmtheit ist bei Schutzgesetzen im Sinne des § 823 Abs. 2 BGB schon von Verfassungs wegen geboten: Es muß ersichtlich sein, welches Verhalten gesetzlich geboten oder verboten ist und gegebenenfalls zu einer deliktischen Haftung führt. «Kein Schutzgesetz ist daher eine Rechtsnorm, welche nur *allgemeine* Grundsätze aufstellt»[62]. Genau das will indessen § 1618 a BGB. Nach ausdrücklicher Bekundung des Gesetzgebers soll § 1618 a BGB vorrangig die Funktion eines gesetzlichen Leitbildes übernehmen[63]. Dabei besteht eine der wichtigsten Funktionen darin, Interpretationshilfen

58 BT-Drucks. 8/2788, 43.

59 Zur berechtigten Kritik an der Begründung in den Gesetzesmaterialien s. etwa RGRK-Wenz § 1618 a Rn. 3; Soergel-Strätz § 1618 a Rn. 3; Staudinger-Coester 12.A.1993 § 1618 a Rn. 7.

60 S. die Nachweise o. § 2 III 1 mit Fn. 28.

61 Soergel-Lange § 1353 Rn. 3; Erman-Heckelmann § 1353 Rn. 4; Palandt-Diederichsen § 1353 Rn. 3; wohl auch RGRK-Roth-Stielow § 1353 Rn. 13; einschränkend Münch.Komm.-Wacke § 1353 Rn. 14, der in den Anforderungen des § 1353 BGB an die Ehegatten weniger echte Rechtspflichten, als vielmehr eine Art von Obliegenheiten sehen will.

62 Staudinger-Schäfer 12.A.1986 § 823 Rn. 578; ähnlich schon BGH LM § 823 (Bf) Nr. 41 Bl. 2; Schmiedel 37; RGRK-Steffen § 823 Rn. 545.

63 BT-Drucks. 8/2788, 43; ebenso z.B. RGRK-Wenz § 1618 a Rn. 2; Münch. Komm.-Hinz § 1618 a Rn. 1; Staudinger-Coester 12.A.1993 § 1618 a Rn. 6.

bei der Auslegung anderer Vorschriften zu geben[64]. Es liegt hingegen erklärtermaßen nicht in der Absicht des Gesetzgebers, durch § 1618 a BGB einzelne, festumrissene Handlungsweisen innerhalb des Eltern-Kind-Verhältnisses zu untersagen oder zu verlangen. «Der Pflichtengehalt konkretisiert sich nach den jeweiligen Lebensumständen»[65]. Eine weitergehende Auslegung würde den allgemein gehaltenen Wortlaut, der Beistand und Rücksichtnahme fordert, auch überspannen. Die Generalklausel des Kindschaftsrechtes läßt sich also schon mangels hinreichend bestimmten Gebotes oder Verbotes nicht als Schutzgesetz im Sinne des § 823 Abs. 2 BGB qualifizieren. Das bestätigt im übrigen auch der Vergleich mit § 1353 BGB, der eherechtlichen Parallelvorschrift zu § 1618 a BGB: Nach allgemeiner Auffassung ist auch § 1353 BGB mangels Bestimmtheit nicht als Schutznorm anzusehen[66]. Vielmehr soll § 1618 a BGB umgekehrt eine offene, auf möglichst viele Fallgestaltungen anwendbare Entscheidungshilfe darstellen, geradeso wie § 1353 BGB im Eherecht.

3.) *Zwischenergebnis*

Als Generalklausel des Kindschaftsrechtes enthält § 1618 a BGB kein hinreichend bestimmtes Gebot oder Verbot einzelner Verhaltensweisen, wie für Schutzgesetze im Sinne des § 823 Abs. 2 BGB erforderlich. Aus § 823 Abs. 2 in Verbindung mit § 1618 a BGB lassen sich somit keine Schadensersatzansprüche wegen des Verlustes von Unterhaltsansprüchen und künftiger Erbenstellung ableiten.

VII. Ansprüche aus § 823 Abs. 2 in Verbindung mit § 1666 Abs. 1 BGB

1.) *Vorliegen der Mindestanforderungen an ein Schutzgesetz*

Das für die hier interessierenden Schadensersatzansprüche erforderliche kindschaftsrechtliche Schutzgesetz muß also einerseits allgemein genug

64 RGRK-Wenz § 1618 a Rn. 2; Soergel-Strätz § 1618 a Rn. 3; Münch. Komm.-Hinz § 1618 a 12; Staudinger-Coester 12.A.1993 § 1618 a Rn. 10; zur praktischen Handhabung in der Rspr. s. van Els, DAV 1991, 124-128 (mit Übersicht der veröffentlichten Entscheidungen).

65 Münch.Komm.-Hinz § 1618 a Rn. 6; ähnlich z.B. RGRK-Wenz § 1618 a Rn. 8 u. 10; Soergel-Strätz § 1618 a Rn. 4; Staudinger-Coester 12.A.1993 § 1618 a Rn. 9.

66 BGH, NJW 1990, 706, 708; Deutsch, FS Gernhuber 587; Giesen Rn. 188.

sein, um die zur Aufhebung der Adoption führenden elterlichen Pflichtverletzungen zu erfassen. Andererseits muß es das gebotene oder verbotene Verhalten aber genauer bestimmen als § 1618 a BGB. In Betracht kommt hierfür insbesondere § 1666 Abs. 1 BGB. Denn die Voraussetzungen für Maßnahmen des Familiengerichtes nach § 1666 Abs. 1 BGB müssen in jedem Falle vorliegen, wenn die Aufhebung einer Adoption ernsthaft in Betracht kommen soll[67].

a) *«Gesetz» gemäß Art. 2 EGBGB*

Wie § 1618 a BGB erfüllt auch § 1666 Abs. 1 BGB ohne weiteres die ersten beiden der unumstrittenen Minimalanforderungen an ein Schutzgesetz: Die Gesetzesqualität gemäß Art. 2 EGBGB ist auch bei dieser Vorschrift des BGB gegeben.

b) *Schutz von Individualinteressen*

Ebenso eindeutig ist zu bejahen, daß § 1666 Abs. 1 BGB Individualschutz bezweckt. Der Zweck der Norm, Gefahr vom Kind abzuwenden, ist in § 1666 Abs. 1 BGB ja ausdrücklich genannt.

c) *Verbot oder Gebot bestimmten Verhaltens*

Schließlich kann auch die Bestimmtheit des Gebotes bei dieser Norm nicht in Zweifel gezogen werden. Denn in § 1666 Abs. 1 BGB sind, anders als in § 1618 a BGB, keine allgemeinen Grundsätze, sondern spezielle Verhaltensweisen Gegenstand der Norm, wobei zudem jeweils subjektive Tatbestandsmerkmale hinzukommen. Maßnahmen nach § 1666 Abs. 1 BGB sind zu ergreifen, wenn die Eltern das Kindeswohl durch mißbräuchliche Ausübung ihrer Sorge, durch Vernachlässigung des Kindes oder durch sonstiges Versagen gefährden und dem auch in Zukunft nicht abhelfen wollen. Neuerdings ist auch der Tatbestand der Vermögensgefährdung in § 1666 Abs. 1 BGB eingefügt[68].

Dieses Verhalten ist zwar nicht explizit untersagt. Dem Erfordernis der Bestimmtheit eines Verbotes wird aber jedenfalls dann Genüge getan, wenn eine Verhaltensweise mittelbar untersagt, d. h. eindeutig

---

67 Vgl. o. § 1 I 4 a mit Fn. 23.

68 Hierzu eingehender u. § 2 VII 3 b und § 2 VII 5 e.

mißbilligt oder gar mit einer Sanktion belegt wird[69]. Deutlicher fallen in aller Regel auch die Normen des Strafgesetzbuches nicht aus, denen doch geradezu die Rolle des «Leitbildes» für die Beurteilung der Schutzgesetzqualität zukommt[70]. Auch im Falle des § 1666 Abs. 1 BGB geht die Mißbilligung des elterlichen Fehlverhaltens schon aus dem Wortlaut («mißbräuchlich», «Gefahr») klar hervor. Zumindest im weiteren Sinne kann auch von einer Sanktion geredet werden, da die tatbestandsmäßig handelnden Eltern eine Einschränkung ihres Sorge- und Erziehungsrechtes hinnehmen müssen.

Ebensowenig ist die Bestimmtheit des Verbotes deswegen zu verneinen, weil die von § 1666 Abs. 1 BGB erfaßten Verhaltensweisen durch wertungsbedürftige Klauseln wie «mißbräuchliche Ausübung der elterlichen Sorge», «Vernachlässigung» und «Gefahr» umschrieben sind: Solche unbestimmten Rechtsbegriffe genügen selbst im Strafrecht den dort aus verfassungsrechtlichen Gründen besonders strengen Anforderungen an das Bestimmtheitsgebot, wenn sich ihr Inhalt wenigstens im Wege der Auslegung zweifelsfrei ermitteln läßt[71]. Eine derartige Bestimmbarkeit ist auch bei den wertungsbedürftigen Rechtsbegriffen in § 1666 Abs. 1 BGB zu bejahen. So weiß regelmäßig schon der Laie, wann elterliches Fehlverhalten die Grenze des § 1666 Abs. 1 BGB überschreitet. Daß schwere elterliche Verfehlungen wie etwa brutale Mißhandlungen, völlige Vernachlässigung, zu Krankheiten führende Unterversorgung o. ä. die gedeihliche Entwicklung des Kindes gefährden und ein staatliches Eingreifen erfordern, dürfte über alle sozialen und ideologischen Grenzen hinweg unstreitig sein. Gerade im Bereich existentieller Fragen des Kindeswohles herrscht trotz schwindenden gesellschaftlichen Konsenses über allgemeinverbindliche Werte noch vergleichsweise weitgehende Einigkeit[72].

---

69 S. hierzu eingehend Dörner, JuS 1987, 524f; ähnlich z.B. Schmiedel 39 - 41; Bistritzki Rn. 37; Soergel - Zeuner § 823 Rn. 285.

70 Bistritzki Rn. 18; Canaris, FS Larenz 50 u. 75; Larenz/Canaris § 77 II 4 c; ähnlich wohl auch Münch.Komm. - Mertens § 823 Rn. 160; krit. hierzu Soergel - Zeuner § 823 Rn. 289.

71 Zur Zulässigkeit von Generalklauseln selbst im Strafrecht s. etwa LK - Gribbohm § 1 Rn. 46; SK - Rudolphi § 1 Rn. 13; Tröndle/Fischer - Tröndle § 1 Rn. 5.

72 Besonders deutlich Münch.Komm. - Hinz § 1666 Rn. 37 u. Gernhuber/Coester - Waltjen § 57 IX 4; vgl. Soergel - Strätz §§ 1666, 1666 a Rn. 18.

Zumindest ist eine Auslegung jener unbestimmten Rechtsbegriffe aber mit Hilfe der umfangreichen Judikatur möglich[73]. Dies entsprach im übrigen auch der Absicht des Gesetzgebers. Anders als im Falle des § 1618 a BGB wollte er den Eltern mit § 1666 Abs. 1 BGB nicht nur grobe Richtlinien, sondern eine klare Grenze vorgeben: Führt die fehlerhafte Ausübung der elterlichen Sorge zur ernsthaften Gefährdung des Kindeswohles, so wird sie durch staatliche Maßnahmen beschränkt. Mit einer präziseren Fassung des § 1666 Abs. 1 BGB, etwa durch Enumeration der Eingriffsvoraussetzungen, wäre der Gesetzgeber dabei der von Art. 6 Abs. 2 S. 2 GG geforderten staatlichen Wächterrolle nicht gerecht geworden[74]. Denn genau fixierte Tatbestandsmerkmale könnten die zahlreichen verschiedenen Formen elterlichen Fehlverhaltens, die sämtlich ein Einschreiten zugunsten des Kindes erfordern, schwerlich erfassen. Ein ausreichender Schutz des Kindes wäre dann nicht gewährleistet. Die unbestimmten Rechtsbegriffe in § 1666 Abs. 1 BGB sind also ohne weiteres konkretisierbar und gesetzestechnisch zwingend erforderlich. Im Unterschied zu § 1618 a BGB genügt § 1666 Abs. 1 BGB also auch bezüglich der Bestimmtheit den Anforderungen, die ein Schutzgesetz nach einhelliger Meinung erfüllen muß.

2.) *Ergänzungsbedürftigkeit der Mindestanforderungen an ein Schutzgesetz*

Allerdings handelt es sich bei den in Lehre und Rechtsprechung unumstrittenen Kriterien des Normcharakters, des Individualschutzes und des bestimmten Gebotes bzw. Verbotes nur um Mindestanforderungen, die ein Schutzgesetz im Sinne des § 823 Abs. 2 BGB erfüllen muß. Denn hiermit läßt sich nur ein ein Teil der Vorschriften aussondern, die

73 So etwa auch Erman-Michalski § 1666 Rn. 4; Gernhuber/Coester-Waltjen § 57 IX 4; vgl. RGRK-Adelmann § 1666 Rn. 25; allg. zum Begriff des Kinderwohles auch in anderen Regelungszusammenhängen s. Derleder, FuR 1994, 145-147.

74 S. Münch.Komm.-Hinz § 1666 Rn. 20; ähnlich Gernhuber/Coester-Waltjen § 57 IV 3 u. § 57 IX 4; zur Unmöglichkeit einer präzisen Definition des Kindeswohles s. etwa Soergel-Strätz § 1671 Rn. 27; Palandt-Diederichsen § 1666 Rn. 15; zur Überwachungspflicht des Staates aus Art. 6 Abs. 2 S. 2 GG s. etwa Soergel-Strätz §§ 1666, 1666 a Rn. 2; Palandt-Diederichsen § 1666 Rn. 1.

nicht als Schutzgesetze im Sinne des § 823 Abs. 2 BGB aufgefaßt werden können. So erfaßt das Erfordernis eines bestimmten Gebotes zwar, wie gesehen, wenigstens solche Normen, die nur allgemeine Prinzipien oder Richtlinien formulieren und deshalb im Falle ihrer Anerkennung als Schutzgesetze eine erhebliche Rechtsunsicherheit nach sich zögen. Ebenso scheidet das Erfordernis des bezweckten Individualschutzes immerhin Staatsschutzbestimmungen oder ähnliche allein der Allgemeinheit dienende Vorschriften aus dem Bereich des § 823 Abs. 2 BGB aus. Es herrscht aber weitgehende Einigkeit, daß nicht alle Gesetze im Sinne des Art. 2 EGBGB, die Individualschutz bezwecken und dazu ein bestimmtes Verhalten gebieten oder verbieten, zwangsläufig als Schutzgesetze gemäß § 823 Abs. 2 BGB anzusehen sind[75].

a) *Keine Regelung im Recht einzelner Schuldverhältnisse*

Besondere Zweifel bestehen bei Rechtssätzen, die die einzelnen Schuldverhältnisse regeln und bei solchen, die Verkehrspflichten normieren. So enthalten zahlreiche Normen der ersten Gruppe, etwa die Bestimmungen des Kaufrechtes, die Ware mangelfrei zu liefern oder den Kaufpreis zu entrichten, bestimmte Gebote und Verbote. Sie schützen auch ausschließlich die individuellen Interessen der Vertragsparteien und sind Gesetze im Sinne des Art. 2 EGBGB. Würde man sie schon deshalb als Schutzgesetze ansehen, so könnte der Käufer etwa einen Mangel der Kaufsache über § 823 Abs. 2 in Verbindung mit § 459 Abs. 1 S. 1 BGB auch deliktsrechtlich geltend machen. Das würde aber die Systematik des Kaufrechtes und hier insbesondere die Regelung der Verjährung gemäß § 477 BGB aushebeln[76].

b) *Keine Normierung von Verkehrspflichten*

Noch weit nachhaltigeren Niederschlag in Rechtsprechung und Literatur fanden jedoch die Vorschriften, die Verkehrspflichten normieren, insbesondere solche, die den Umgang mit bestimmten Gefahrenquellen re-

---

75 Hierzu etwa Knöpfle, NJW 1967, 699; Peters, JZ 1983, 913f; Honsell, JA 1983, 103f; Canaris, FS Larenz 46; Larenz/Canaris § 77 II 2 b; Münch. Komm. - Mertens § 823 Rn. 163.

76 Bistritzki Rn. 121 u. 140; ebenso allgemein zum Vertragsrecht Schmiedel 33 u. 55 - 61; Honsell, JA 1983, 105.

geln. Geradezu klassisches Beispiel hierfür sind bauordnungsrechtliche Vorschriften, die die Beschädigung von Versorgungsleitungen verhindern sollen[77]. Werden sie nicht beachtet und deshalb etwa Stromkabel o.ä. durchtrennt, so muß sich der daraus resultierende Schaden nicht auf die Verletzung des Eigentums an der Versorgungsleitung beschränken, die nach § 823 Abs. 1 BGB zu liquidieren ist. Ein an diese Versorgungsleitung angeschlossenes Unternehmen, dessen Produktion infolge des Stromausfalls stillsteht, erleidet unter Umständen einen weit größeren Vermögensschaden. Mangels Verletzung eines absoluten Rechtes kann es aber keine Ansprüche aus § 823 Abs. 1 BGB geltend machen. Billigt man aber besagter bauordnungsrechtlicher Vorschrift den Charakter eines Schutzgesetzes zu, so könnten auch die betroffenen Stromabnehmer Schadensersatz aus § 823 Abs. 2 BGB in Verbindung mit der jeweiligen Vorschrift der Landesbauordnung verlangen.

In dieser spezifischen, mehrfach entschiedenen Fallgestaltung läßt sich möglicherweise noch einwenden, daß die besagten baurechtlichen Vorschriften gar keinen Individualschutz bezwecken. Bei vergleichbaren Bestimmungen aus anderen Regelungszusammenhängen, etwa im Nachbarschaftsrecht, ist dies definitiv ausgeschlossen: Verbietet das Nachbarschaftsrecht etwa gewisse Baulichkeiten oder Anpflanzungen, so soll dies regelmäßig zumindest auch dem Eigentümer des angrenzenden Grundstücks zugute kommen. Zudem enthalten die Landesbauordnungen nicht wenige Bestimmungen, die ausdrücklich «dem Schutz nachbarlicher Interessen dienen»[78]. Wollte man das Vorliegen einer Schutznorm im Sinne des § 823 Abs. 2 BGB allein nach den Kriterien Rechtsnormqualität, Bestimmtheit und bezweckter Individualschutz richten, so müßte man jedenfalls hier zu einem positiven Ergebnis gelangen. Die haftungsrechtlichen Folgen einer solchen Anwendung von § 823 Abs. 2 BGB entsprächen aber in Weite und Problematik den Stromkabel-Fällen.

---

77 Aus der umfangreichen Rspr. und Lit. zur Frage, inwieweit bauordnungsrechtliche Vorschriften als Schutzgesetze im Sinne des § 823 Abs. 2 BGB anzusehen sind, s. BGHZ 66, 388 ff; BayObLG, NJW 1972, 1085 ff; OLG Karlsruhe, NJW 1975, 221 ff; Bistritzki Rn. 42 u. 89-96; Staudinger-Schäfer 12.A.1986 § 823 Rn. 584; RGRK-Steffen § 823 Rn. 542, 548 u. (eingehend) 555.

78 So ausdrücklich § 66 Abs. 1 S. 1 RhPf. BauO; ähnlich § 69 Abs. 1 S. 1 HessBauO und die anderen Landesbauordnungen.

Wer etwa sein Grundstück in nachbarrechtlich unzulässiger Weise nutzt, müßte dann Schadensersatz für nachteilige Einwirkungen auf das Nachbargrundstück bis hin zum Pachtverlust leisten; wer einen baurechtlich unzulässigen Betrieb in einem Wohngebiet betreibt, müßte unter Umständen den dadurch hervorgerufenen Wertverlust der angrenzenden Immobilien ausgleichen. Ähnliches gilt für die Vielzahl von Verordnungen etwa zum Lärm- und Immissionsschutz, die ja ebenfalls vom Gesetzesbegriff des Art. 2 EGBGB erfaßt werden. Wollte man etwa § 5 hess.LärmVO als Schutzgesetz ansehen, so müßte der Bewohner, der entgegen dieser Vorschrift nachts in seiner Wohnung Trompete spielt, aus § 823 Abs. 2 BGB in Verbindung mit § 5 hess. LärmVO auch für Mietausfälle und -minderungen aufkommen. Ebenso müßte etwa derjenige haften, der entgegen einer entsprechenden Verordnung Gartenabfälle verbrennt und damit Mindereinnahmen von Straßencafés, Straußwirtschaften o. ä. verursacht[79].

c) *Die verfassungsrechtliche Problematik*

Diese Aufzählung ließe sich fast beliebig verlängern, zumal auch kommunale Satzungen gemäß Art. 2 EGBGB als Schutzgesetze in Betracht kommen. Mit einer so weitgehenden Handhabung von § 823 Abs. 2 BGB wären auch erhebliche verfassungsrechtliche Probleme verbunden: Eine allzu freizügige Einbeziehung landes- oder gar kommunalrechtlicher Vorschriften in den Kreis der Schutzgesetze wäre nämlich schon im Hinblick auf die grundgesetzliche Verteilung der Gesetzgebungskompetenzen nicht unbedenklich[80]. Immerhin ist das Deliktsrecht als Teil des bürgerlichen Rechtes gemäß Art. 74 Abs. 1 Nr. 1 GG der konkurrierenden Gesetzgebung des Bundes zugewiesen. Den Ländern, Landkreisen und Gemeinden darf aber selbstverständlich nicht über § 823 Abs. 2 BGB eine eigene Gesetzgebungskompetenz im Bereich des Deliktsrechtes

79 Zur Gefahr einer uferlosen deliktischen Haftung, die aus einer großzügigen Anerkennung von Schutzgesetzen im Sinne des § 823 Abs. 2 BGB resultieren könnte, s. etwa BayObLG, NJW 1972, 1085, 1087; OLG Karlsruhe, NJW 1975, 221, 222f; OLG Düsseldorf, NJW 1979, 2618; Knöpfle, NJW 1967, 700; Bistritzki Rn. 31; Honsell, JA 1983, 102; Peters, JZ 1983, 915.

80 BGHZ 66, 388, 391f; Knöpfle, NJW 1967, 701; Bistritzki Rn. 53; Peters, JZ 1983, 915 u. 917-919.

zuwachsen. Zudem dürfen landes- oder gar kommunalrechtliche Schutzgesetze nicht zu einer Regionalisierung des Deliktsrechtes führen. Es wäre ein kaum erträglicher Zustand, wenn dieselbe Handlung an einem Ort Schadensersatzpflichten nach sich zöge, an einem anderen aber nicht, nur weil der dortige Gemeinderat seine Satzungsgewalt restriktiver ausübt[81].

d) *Die zivilrechtliche Problematik im System der Deliktshaftung*

Aber auch in zivilrechtlicher Hinsicht würde es erhebliche Probleme aufwerfen, wollte man besagte normierte Verkehrspflichten generell als Schutzgesetze im Sinne des § 823 Abs. 2 BGB ansehen. Zum einen ergäbe sich wie bei den Vorschriften über die einzelnen Schuldverhältnisse die Möglichkeit, spezialgesetzliche Bestimmungen mit dem Rückgriff auf § 823 Abs. 2 BGB zu umgehen. So würden etwa die Verjährungsregelungen in den verschiedenen Nachbarschaftsgesetzen unterlaufen, könnte man die drittschützenden Normen in Verbindung mit § 823 Abs. 2 BGB deliktsrechtlich geltend machen[82]. Vor allem würde eine solche Handhabung von § 823 Abs. 2 BGB aber den systematischen Rahmen der §§ 823 ff BGB sprengen. Nach §§ 823 Abs. 1, 826 BGB ist ein Ersatzanspruch nur vorgesehen, wenn der Schaden an besonders schutzwürdigen Rechten und Rechtsgütern wie Gesundheit, Freiheit und Eigentum eintritt oder auf besonders zu mißbilligende Weise herbeigeführt wird[83]. Der Ausgleich bloßer Vermögensverletzungen, zumal fahrlässig verursachter, wurde vom Gesetzgeber bewußt auf wenige spezialgesetzlich geregelte Fälle außerhalb der §§ 823 Abs. 1, 826 BGB beschränkt[84]. Diese Wertung sollte auch § 823 Abs. 2 BGB nicht durchbrechen, sondern ergänzen: Insbesondere dort, wo ein strafrechtlich

---

81 Zur Problematik von Satzungen als Schutzgesetzen im Sinne des § 823 Abs. 2 BGB s. etwa OLG Düsseldorf, NJW 1979, 2618; Knöpfle, NJW 1967, 700f; Bistritzki Rn. 142; Peters, JZ 1983, 921.

82 OLG Düsseldorf, NJW 1979, 2618; hierzu allgemein z.B. Knöpfle, NJW 1967, 700; RGRK-Steffen § 823 Rn. 546; Münch.Komm.-Mertens § 823 Rn. 165.

83 S. etwa Knöpfle, NJW 1967, 700; Honsell, JA 1983, 101f; Peters, JZ 1983, 920f; Canaris, FS Larenz 32.

84 S. hierzu z.B. Honsell, JA 1983, 102; Peters, JZ 1983, 920f; Canaris, FS Larenz 34 - 36; Münch.Komm.-Mertens § 823 Rn. 160.

relevantes Verhalten zu einem Schaden führt, soll dieser auch zivilrechtlich nicht unbeachtlich sein, selbst wenn kein absolutes Recht, sondern lediglich das Vermögen betroffen ist[85]. Gewissermaßen «klassische Beispiele des Vermögensschutzes über § 823 II BGB (sind) z. B. die Fälle der Erpressung, des Betruges oder der Untreue gemäß §§ 253, 263, 266 StGB»[86]: Hier kann das Opfer über § 823 Abs. 2 BGB auch für solche Schäden Ersatz verlangen, die weder von § 823 Abs. 1 BGB noch von § 826 BGB erfaßt werden.

Eine solche Situation liegt in den geschilderten Fallgestaltungen, in denen kodifizierte Verhaltenspflichten verletzt werden, regelmäßig nicht vor. Dort wird kein Rechtsgut geschädigt, das den in § 823 Abs. 1 BGB genannten auch nur vergleichbar wäre, sondern nur das Vermögen. Andererseits ist die schädigende Handlung üblicherweise weit vom Verdikt der Sittenwidrigkeit gemäß § 826 BGB entfernt. Regelmäßig wird der Schaden ja sogar nur fahrlässig herbeigeführt. Würde man in den bezeichneten Normen dennoch Schutzgesetze sehen, so ginge dies weit über die ursprünglich vorgesehene Ergänzungsfunktion des § 823 Abs. 2 BGB hinaus. Es wäre dann tatsächlich eine deliktsrechtliche Haftung für bloße Vermögensschäden begründet, die typischerweise nur fahrlässig verursacht werden[87]. Wie die angeführten Beispiele zeigen, lassen sich diese, aus der Verletzung normierter Verkehrspflichten herrührenden Vermögenseinbußen zudem weder ihrer Höhe noch dem

85 Peters, JZ 1983, 925; Canaris, FS Larenz 48f; Münch.Komm. - Mertens § 823 Rn. 171; Soergel - Zeuner Vor § 823 Rn. 5.

86 Canaris, FS Larenz 32. Zwar wird bei Verwirklichung einer dieser Straftatbestände häufig auch ein Schadensersatzanspruch aus § 826 BGB gegeben sein. Das muß aber nicht immer der Fall sein. Für die Strafbarkeit aus § 266 StGB genügt es etwa bei unerlaubten Bank- oder Börsengeschäften eines Bankangestellten, wenn der Täter eine gegenwärtige Benachteiligung des Opfers in der Hoffnung auf einen späteren Gewinn in Kauf nimmt (s. BGH, NJW 1979, 1512; zust. Tröndle/Fischer - Fischer § 266 Rn. 26; Schönke/Schröder - Lenckner § 266 Rn. 49). In derartigen Konstellationen ist also jedenfalls der über den kurzfristigen Nachteil hinausgehende Folgeschaden nicht vom Vorsatz des Täters erfaßt, weswegen ein diesbezüglicher Schadensersatzanspruch aus § 826 BGB ausscheidet. Hier wären Ansprüche aus § 823 Abs. 2 BGB in Verbindung mit § 266 StGB dann doch von praktischer Relevanz.

87 BGHZ 66, 388, 390f; ebenso z.B. Canaris, FS Larenz 50; Larenz/Canaris § 77 II 4 a; Münch.Komm. - Mertens § 823 Rn. 171.

Kreis der Geschädigten nach eingrenzen[88]. Wollte man entsprechende Normen als Schutzgesetze anerkennen, so hätte dies also gerade die Uferlosigkeit zur Folge, die das deutsche Deliktsrecht ansonsten so nachdrücklich zu vermeiden sucht. Im Ergebnis könnte sich § 823 Abs. 2 BGB sogar zu der vom Gesetzgeber bewußt abgelehnten «großen Generalklausel» des Schadensersatzrechtes entwickeln. Denn eine Handlung, die bei irgendeinem anderen Rechtsgenossen Vermögensschäden auslöst, wird angesichts der stetig zunehmenden Reglementierung aller Lebensbereiche sehr häufig auch irgendein Gebot oder Verbot verletzen[89]. Daraus ließe sich dann in Verbindung mit § 823 Abs. 2 BGB immer ein Anspruch auf Schadensersatz ableiten.

3.) *Anforderungen an ein Schutzgesetz aus deliktsrechtlicher Sicht im einzelnen*

Es besteht daher in Rechtsprechung und Lehre kein Zweifel, «daß die § 823 Abs. 2 BGB zugrundeliegende gesetzliche Wertung zwar nicht an sich verfehlt (...), wohl aber ergänzungsbedürftig ist»[90]. Es genügt danach nicht, daß ein Gesetz im Sinne des § 823 Abs. 2 BGB zum Zwecke des Individualschutzes ein bestimmtes Verhalten gebietet oder verbietet. Darüber hinaus ist zu prüfen, «ob die Schaffung eines individuellen Schadensersatzanspruches, auch soweit sie nicht schon erkennbar vom Gesetz erstrebt wird, in diesen Fällen sinnvoll und im Lichte des haftpflichtrechtlichen Gesamtsystems tragbar erscheint»[91].

Nach diesen Vorgaben ist natürlich auch § 1666 Abs. 1 BGB zu überprüfen, will man dem Angenommenen über diese Norm einen Schadensersatzanspruch für den Vermögensverlust bei Aufhebung der Adoption gewähren. Die Kriterien nach denen dies im einzelnen beurteilt werden soll, sind zwar bis heute noch nicht abschließend geklärt und

88 Vgl. hierzu die Nachweise o. § 2 VII 2 b mit Fn. 79.

89 So z.B. Canaris, FS Larenz 50; Larenz/Canaris § 77 II 4 c; ähnlich schon Knöpfle, NJW 1967, 700 («aufs Ganze gesehen nimmt die Zahl der deliktsrechtlich relevanten Tatbestände dauernd zu»).

90 BGHZ 66, 388, 390.

91 BGHZ 66, 388, 390; zust. etwa OLG Düsseldorf, NJW 1979, 2618; Knöpfle, NJW 1967, 700; Bistritzki Rn. 10; Honsell, JA 1983, 104; Canaris, FS Larenz 47; Erman- Schiemann § 823 Rn. 158; Larenz/Canaris § 77 II 4 a.

zum Teil auch umstritten[92]. Hier kann eine Entscheidung zwischen den verschiedenen Positionen aber jedenfalls dann unterbleiben, wenn sie bei der Beurteilung von § 1666 Abs. 1 BGB zu demselben Ergebnis führen.

a) *Keine Regelung einzelner Pflichten aus einem Schuldverhältnis*

Weitgehend unstreitig dürfte sein, daß Normen, die lediglich die Erfüllung von Verträgen oder vertragsähnlichen Verpflichtungen betreffen, in der Regel nicht als Schutzgesetze im Sinne des § 823 Abs. 2 BGB anzusehen sind[93]. Dadurch werden die aufgezeigten Kollisionen mit Regelungen der einzelnen Schuldverhältnisse vermieden. Bei der Frage nach der Schutzgesetzqualität von § 1666 Abs. 1 BGB kommt diesem Kriterium allerdings wenig Bedeutung zu, da das Eltern-Kind-Verhältnis nicht auf die Erfüllung eines bestimmten Vertragszwecks zielt. Wenn man den Vergleich zu vertraglichen Pflichten überhaupt ziehen will, so erscheint die elterliche Sorge zudem den Schutz- und Fürsorgepflichten weit ähnlicher als den üblicherweise nur auf einen punktuellen Leistungserfolg gerichteten Hauptleistungspflichten aus einem Vertrag. Im Gegensatz zu jenen können derartige Schutz- und Fürsorgepflichten aber wohl auch dann als Schutzgesetze zu qualifizieren sein, wenn sie im Recht der einzelnen Schuldverhältnisse normiert sind[94]. Insoweit steht dieses Kriterium einer Einordnung des § 1666 Abs. 1 BGB unter die Schutzgesetze gemäß § 823 Abs. 2 BGB jedenfalls nicht entgegen.

b) *Vermögensschutz*

Für einen Anspruch aus § 823 Abs. 2 BGB kommt es zum zweiten entscheidend darauf an, welches Rechtsgut die verletzte Norm vorrangig

92 Vgl. zu den allenthalben eingeräumten Schwierigkeiten und Zweifeln bei der Bestimmung von Schutzgesetzen exemplarisch Honsell, JA 1983, 103; Staudinger-Schäfer 12.A.1986 § 823 Rn. 588; Soergel-Zeuner § 823 Rn. 289; Kritik an früheren Versuchen zur Bestimmung der Schutznormqualität etwa bei Erman-Schiemann § 823 Rn. 158; Münch.Komm.-Mertens § 823 Rn. 169 f; die sich insbesondere gegen eine zu strikte Schematisierung wenden.

93 Hierzu vgl. o. § 2 VII 2 a mit den Nachweisen in Fn. 76.

94 Bistritzki Rn. 140; ähnlich Honsell, JA 1983, 105, der ebenfalls nur Normen, die «das bloße Interesse an der *Erfüllung* von Verbindlichkeiten» schützen, vom Deliktsschutz ausnehmen will; a.A. offenbar Schmiedel 57 mit Fn. 15.

schützen will und welche Mittel dafür vorgesehen sind. So genügt es nicht, daß eine Vorschrift lediglich irgendein Interesse des Verletzten schützt, aus dessen Beeinträchtigung sich unter Umständen auch ein Vermögensschaden ergeben kann: Das Vermögen darf «nicht lediglich mehr oder weniger zufällig *mit*geschützt»[95] werden, es muß «primäres und unmittelbares Schutzgut der betreffenden Norm»[96] sein. Dadurch wird verhindert, daß etwa in den angesprochenen nachbarrechtlichen Konstellationen das Verbot einer bestimmten Anpflanzung, das die Aussicht oder ähnliche Interessen schützt, als Schutzgesetz gewissermaßen schadensersatzrechtlich «kapitalisiert» wird.

In der hier interessierenden Fallgestaltung müßte das Verbot, gewisse Mindeststandards bei der elterlichen Sorge zu unterschreiten, also auch Vermögensinteressen des Kindes schützen. Das war grundsätzlich schon vor der Neufassung des § 1666 BGB zu bejahen. Zwar bezweckte § 1666 BGB a.F. grundsätzlich nur den Schutz des Kindeswohles, worunter die gesunde körperliche, geistige und psychische Entwicklung des Minderjährigen zu verstehen ist. Das Kindesvermögen als solches war Gegenstand der §§ 1667, 1670 BGB a.F. Das Kindeswohl in oben angeführter Definition umfaßt aber zwangsläufig auch einige vermögensrechtliche Interessen: Werden beispielsweise die fälligen Unterhaltszahlungen nicht erbracht, so kann es durchaus zu Einschränkungen etwa der Ausbildungsmöglichkeiten oder der optimalen medizinischen Versorgung und somit zu einer Beeinträchtigung von körperlicher und geistiger Entwicklung des Kindes kommen. Deswegen hatten gerade diese Ansprüche auf Unterhalt in § 1666 Abs. 3 BGB a.F. sogar eine eigene Regelung gefunden, die insoweit nur als Ergänzung zu § 1666 Abs. 1 BGB a.F. aufzufassen war[97]. Zumindest der für das körperliche und geistige Wohl des Kindes äußerst wichtige Unterhaltsanspruch wurde also, obwohl er ein vermögensrechtliches Interesse darstellt, von § 1666

95 Larenz/Canaris § 77 III 2 b.

96 Larenz/Canaris § 77 III 2 b; ähnlich etwa Honsell, JA 1983, 105; Staudinger-Schäfer 12.A.1986 § 823 Rn. 597; RGRK-Steffen § 823 Rn. 548; Canaris, FS Larenz 74 f.

97 RGRK-Adelmann § 1666 Rn. 71; Münch.Komm.-Hinz § 1666 Rn. 59; ähnlich Soergel-Strätz § 1666 Rn. 46; Gernhuber/Coester-Waltjen § 57 IX 8 (hier bes. prägnant die Gegenüberstellung zum reinen Vermögensschaden aus § 1667 BGB a.F.).

Abs. 1 BGB a.F. nicht nur zufällig und mittelbar, sondern bewußt und eigenständig geschützt. Der Schutzzweck von § 1666 Abs. 1 BGB a.F. erfaßte also nicht das gesamte Kindesvermögen, schloß einzelne Belange aus diesem Bereich aber auch nicht grundsätzlich aus: Jedenfalls dann, wenn ein vermögensrechtliches Interesse maßgebliche Voraussetzung für das Kindeswohl ist, wurde ihm seit jeher aus § 1666 BGB primärer und unmittelbarer Schutz zuteil.

Durch die Neufassung von § 1666 BGB sollte insoweit keine Änderung zuungunsten des Kindes herbeigeführt werden. Es wurden lediglich die Voraussetzungen für das staatliche Eingreifen wegen Gefährdung des Kindesvermögens aus § 1667 BGB a.F. herausgenommen und – nicht sonderlich glücklich[98] – in die Regelungen des § 1666 Abs. 1 BGB zur Personensorge eingefügt. Dies kann aber allenfalls zu einer Verstärkung des Schutzes für die vermögensrechtlichen Interessen des Kindes führen. Keinesfalls ändert sich etwas daran, daß das hier, bei der Aufhebung von Annahmeverhältnissen betroffene körperliche, geistige oder seelische Wohl des Kindes im oben dargelegten Umfang auch Vermögensinteressen umfaßt. Das zeigt sich im übrigen auch darin, daß die jetzige Regelung in § 1666 Abs. 2 1. Fall BGB zur Unterhaltsgefährdung § 1666 Abs. 3 BGB a.F. inhaltlich entspricht[99].

c) *Schutz durch Schadensersatzansprüche*

Die Tatsache, daß eine Norm Vermögensschutz bezweckt, genügt allerdings allein nicht für Ansprüche aus § 823 Abs. 2 BGB. Vielmehr hängt die Qualifikation einer Norm als Schutzgesetz darüber hinaus noch davon ab, welche Mittel hierfür zur Verfügung stehen sollen: Will der Gesetzgeber das betroffene Vermögensinteresse erkennbar etwa nur mit dem Instrumentarium des öffentlichen Rechtes, mit einem Ordnungsgeld o. ä. schützen, so ist die verletzte Vorschrift nicht als Schutzgesetz anzusehen[100]. Sonst könnte sich der Betroffene über § 823 Abs. 2 BGB zusätzliche, nicht vorgesehene Rechtsschutzmöglichkeiten eröffnen. So könnte beispielsweise ein rechtswidriges Bauvorhaben außerhalb der

98 S. Palandt - Diederichsen § 1666 Rn. 11; vgl. u. § 2 VII 5 e.

99 Palandt - Diederichsen § 1666 Rn. 41.

100 BGHZ 84, 312, 314; BGH, NJW 1980, 1792, 1792; BayObLG, NJW 1972, 1085, 1087; Knöpfle, NJW 1967, 699; Erman - Schiemann § 823 Rn. 157.

hierfür bestimmten Rechtsbehelfe (Widerspruch gegen die Baugenehmigung oder Antrag auf Verfügung eines Baustops bei einem «Schwarzbau») noch zivilrechtlich im Wege der Naturalrestitution verhindert oder beseitigt werden. Das würde aber z. B. Fristen und Bestandsschutz unterlaufen und wäre systemwidrig[101]. Schadensersatz aus § 823 Abs. 2 BGB kann also nur dann verlangt werden, wenn die Verletzung einer Norm nach dem erkennbaren Willen des Gesetzgebers auch privatrechtliche Ansprüche begründen soll. Die Qualifikation einer Norm als Schutzgesetz setzt also voraus, daß «dem einzel<n>en selbst die Rechtsmacht in die Hand gegeben ist, diesen Kreis (sc. der geschützten Interessen) unmittelbar, nämlich mit Mitteln des Privatrechts gegen denjenigen zu schützen, der das Verbot übertritt und sein Rechtsinteresse beeinträchtigt»[102].

Mit diesem Kriterium lassen sich beispielsweise Fälle wie die angesprochene baurechtswidrige Nutzung von Grundstücken lösen: Mögen die entsprechenden Bestimmungen in BauGB, BauNVO und Bebauungsplänen auch noch den Schutz vor Vermögensschäden wie Wertminderungen der angrenzenden Immobilien bezwecken, so sollen sie doch keinen zusätzlichen privatrechtlichen Rechtsbehelf schaffen. Anders steht es bei Verletzungen der elterlichen Sorge, zumal bei derartig gravierenden, die sogar nach § 1666 Abs. 1 BGB beachtlich sind: Zwar sieht § 1666 Abs. 1 BGB selbst nur Maßnahmen des Familiengerichtes vor. Diese schließen aber den Ausgleich von Vermögenseinbußen nicht aus, sondern treten neben den allgemeinen Schadensersatzanspruch aus § 1664 BGB wegen fehlerhafter Ausübung der elterlichen Sorge. Der sogar von § 1666 Abs. 1 BGB erfaßte Verstoß gegen fundamentale Elternpflichten soll also nach ausdrücklichem Willen des Gesetzgebers sehr wohl privatrechtliche Ansprüche des geschädigten Kindes auslösen. Ein Schadensersatzanspruch aus § 823 Abs. 2 in Verbindung mit § 1666 Abs. 1 BGB stellt insoweit keinesfalls einen Systembruch dar.

---

101 S. die Nachweise o. § 2 VII 2 d mit Fn. 82.

102 BGHZ 40, 306, 307; fast wortgleich z.B. BayObLG, NJW 1972, 1085, 1086; ebenso etwa Bistritzki Rn. 38 - 40 u. 65; Staudinger-Schäfer 12.A.1986 § 823 Rn. 583; Erman-Schiemann § 823 Rn. 157; Palandt-Thomas § 823 Rn. 141.

d) *Kein ausreichender sonstiger Schutz*

Für außerstrafrechtliche Normen fordert eine insbesondere in der Rechtsprechung vertretene Auffassung[103] als zusätzliches Kriterium, daß der Geschädigte auf den deliktsrechtlichen Schutz angewiesen ist. Ansprüche aus § 823 Abs. 2 BGB müssen zum Schutz seiner Interessen erforderlich sein. Dies soll dann zu verneinen sein, wenn «dessen (sc. des Geschädigten) Belange anderweit ausreichend abgesichert sind»[104]. Damit soll zum einen verhindert werden, «daß ein Rückgriff auf § 823 Abs. 2 BGB die inhaltliche Beschränkung des Ersatzanspruches oder die besondere Begrenzung seiner Verjährungsfrist aushöhlen würde»[105]. Das betrifft also den Fall, daß die Gesetzesübertretung, ähnlich wie im Recht der einzelnen Schuldverhältnisse, schon von spezialgesetzlichen Regelungen erfaßt wird, ein Anspruch auf Schadensersatz dort aber infolge der Sondervorschriften zu Verjährung, Haftungsmaßstab o. ä. ausscheidet.

§ 1666 Abs. 1 BGB könnte nach dieser Auffassung also nicht als Schutzgesetz aufgefaßt werden, wenn dadurch speziellere Regelungen unterlaufen werden. Tatsächlich ist dies bei einem Verstoß gegen die von § 1666 Abs. 1 BGB gebotenen Elternpflichten theoretisch möglich. So kann das Kind etwa für Schäden, die aus einem solchen Verhalten resultieren, zwar gemäß § 1664 BGB Ersatz verlangen. Zugleich ist dort aber die Haftungsbeschränkung auf die in eigenen Angelegenheiten übliche Sorgfalt normiert. Es ist also zu überdenken, ob mit einem Rückgriff auf § 823 Abs. 2 in Verbindung mit § 1666 Abs. 1 BGB diese Haftungserleichterung umgangen würde. Dies scheidet von vorneherein aus, wenn man den Haftungsmaßstab des § 1664 BGB mit einem Teil der Literatur auf deliktische Ansprüche überträgt[106]. Ein Anspruch aus

103 BGHZ 84, 312, 317; 110, 342, 360; BGH, NJW 1980, 1792, 1792f; zust. z.B. Bistritzki Rn. 126 - 135; Staudinger - Schäfer 12.A.1986 § 823 Rn. 591; wohl auch Honsell, JA 1983, 105f und Medicus, Bürgerliches Recht Rn. 621; einschränkend Münch.Komm. - Mertens § 823 Rn. 171.

104 BGHZ 84, 312, 317.

105 Knöpfle, NJW 1967, 700; vgl. o. § 2 VII 2 d mit Fn. 82.

106 RGRK - Adelmann § 1664 Rn. 11 (wo diese Auffassung aber wohl zu Unrecht als «herrschende Meinung» bezeichnet wird), Soergel - Strätz § 1664 Rn. 4; Palandt - Diederichsen § 1664 Rn. 1; a.A.: RGZ 75, 251, 254; OLG Düsseldorf, NJW 1978, 891; Münch.Komm. - Hinz § 1664 Rn. 6; Erman - Michalski § 1664 Rn. 6; Staudinger - Engler 12.A.1997 § 1664 Rn. 32.

§ 823 Abs. 2 in Verbindung mit § 1666 Abs. 1 BGB wäre demnach ohnehin nur nach Maßgabe der Haftungsbeschränkung in § 1664 BGB zu gewähren.

Aber selbst wenn man dieser Auffassung nicht folgen will, bleibt die Umgehung der Haftungsbeschränkung des § 1664 BGB in vorliegendem Zusammenhang eine rein theoretische Möglichkeit. Immerhin stellt ein nach § 1666 Abs. 1 BGB relevantes Verhalten eine ganz erhebliche Pflichtverletzung dar: Eine mißbräuchliche Ausübung der elterlichen Sorge oder eine Vernachlässigung des Kindes, die sein Wohlergehen in gravierender Weise gefährdet, kann kaum nur auf der nach § 1664 BGB privilegierten leichten Fahrlässigkeit beruhen. Überdies setzt § 1666 Abs. 1 BGB zusätzlich voraus, daß die Eltern nicht gewillt oder nicht in der Lage sind, die Gefahr abzuwenden[107]. Beides ist bei leicht fahrlässigen Pflichtverletzungen der Eltern, die üblicherweise leicht abzustellen sind, in der Praxis wohl nie der Fall. Allenfalls kommt ein gänzlich unverschuldetes, etwa durch Krankheit verursachtes Unvermögen zur ordnungsgemäßen Wahrnehmung der elterlichen Pflichten in Betracht. Eine derartige Unfähigkeit zur korrekten Ausübung der elterlichen Sorge kann aber mangels Verschuldens von vorneherein keine Ansprüche gemäß §§ 823 ff BGB auslösen[108]. Es läßt sich folglich kaum ein Fall konstruieren, in dem die Haftungserleichterung des § 1664 BGB einschlägig, ein Schadensersatzanspruch aus § 823 Abs. 2 in Verbindung mit § 1666 Abs. 1 BGB aber denkbar ist.

Es steht also in der Praxis nicht zu befürchten, daß die Haftungsbeschränkung des § 1664 BGB umgangen werden könnte, wenn man § 1666 Abs. 1 BGB als Schutzgesetz anerkennt. Fälle leicht fahrlässiger Verletzung der elterlichen Pflichten können von vorneherein kaum nach § 1666 Abs. 1 BGB bedeutsam werden. Bei groben Pflichtverletzungen der

---

107 Zu dieser Voraussetzung, die die Bedeutung bisherigen Fehlverhaltens der Eltern insoweit relativiert, als bei zukünftiger korrekter Ausübung der elterlichen Sorge Maßnahmen nach § 1666 Abs. 1 BGB ausgeschlossen sind, s. RGRK-Adelmann § 1666 Rn. 52-54; Soergel-Strätz §§ 1666, 1666a Rn. 34; Münch.Komm.-Hinz § 1666 Rn. 46; a.A. wohl Palandt-Diederichsen § 1666 Rn. 35, der diese Bedeutung (zu Unrecht) geringer anzusetzen scheint («Die Elt sollen ledigl nicht übergangen w»).

108 Zum Verschuldenserfordernis beim Verstoß gegen ein Schutzgesetz nach § 823 Abs. 2 S. 2 BGB s. eingehend Larenz/Canaris § 77 IV 1 u. 2; Soergel-Zeuner § 823 Rn. 293f; Palandt-Thomas § 823 Rn. 143.

Eltern gehen mögliche Schadensersatzansprüche aus § 823 Abs. 2 in Verbindung mit § 1666 Abs. 1 BGB aber nicht über die Haftung der Eltern aus § 1664 BGB hinaus.

In den hier interessierenden Fällen elterlicher Pflichtverletzungen scheidet eine solche Kollision der Schadensersatzansprüche aus § 823 Abs. 2 in Verbindung mit § 1666 Abs. 1 BGB mit der Haftungsbeschränkung aus § 1664 BGB sogar völlig aus. Denn bei den unerlaubten Handlungen, die zur Aufhebung des Annahmeverhältnisses führen, kann der Tatbestand des § 1664 BGB, wie oben gezeigt wurde[109], gar nicht erfüllt sein. Stehen dem Kind aber gar keine spezialgesetzlichen Ansprüche zu, so kann es auch deren Beschränkungen nicht umgehen. Es liegt also strenggenommen gar keine anderweitige, geschweige denn ausreichende Absicherung vor, die dem Rückgriff auf § 823 Abs. 2 BGB entgegenstehen könnte.

Nach weitverbreiteter Ansicht ist das Kriterium der anderweitigen, ausreichenden Absicherung aber selbst dann heranzuziehen, wenn der konkrete Schaden in keiner Spezialnorm berücksichtigt wird. Auch das kann dagegen sprechen, die fragliche Norm als Schutzgesetz im Sinne des § 823 Abs. 2 BGB anzusehen: Hat der Gesetzgeber die Beeinträchtigung der Interessen, deren Schutz die verletzte Norm bezweckt, bereits eingehend geregelt, dann kommt der fehlenden Berücksichtigung weiterer Schädigungsfolgen oder -handlungen unter Umständen Indizwirkung zu. Es ist durchaus möglich, daß das entsprechende Gesetz für Schäden, die über die geregelten Tatbestände hinausgehen, gerade keinen Ersatz gewähren will[110]. Das Kriterium der anderweitigen, ausreichenden Absicherung erfordert hier also eine Prüfung, ob «die Norm Raum für das zusätzliche Eingreifen von Ersatzansprüchen bei ihrer Verletzung lassen (will)»[111]. Es ist also mit anderen Worten zu untersuchen, ob eine Vorschrift zum Schutze bestimmter Interessen einen abschließenden Interessenausgleich zwischen Schädiger und Geschädigtem schaffen wollte.

---

109 S. o. § 2 I 3 u. 4.

110 BGH, NJW 1980, 1792, 1792f; zust. etwa Schlosser, JuS 1982, 659f u. Honsell, JA 1983, 106; ähnlich z.B. Staudinger-Schäfer 12.A.1986 § 823 Rn. 595; RGRK-Steffen § 823 Rn. 546.

111 RGRK-Steffen § 823 Rn. 546.

Hier stellt sich mithin die Frage, ob die vermögensrechtlichen Ansprüche nach einer von den Eltern verschuldeten Aufhebung des Annahmeverhältnisses in § 1764 BGB erschöpfend geregelt sein sollen. Nur in diesem Falle, wenn der Gesetzgeber weitere Ausgleichsansprüche erkennbar ausschließen wollte, besteht kein Raum für das zusätzliche Eingreifen deliktischer Schadensersatzansprüche. Davon ist aber, wie bereits angesprochen, nicht auszugehen: Gerade die vermögensrechtlichen Folgen der Aufhebung von Annahmeverhältnissen sind unstreitig nur sehr unzureichend geregelt: Die anerkanntermaßen zulässige Rückforderung von Schenkungen an das Kind erwähnt das Gesetz ebensowenig wie etwa die Anfechtung letztwilliger Verfügungen oder die Korrektur von Abfindungsverträgen[112]. Es kann also keine Rede davon sein, daß die vermögensrechtliche Seite der Aufhebung von Annahmeverhältnissen abschließend geregelt sei und keinerlei Ergänzung mehr zulasse. Es bleibt sehr wohl «Raum für das zusätzliche Eingreifen von Ersatzansprüchen»[113]. Damit ist aber eine anderweitige, außerhalb des Deliktsrechts geregelte Absicherung, die die Interessen des Angenommenen ausreichend schützt und folglich die Qualifikation von § 1666 Abs. 1 BGB als Schutzgesetz ausschließt, zu verneinen.

e) *Erhöhter Unrechtsgehalt des Normverstoßes*

Ein Teil der Literatur kommt auf dem Wege einer systematisch-wertenden Betrachtung zwar regelmäßig zu demselben Ergebnis wie die Rechtsprechung, will den Schutznormcharakter aber nicht davon abhängen lassen, daß der Geschädigte auf deliktischen Schutz angewiesen ist. Das wird zum einen damit begründet, daß es schon an einem Schaden fehlt, wenn der «Geschädigte» anderweitig ausreichend abgesichert sei[114]. Vor allem aber sei dem Gesetz keinerlei Anhaltspunkt darauf zu entnehmen, daß § 823 Abs. 2 BGB nur quasi-subsidiär angewandt werden soll[115]. Nach dieser Auffassung ist dem BGH und seinen Anhängern in der Lehre zwar zuzugeben, daß die Qualifikation als Schutzgesetz bei

---

112 Vgl. o. § 1 II 2.

113 Vgl. o. Fn. 111.

114 So z.B. Canaris, FS Larenz 63; Larenz/Canaris § 77 II 3 b.

115 Canaris, FS Larenz 62 f; insoweit krit. auch Knöpfle, NJW 1967, 702; a.A.: Schlosser, JuS 1982, 659 f; hiergegen wiederum Deutsch, JZ 1984, 312.

Normen außerhalb des Strafrechtes einer zusätzlichen Prüfung bedarf. Dies sei aber darauf zurückzuführen, daß Verstößen gegen außerstrafrechtliche Normen regelmäßig ein erheblich geringerer Unrechtsgehalt zukommt[116]: So wird eine Vermögensbeschädigung strafrechtlich erst relevant, wenn der Täter unter qualifizierenden Umständen und zudem in subjektiver Hinsicht mindestens mit dolus eventualis handelt. Dieser Verwerflichkeit kommt eine fahrlässige Verletzung fremden Vermögens in aller Regel nicht gleich: Etwa die unachtsame Durchtrennung eines Stromkabels oder der Verstoß gegen baurechtliche Vorschriften ist eben nicht mit einem Betrug oder einer Erpressung zu vergleichen.

Deswegen ist außerstrafrechtlichen Normen auch nach dieser Auffassung die Qualität eines Schutzgesetzes nur unter strengeren Voraussetzungen zuzuerkennen als den Tatbeständen des Strafgesetzbuches. Die hierfür heranzuziehenden Kriterien sind aber nach dieser Position allein an den Vorgaben des Gesetzes auszurichten: Die deliktsrechtliche Haftung knüpft entweder an die Schutzwürdigkeit des Rechtsgutes (§ 823 Abs. 1 BGB) oder an den Unwertgehalt der Schädigungshandlung (§ 826 BGB) an. Diese Wertung will auch § 823 Abs. 2 BGB nicht durchbrechen, sondern nur ergänzen[117]. Ob eine außerstrafrechtliche Norm als Schutzgesetz anzuerkennen ist, bemißt sich dieser Auffassung zufolge daher nach dem rechtsethischen Unwert, der mit ihrer Verletzung verbunden ist und nach Rang und Bedeutung der von ihr geschützten Interessen: «Je schutzwürdiger die Rechtsgüter oder Belange, die durch einen Verstoß gegen das fragliche Gesetz verletzt werden, und je verwerflicher die Handlungsweise, in der ein solcher Verstoß liegt, um so mehr entspricht es den Grundgedanken des Deliktsrechts, um so näher liegt es dementsprechend, ein Schutzgesetz anzunehmen»[118].

Im Falle des § 1666 Abs. 1 BGB dürfte der Vergleich mit § 826 BGB und mit § 823 Abs. 1 BGB gleichermaßen für eine Anerkennung als Schutzgesetz sprechen. Denn von einem Verstoß gegen § 1666 Abs. 1

---

116 Canaris, FS Larenz 64; Larenz/Canaris § 77 II 4 c; Münch.Komm. - Mertens § 823 Rn. 171; krit. Soergel - Zeuner § 823 Rn. 289.

117 S. dazu z.B. Peters, JZ 1983, 924; Larenz/Canaris § 77 II 4 c; Münch. Komm. - Mertens § 823 Rn. 160.

118 Knöpfle, NJW 1967, 700; ähnlich etwa Peters, JZ 1983, 925; Staudinger - Schäfer 12.A.1986 § 823 Rn. 597; Münch.Komm. - Mertens § 823 Rn. 165.

BGB sind nicht nur besonders schützenswerte Interessen betroffen. Der Verletzungshandlung kommt auch ein erhöhter sozialer Unwert zu. Letzteres ergibt sich schon aus den Bewertungen eines solchen elterlichen Fehlverhaltens durch den Gesetz- bzw. sogar Verfassungsgeber. So gewährt Art. 6 Abs. 2 S. 1 GG den Eltern zwar weitgehenden Schutz vor staatlichen Eingriffen in ihr Sorgerecht. Diese nicht zuletzt aus historischer Erfahrung resultierenden Garantien werden aber in Art. 6 Abs. 3 GG gerade bei Pflichtverletzungen, die weitgehend den von § 1666 Abs. 1 BGB erfaßten Verhaltensweisen entsprechen, drastisch eingeschränkt: Bei Versagen der Eltern oder Verwahrlosung der Kinder läßt das Grundgesetz sogar die zwangsweise Entfernung aus dem Elternhaus ausdrücklich zu. Offenkundig hielt schon der Verfassungsgeber bei aller Hochschätzung des Elternrechtes derartige Verhaltensweisen für unerträglich. Damit ergeben sich bereits aus dem Grundgesetz eindeutige Hinweise auf den erhöhten sozialen Unwert, der einem entsprechenden elterlichen Fehlverhalten beizumessen ist.

Noch deutlichere Anhaltspunkte zur Bewertung der hier interessierenden elterlichen Pflichtwidrigkeiten finden sich im Strafrecht. Dort wird an vielen Stellen ersichtlich, daß einem strafwürdigen Fehlverhalten ein drastisch erhöhter Unrechtsgehalt zukommt, wenn es sich gegen Verwandte ersten Grades richtet. Das zeigt schon die Garantenstellung, die eine unterlassene Hilfeleistung eines entsprechend verwandten Täters zur Vorsatztat qualifiziert[119]. Darüber hinaus stellen einige Spezialnormen wie §§ 170, 171 StGB auch elternspezifische Pflichtverletzungen unter Strafe. Hiervon betrifft § 171 StGB ein Fehlverhalten, das abgesehen vom Erfordernis des Vorsatzes weitgehend mit den in § 1666 Abs. 1 BGB beschriebenen Verletzungen elterlicher Pflichten übereinstimmt[120]. Ein vorsätzlicher Verstoß gegen § 1666 Abs. 1 BGB ist also, wenn die Gefährdung des Kindeswohles dabei in Kauf genom-

119 Zur Garantenpflicht der Eltern s. schon die Nachweise o. § 2 II 1 mit Fn. 14 und aus der strafrechtlichen Lit. etwa LK-Jescheck § 13 Rn. 22; SK-Rudolphi § 13 Rn. 47; Tröndle/Fischer-Tröndle § 13 Rn. 6.

120 Tröndle/Fischer-Fischer § 171 Rn. 4; ähnlich zum gleichlautenden § 170d a. F. StGB LK-Dippel 10.A.1988 § 170d Rn. 9, der aber zu Recht betont, daß die gröbliche Verletzung des Kindeswohles im Strafrecht unter Umständen noch schwerwiegender sein muß; vgl. auch unten § 2 VIII 1 d.

men wird, sogar strafbar. Die Strafdrohung stellt aber die schärfste staatliche Sanktion für ein sozial unerwünschtes Tun oder Unterlassen dar. Sie erfaßt grundsätzlich nur sozial schlechthin unerträgliche Verhaltensweisen, die selbst gegen rechtsethische Minimalanforderungen verstoßen.

An dieser Wertung dürfte sich in zivilrechtlicher Hinsicht aber auch dann wenig ändern, wenn die Strafbarkeit der Eltern aus § 171 StGB am Fehlen des Vorsatzes bezüglich eines Tatbestandsmerkmales scheitert. Im Gegensatz etwa zur Sachbeschädigung ist die Gefährdung des Kindeswohles infolge eines nach § 1666 Abs. 1 BGB beachtlichen Fehlverhaltens der Eltern auch bei (grober) Fahrlässigkeit einem erheblichen Unrechtsvorwurf ausgesetzt. Immerhin existieren zwischen Eltern und Kind besonders enge, auch juristisch fixierte Bindungen, die zu besonderem Beistand verpflichten, wie etwa § 1618a BGB. Zudem stellt ein Verhalten, das Maßnahmen des Familiengerichtes nach § 1666 Abs. 1 BGB erforderlich macht, eine Gefährdung besonders wichtiger Kindesinteressen dar. Werden diese ausgerechnet durch die Eltern grob fahrlässig beeinträchtigt, so verdient dieses Verhalten eine andere sittliche Bewertung als eine noch so ungeschickte Beschädigung einer Sache aus dem Eigentum irgendeines Fremden. Immerhin wird der Schädiger selbst im Rahmen des § 826 BGB nicht zwangsläufig von der zivilrechtlichen Haftung freigestellt, wenn ihm das kognitive Element des Vorsatzes bei der Schadenszufügung fehlt. «Das Merkmal der Sittenwidrigkeit kann erfüllt sein, wenn jemand leichtfertig vor der auf der Hand liegenden Gefährdung eines anderen die Augen verschließt»[121]. Eine unter § 1666 Abs. 1 BGB fallende Gefährdung des eigenen Kindes dürfte dieser Konstellation regelmäßig nahekommen, auch wenn sie «nur» auf Fahrlässigkeit beruht. Ein derartiger Umgang mit dem Wohle des Kindes offenbart in der Regel eine Leichtfertigkeit, die den Vorwurf der Gewissenlosigkeit rechtfertigt. Ein solches Verhalten weist auch einen besonders hohen Unrechtsgehalt auf, dessen Nähe zu § 826 BGB die Haftung aus § 823 Abs. 2 BGB geradezu erforderlich erscheinen läßt.

---

121 Staudinger-Schäfer 12.A.1986 § 826 Rn. 45; ebenso z.B. RGRK-Steffen § 826 Rn. 29; Soergel-Hönn/Dönneweg § 826 Rn. 55; Palandt-Thomas § 826 Rn. 8; ausführlich jetzt Staudinger-Oechsler § 826 Rn. 82-88.

Dieses Verdikt über die Kindeswohlgefährdung gemäß § 1666 Abs. 1 BGB wird im übrigen wohl, gleichgültig ob die Eltern vorsätzlich oder «nur» grob fahrlässig handeln, vom ganz überwiegenden Teil der Bevölkerung geteilt. Zwar besteht (auch unter Juristen) nach wie vor Streit über die bestmögliche Erziehung, wie nicht zuletzt die Diskussion um § 1626 Abs. 2 BGB zeigt[122]. Über die Bewertung der schlechtestmöglichen elterlichen Verhaltensweisen, die das Eingreifen des Staates erfordern, herrscht dagegen auch heute noch weitgehende Einigkeit. «Gefährdungen der Kindesentwicklung durch Sorgerechtsmißbrauch verstehen sich vielfach von selbst»[123].

Angesichts dessen kann kaum ein Zweifel daran bestehen, daß § 1666 Abs. 1 BGB anders als etwa § 1618a BGB oder § 1626 BGB keine besonders hochgesteckten oder auch nur durchschnittlichen Pflichten, sondern nur «die Einhaltung des rechts- und sozialethischen Minimums»[124] konkretisiert. Es stellt also tatsächlich nur eine «Flankierung von § 826 BGB»[125] dar, wenn man dem durch ein derartiges Verhalten geschädigten Kind einen Anspruch aus § 823 Abs. 2 in Verbindung mit § 1666 Abs. 1 BGB gewährt.

Andererseits sind die Interessen, deren Schutz § 1666 Abs. 1 BGB bezweckt, von besonderer Bedeutung und insoweit ähnlich schutzbedürftig wie die in § 823 Abs. 1 BGB genannten Rechtsgüter. Immerhin will § 1666 Abs. 1 BGB das Kindeswohl, also die gesunde körperliche und geistige Entwicklung des Kindes sicherstellen. Dabei handelt es sich aber um unabdingbare Voraussetzungen für die freie Entfaltung der Persönlichkeit, denen insoweit über Art. 2 Abs. 1 GG sogar Verfassungsrang zukommt[126]. Wenn durch ein nach § 1666 Abs. 1 BGB beachtliches elterliches Fehlverhalten die Adoption aufgehoben wird und damit

---

122 Hierzu s. Soergel-Strätz § 1626 Rn. 38 f; RGRK-Wenz § 1626 Rn. 27 f; Münch.Komm.-Hinz § 1626 Rn. 59; Staudinger-Peschel-Gutzeit 12.A. 1997 § 113 f.

123 Münch.Komm.-Hinz § 1666 Rn. 37; vgl. die weiteren Nachweise o. § 2 VII 1 c mit Fn. 72.

124 So Canaris, FS Larenz 36 und ähnlich Larenz/Canaris § 77 II 4 a.

125 Ausdruck von Larenz/Canaris § 77 II 4 a.

126 BVerfGE 24, 119, 144; zust. etwa RGRK-Wenz Vor § 1626 Rn. 14; Staudinger-Peschel-Gutzeit 12.A.1997 § 1626 Rn. 11; Palandt-Diederichsen Vor § 1626 Rn. 5.

der Unterhaltsanspruch entfällt, ist darin kein beliebiger Vermögensschaden zu sehen. Denn hierdurch wird der gedeihlichen Entwicklung des Kindes die materielle Grundlage entzogen. Es kann kein Zweifel bestehen, daß die Bedeutung eines solchen Schadens einer Verletzung etwa des Eigentums gleichkommt. § 1666 Abs. 1 BGB läßt sich also sowohl nach dem Unwert der Schädigungshandlung als auch nach der Schutzbedürftigkeit der betroffenen Rechtsposition als sinnvolle Ergänzung der §§ 823 Abs. 1, 826 BGB ansehen.

f) Zwischenergebnis aus deliktsrechtlicher Sicht

Damit erfüllt § 1666 Abs. 1 BGB alle in Rechtsprechung und Lehre entwickelten Voraussetzungen für die Anerkennung als Schutzgesetz im Sinne des § 823 Abs. 2 BGB. Dieses anhand der einzelnen Kriterien gewonnene Ergebnis bestätigt sich auch bei einer zusammenfassenden Gesamtbetrachtung. Ansprüche aus § 823 Abs. 2 in Verbindung mit § 1666 Abs. 1 BGB stellen sich in der Tat nicht als Durchbrechung, sondern als maß- und sinnvolle Ergänzung der Deliktshaftung dar. An der anerkannten Ausgestaltung des kindschaftsrechtlichen Schadensersatzanspruchs aus § 1664 BGB ändert sich dadurch nichts. Soweit das Kind schon aus § 1664 BGB den Ausgleich seiner Vermögensschäden verlangen kann, bringt eine Anerkennung von § 1666 Abs. 1 BGB als Schutzgesetz keine Änderung: Ein Anspruch aus § 823 Abs. 2 in Verbindung mit § 1666 Abs. 1 BGB geht in dieser Konstellation nicht über § 1664 BGB hinaus; insbesondere unterläuft er nicht die dortige Haftungserleichterung. In der hier interessierenden Fallgestaltung, da Ansprüche aus § 1664 BGB ausscheiden, erscheint eine Haftung des Annehmenden aus § 823 Abs. 2 in Verbindung mit § 1666 Abs. 1 BGB aber als rechtspolitisch höchst wünschenswerte Ergänzung des kindschaftsrechtlichen Schadensersatzanspruchs. Umgekehrt stellt eine solche Einstandspflicht keine unzumutbare Belastung des Schädigers dar. Vor allem kann von einer Uferlosigkeit der Schadensersatzansprüche, die im Zusammenhang mit der Anerkennung von Schutzgesetzen stets befürchtet wird, hier nicht die Rede sein. Denn der Umfang der Haftung ist sowohl in persönlicher als auch in sachlicher Hinsicht klar einzugrenzen: Anspruchsberechtigt ist allein das Kind. Forderungen mittelbar Geschädigter sind, anders als etwa in den Stromkabel-Fällen nicht zu befürchten. Der

Umfang der Haftung geht aber beim Ausgleich des entgangenen Unterhaltes nicht über das hinaus, was auch bei korrekter Ausübung der elterlichen Sorge zu leisten ist. Aus deliktsrechtlicher Sicht sind also keine Bedenken erkennbar, § 1666 Abs. 1 BGB als Schutzgesetz zu qualifizieren und dem ehemaligen Adoptivkind wegen der vom Annehmenden verschuldeten Aufhebung der Adoption über § 823 Abs. 2 BGB einen Schadensersatzanspruch zu gewähren.

4.) *Anforderungen an ein Schutzgesetz aus familienrechtlicher Sicht*

Auf den ersten Blick scheinen allerdings einige Stimmen aus familienrechtlichen Erwägungen generell abgeneigt, Normen dieses Rechtsgebietes als Schutzgesetze anzuerkennen: «Nach ständiger Rechtsprechung stellen familienrechtliche Normen jedoch keine deliktsrechtlich erheblichen Schutzgesetze dar. Wegen ihres besonderen persönlichen Charakters sind die Rechtsfolgen abschließend im Familienrecht aufgezählt»[127]. Bei näherem Hinsehen ist aber schnell zu erkennen, daß in diesem Zusammenhang bisweilen schlicht zu weite Formulierungen gewählt werden: In der Sache beziehen sich derartige Bedenken allein auf die deliktsrechtliche Haftung für ehestörendes Verhalten[128].

Zwar wurde vor allem in der Literatur immer wieder der Versuch unternommen, die aus einer Ehewidrigkeit resultierenden Vermögensschäden wie z. B. Scheidungskosten, Aufwendungen für einen Umzug, Unterhaltszahlungen an ein Ehebruchskind etc. deliktsrechtlich geltend zu machen. Dabei wurden vor allem Ansprüche aus § 823 Abs. 1 BGB[129] und § 823 Abs. 2 BGB in Verbindung mit § 172 StGB a. F.[130] erwogen.

---

127 Deutsch, Unerlaubte Handlungen Rn. 221.

128 So wird bei Deutsch, Unerlaubte Handlungen Rn. 221 im Anschluß an o. wiedergegebenes Zitat (s. vorige Fn.) nur vom «Ehegatten» geredet, während gerade Deutsch selbst in anderem Zusammenhang familienrechtliche Normen sehr wohl als Schutzgesetze im Sinne des § 823 Abs. 2 BGB ansieht; vgl. Deutsch, FS Gernhuber 587; vgl. o. § 2 V 1 mit Fn. 42.

129 S. etwa Neumann-Duesberg, SJZ 1950, 425; Boehmer, FamRZ 1955, 187-194; Schwab, JuS 1961, 144 f; v. Hippel, NJW 1965, 665 f; Künkel, FamRZ 1966, 178-180; RGRK-Roth-Stielow Vor § 1353 Rn. 10 f; Gernhuber/Coester-Waltjen § 17 III 3 u. 4.

130 Zu der Position, die die Ansprüche wegen Ehestörung aus § 823 Abs. 2 BGB in Verbindung mit § 172 StGB a.F. ableitete, s. die Nachweise o. § 2 V 1 mit Fn. 39.

Dem trat der BGH aber ebenso beharrlich entgegen, indem er die Anwendung von § 823 Abs. 1 und Abs. 2 BGB neben den Regelungen des Eherechtes in ständiger Rechtsprechung ablehnte[131]. Daß hingegen Normen zugunsten des Kindes zugleich Schutzgesetze sein können, wurde bislang nicht grundsätzlich bestritten. Dennoch sind die im Zusammenhang mit den Scheidungsfolgen entwickelten Argumente gegen die deliktsrechtliche Haftung des Ehestörers möglicherweise auch hier von Interesse: Immerhin ist die Aufhebung der Adoption schon vom Gesetzgeber häufig in bewußter Anlehnung an die Auflösung der Ehe ausgestaltet worden[132]. Finden sich derartige Entsprechungen auch im Hinblick auf die Schäden, die aus der Aufhebung des Annahmeverhältnisses resultieren, dann können Ersatzansprüche hier ebenfalls aus familienrechtlichen Erwägungen auszuschließen sein.

a) *Keine erschöpfende Regelung im Familienrecht*

Das erste, oben bereits zitierte Argument gegen eine deliktsrechtliche Haftung des Ehestörers stellt darauf ab, daß dieser Komplex im Eherecht erschöpfend behandelt wird: Die einzige im Gesetz vorgesehene Sanktion für die Verletzung ehelicher Pflichten sei die Scheidung. Deren Folgen seien auch in vermögensrechtlicher Hinsicht, etwa in den Vorschriften zu Unterhalt, Zugewinn- und Versorgungsausgleich abschließend geregelt[133]. Wollte man daneben noch allgemeines Deliktsrecht anwenden, so würden diese speziellen Regelungen des Familienrechtes häufig überflüssig: Der hintergangene Ehegatte, der aber nach den Bestimmungen des Familienrechtes Unterhalt leisten muß, könnte eine solche Verpflichtung dann als Schaden geltend machen und im Wege der Naturalrestitution Befreiung von dieser Verbindlichkeit verlangen[134].

Demgegenüber stellt sich die Situation bei Aufhebung eines Annahmeverhältnisses aber grundlegend anders dar. Eine erschöpfende

131 S. etwa BGHZ 23, 215 ff; 23, 279 ff; 26, 217 ff und zuletzt BGH, NJW 1990, 706 ff.

132 Vgl. o. § 1 I 2 b mit den Nachweisen in Fn. 17.

133 BGHZ 23, 215, 217; 23, 279, 282; 57, 229, 231 f; 80, 235, 237 f; BGH, NJW 1990, 706, 707; Löwisch 189 f; Lüke, AcP 178, 8 f; Henrich § 8 I 4; Giesen Rn. 193 f; Schwab, Familienrecht Rn. 135; Beitzke/Lüderitz Rn. 206 f.

134 BGHZ 23, 215, 219; BGH, NJW 1990, 706, 707; Lüke, AcP 178, 9; Beitzke/Lüderitz Rn. 207.

Regelung der vermögensrechtlichen Folgen, die den entsprechenden eherechtlichen Bestimmungen vergleichbar wäre, sieht das Gesetz bei der Aufhebung von Annahmeverhältnissen gerade nicht vor. Wie bereits mehrfach angesprochen, fehlen zahlreiche, eigentlich erforderliche Spezialregelungen[135]. Von einer abschließenden Regelung kann insoweit keine Rede sein.

b) *Kein Verstoß gegen weitere Prinzipien des Familienrechtes*

Zum zweiten wird gegen eine Deliktshaftung wegen ehewidrigen Verhaltens eingewandt, daß dadurch die grundsätzliche Entscheidung des Gesetzgebers gegen das Verschuldensprinzip unterlaufen werde. Denn dann würde die Frage, wer die Zerrüttung der Ehe verschuldete, zwar nicht Gegenstand des Scheidungsverfahrens, sehr häufig aber eines nachfolgenden Schadensersatzprozesses[136]. Zudem liefe eine solche Aufspaltung desselben Lebenssachverhaltes in zwei getrennte Rechtsstreitigkeiten vor verschiedenen Gerichten dem Gebot der Prozeßökonomie zuwider[137]. Deshalb sei es nicht zulässig, neben den Vorschriften des Eherechtes noch § 823 Abs. 1 und Abs. 2 BGB anzuwenden.

Entsprechende Bedenken bestehen gegenüber dem Schadensersatzbegehren des ehemaligen Adoptivkindes wegen der Aufhebung seines Annahmeverhältnisses nicht. Im Gegensatz zur Eheauflösung zeigte der Gesetzgeber bei der Aufhebung von Annahmeverhältnissen von vorneherein keine Neigung, innerfamiliäres Fehlverhalten aus dem Verfahren herauszuhalten. Das Vormundschaftsgericht hat ganz im Gegenteil die Pflicht, von sich aus vollständig aufzuklären, ob ein Fehlverhalten des Annehmenden vorliegt, das zur Aufhebung der Adoption zwingt[138].

---

135 S. o. § 1 II 2.

136 Lüke, AcP 178, 9; Staudinger-Schäfer 12.A.1986 § 823 Rn. 142; Schwenzer, JZ 1990, 442; Deutsch, FS Gernhuber 588; wohl auch Giesen Rn. 194.

137 BGHZ 23, 215, 220 f; BGH, FamRZ 1956, 180, 181; Berg, JuS 1961, 141; Löwisch 184 f; ähnlich Soergel-Lange § 1353 Rn. 41, der von einer Prozeßflut redet.

138 Das ergibt sich schon aus dem Wortlaut von § 1763 Abs. 1 BGB («von Amts wegen»); s. zum Verfahren z.B. RGRK-Dickescheid § 1759 Rn. 8; Soergel-Liermann § 1763 Rn. 3; Staudinger-Frank 12.A.1992 § 1759 Rn. 19-22; Münch.Komm.-Lüderitz § 1759 Rn. 9.

Ebensowenig ist ein Schadensersatzprozeß aus Gründen der Prozeßökonomie abzulehnen: Auch der Annehmende, der Schenkungen zurückfordert[139], kann bei Verweigerung der Rückgabe dazu unstreitig einen weiteren Prozeß anstrengen. Die Argumentation zum Scheidungsrecht läßt sich also auch insoweit nicht auf die Auflösung von Adoptionen übertragen.

c) *Vereinbarkeit eines Schadensersatzanspruchs mit dem Wesen familienrechtlicher Sonderbeziehungen*

Zum dritten wird die Unanwendbarkeit von § 823 Abs. 1 und Abs. 2 BGB auf die Ehestörung auch aus dem Wesen der Ehe hergeleitet[140]. Demnach würden durch die eheliche Lebensgemeinschaft vermögensrechtliche und ideelle Pflichten begründet. Von Ehestörungen wie dem Ehebruch sei aber nur der nicht-vermögensrechtliche Bereich betroffen[141]. Die Pflicht etwa zur sexuellen Treue gehöre ausschließlich dem ideellen Bereich der persönlichen Pflichten an. Ihre Verletzung schädige das Vermögen des hintergangenen Ehegatten nicht. Ein entsprechender Schadensersatzanspruch kommerzialisiere den ideellen Bereich der Ehe, was ihrem sittlichen Wesen widerspreche. Daher schließen die Vertreter dieser Auffassung eine deliktische Haftung wegen ehewidrigen Verhaltens auch dann aus, wenn sie die Ehe als sonstiges Recht im Sinne des § 823 Abs. 1 BGB anerkennen. Gegen die Beeinträchtigung der ideellen Seite seiner Ehe könne sich der Ehepartner nur mit den speziell hierfür vorgesehenen Sanktionen des Eherechtes wehren. Das sei aber allein die Scheidung[142]. Eventuell mit Auflösung der Ehe verbundene Vermögensschäden habe der hintergangene Ehepartner dabei hinzunehmen: «Will der verletzte Gatte die günstigere Vermögenslage, die ihm die

---

139 Dazu s. o. § 1 II 2.

140 Fußend auf RGZ 72, 128, 131 wurde diese Rspr. von BGHZ 6, 360, 364 aufgegriffen und u.a. in BGHZ 23, 215 ff und BGH, NJW 1990, 706, 707 fortgeführt.

141 So schon RGZ 72, 128, 129-131; BGHZ 23, 215, 218; ebenso z.B. Neumann-Duesberg, SJZ 1950, 425 (allerdings nur im Hinblick auf § 823 Abs. 2 in Verbindung mit § 172 StGB a.F.); Löwisch 188; Soergel-Lange § 1353 Rn. 41; Deutsch, FS Gernhuber 593.

142 So z.B. BGH, NJW 1990, 706, 707; Lüke, AcP 178, 8; Beitzke/Lüderitz Rn. 207.

Ehe gewährt, nicht aufgeben, und stellt er sie höher, als seine durch das Ehevergehen angegriffenen Rechte, so muß er von der Scheidung absehen»[143].

Solche Schlußfolgerungen erlaubt die rechtliche Ausgestaltung des Annahmeverhältnisses nicht. Denn gerade die Wesenszüge der Ehe, die nach h. M. einen Schadensersatzanspruch wegen Ehestörung ausschließen, finden in der Beziehung zwischen Annehmendem und Angenommenen keine Entsprechung: Insbesondere der Einfluß der Beteiligten auf Fortbestand und Auflösung des Annahmeverhältnisses ist in dem Falle, daß die hieraus resultierenden Pflichten verletzt werden, nicht mit der ehelichen Lebensgemeinschaft vergleichbar. So kann die Ehe schon dann aufgelöst werden, wenn auch nur ein Ehepartner dauerhaft nicht an ihr festhalten will[144]. Dagegen steht die Aufhebung des Annahmeverhältnisses grundsätzlich nicht in der Macht von Annehmendem und Angenommenen: Selbst wenn die Adoptivverwandtschaft in eherechtlicher Terminologie gesprochen längst «zerrüttet» ist und alle Beteiligten auf eine Aufhebung drängen, kann das Vormundschaftsgericht diesem Wunsch nur unter den Voraussetzungen des § 1763 BGB nachkommen. Umgekehrt haben weder die Adoptiveltern noch das Kind die Möglichkeit, eine Aufhebung des Annahmeverhältnisses abzuwehren, wenn die Voraussetzungen hierfür erfüllt sind[145]. Liegen schwerwiegende Gründe im Sinne des § 1763 BGB vor, so muß das Vormundschaftsgericht die Adoptivverwandtschaft auflösen. Das Adoptivkind kann man also im Gegensatz zum Ehegatten von vorneherein nicht darauf verweisen, es müsse eben von der Aufhebung des Annahmeverhältnisses absehen, wenn es dessen materielle Vorteile weiterhin genießen wolle.

143 RGZ 72, 128, 132.

144 S. etwa Soergel-Heintzmann § 1565 Rn. 4; Münch.Komm.-Wolf § 1565 Rn. 35; Palandt-Diederichsen § 1565 Rn. 6.

145 Zu praktisch relevanten Fällen eines Eingreifens gegen den Willen von Adoptiveltern und -kind, etwa dann, «wenn ein Eltern-Kind-Verhältnis tatsächlich überhaupt nicht hergestellt worden ist, (...) weil dies nicht beabsichtigt war, sondern nur (im Einvernehmen von Annehmendem und Kind bzw. dessen gesetzlichen Vertreter) vorgespiegelt wurde (um die Annahme zu namensrechtlichen, steuerlichen o.ä. Gesichtspunkten zu erreichen)», s. Münch.Komm.-Lüderitz § 1763 Rn. 10; ähnlich Staudinger-Frank 12.A.1992 § 1763 Rn. 10.

Zudem läßt sich das Annahmeverhältnis anders als die eheliche Lebensgemeinschaft nicht in materielle und ideelle Pflichten unterteilen, deren Verletzung jeweils andere Rechtsfolgen nach sich ziehen: So betrifft zwar, um ein Beispiel zu nennen, die ständige Lieblosigkeit des Annehmenden nur den nicht-vermögensrechtlichen Bereich des Annahmeverhältnisses. Genügt die Intensität dieses elterlichen Fehlverhaltens aber den Voraussetzungen von § 1763 BGB, so verbleibt es nicht bei immateriellen Schäden des Kindes. Vielmehr führt diese Störung rein ideeller Pflichten zur Aufhebung des Annahmeverhältnisses und damit zwangsläufig zum vermögensrechtlich relevanten Verlust der Unterhaltsansprüche. Es kann einem Anspruch auf Schadensersatz hier folglich nicht entgegenstehen, wenn die verletzte Elternpflicht rein immaterieller Natur ist.

d) *Freiheit familienrechtlicher Beziehungen von staatlichem Zwang*

Ferner wird der Ausschluß deliktischer Ansprüche wegen ehewidrigen Verhaltens auch damit untermauert, daß der innereheliche Bereich von staatlichem Zwang frei bleiben müsse[146]. Die Einhaltung der ehelichen Pflichten etwa zur geschlechtlichen Treue beruhe allein «auf freier sittlicher Entschließung»[147] der Ehegatten. Deswegen könne insbesondere nicht auf Unterlassung des ehewidrigen Verhaltens geklagt werden. Ebensowenig seien Schadensersatzansprüche wegen der hierdurch verursachten Zerrüttung der Ehe zu gewähren. Denn damit würde die Rechtsordnung zumindest indirekten Zwang auf den untreuen Ehegatten ausüben, die eheliche Lebensgemeinschaft zur Vermeidung ansonsten drohender Ausgleichsforderungen fortzusetzen[148].

Auch diese Argumentation läßt sich nicht auf die Situation des Angenommenen nach Aufhebung der Adoption übertragen. Denn für das Eltern-Kind-Verhältnis fordert schon Art. 6 Abs. 2 S. 2 GG ausdrücklich die Wächterrolle des Staates. Im Gegensatz zur Ehe soll der Innenbe-

---

146 BGHZ 6, 360, 364; BGH, NJW 1990, 706, 707; Lüke, AcP 178, 8; Gernhuber/Coester-Waltjen § 17 II 2; Tschernitschek Rn. 83; Palandt-Diederichsen Vor § 1353 Rn. 7.

147 Staudinger-Schäfer 12.A.1986 § 823 Rn. 142.

148 So etwa Hanelt 94 f; Staudinger-Schäfer 12.A.1986 § 823 Rn. 142; Henrich § 8 II 1; Palandt-Diederichsen Vor § 1353 Rn. 7.

reich dieser Beziehung eben nicht von jeglichem Eingriff des Staates frei bleiben. Vielmehr ist dessen Eingreifen bei erheblicher Gefährdung des Kindeswohles sogar von Verfassungs wegen geboten. Bei grobem Fehlverhalten der Adoptiveltern kann dies sogar bis zur zwangsweisen Auflösung des Annahmeverhältnisses führen. Eine vergleichbare Intervention des Staates zugunsten eines mißhandelten Ehegatten wäre schlechterdings unvorstellbar. Wenn das Wohl des Kindes aber selbst derartige direkte Eingriffe von staatlicher Seite rechtfertigt, dann sprengt auch der indirekte Zwang eines Schadensersatzanspruchs aus § 823 Abs. 2 in Verbindung mit § 1666 Abs. 1 BGB nicht den Rahmen des Kindschaftsrechtes, im Gegenteil: Die bloße Aufhebung des Annahmeverhältnisses beseitigt ja nur die unmittelbare Gefahrenquelle. Die gedeihliche Entwicklung des Kindes erfordert aber weitere flankierende Maßnahmen insbesondere zur materiellen Absicherung des Kindes. Diese kann in den hier behandelten Fallgestaltungen nur der deliktische Schadensersatzanspruch aus § 823 Abs. 2 BGB gewähren.

Die Argumente, die gegen eine deliktische Haftung bei ehewidrigem Verhalten sprechen, lassen sich also von vorneherein nicht auf die Aufhebung von Annahmeverhältnissen übertragen. Es kommt insoweit also gar nicht darauf an, ob dieser in der Literatur bis heute streitigen Position überhaupt zu folgen ist.

e) *Keine Beschränkung des Schadensersatzes auf das Abwicklungsinteresse*

Allerdings ist die Meinung, die § 823 Abs. 1 und Abs. 2 BGB neben den Regelungen des Eherechtes anwenden will, in anderer Hinsicht noch von Bedeutung. Denn selbst diese Position beschränkt die Ausgleichspflicht des untreuen Ehepartners auf das sogenannte Abwicklungsinteresse, d. h. die bis zur Eheauflösung effektiv entstehenden Vermögensnachteile[149]. Klassische Beispiele hierfür sind die Rechtsanwalts- und Gerichtsgebühren für das Scheidungsverfahren, die Aufwendungen für den Unterhalt von Ehebruchskindern und die Kosten für die Anfechtung

149 So z.B. Hanelt 126 - 131; Münch.Komm. - Wacke § 1353 Rn. 40; Staudinger - Hübner 12.A.1993 § 1353 Rn. 113; Gernhuber/Coester - Waltjen § 17 III 3; a.A. wohl Neumann - Duesberg, SJZ 1950, 425; keine dogmatisch befriedigende Möglichkeit, den Schadensersatz auf das Abwicklungsinteresse zu beschränken, sieht BGHZ 57, 229, 232 f.

ihrer Ehelichkeit[150]. Dagegen ist das Interesse, das der hintergangene Ehegatte am Fortbestand der Ehe hatte (sogenanntes Bestandsinteresse) auch nach dieser Auffassung nicht geschützt. Er kann demnach keinen Schadensersatz für entgehende Vorteile wie etwa den Mehraufwand für Haushaltshilfen, den Wegfall von Unterhaltsansprüchen und gesetzlichem Erbrecht etc. verlangen. Denn ein Recht auf die Fortführung der ehelichen Lebensgemeinschaft gibt es nicht[151]. Vielmehr ist die Auflösung der Ehe ja schon bei einseitigem Trennungswillen gerade vorgesehen[152]. Die aus der Scheidung für die Zukunft resultierenden vermögensrechtlichen Konsequenzen sind aber, wie auch von dieser Auffassung nicht bestritten wird, durch Unterhalts- und Güterrecht, Versorgungsausgleich, Hausratsverordnung u. ä. abschließend geregelt[153].

Auch diese Beschränkung der Deliktshaftung läßt sich indessen nicht auf die Aufhebung von Annahmeverhältnissen übertragen. Zwar kann die Adoptivverwandtschaft anders als das genetische Eltern-Kind-Verhältnis unter Umständen wieder aufgelöst werden. Diese Aufhebbarkeit gemäß §§ 1759 ff BGB beschränkt das Vertrauen in den Fortbestand dieser familienrechtlichen Sonderbeziehung aber nicht in ähnlicher Weise wie die Möglichkeit der Scheidung im Eherecht. Denn die Adoptivverwandtschaft kennt, wie gesagt, kein Zerrüttungsprinzip oder ähnliche Wertungen. Weder der Annehmende noch der Angenommene müssen damit rechnen, daß die Verwandtschaft allein durch den Trennungswillen des anderen jederzeit beendet werden kann: Die Aufhebung einer Adoption erfolgt vielmehr nur ausnahmsweise als letztes Mittel zur Abwendung dringender Gefahren für das Kindeswohl. Zudem darf eine solche Auflösung niemals allein im Interesse der Adoptiveltern erfolgen. Jedenfalls der Angenommene soll also ersichtlich auf die Fortdauer des Annahmeverhältnisses vertrauen können. Damit entfällt aber jeglicher Grund, die deliktsrechtliche Haftung der ehemaligen Adoptiveltern auf das Abwicklungsinteresse zu beschränken.

---

150 So etwa Schwab, JuS 1961, 145; v. Hippel, NJW 1965, 867; Jayme 257 f; Münch.Komm. - Wacke § 1353 Rn. 41.

151 Münch.Komm. - Wacke § 1353 Rn. 40; Staudinger - Hübner 12.A.1993 § 1353 Rn. 121; Gernhuber/Coester - Waltjen § 17 III 2.

152 S. die Nachweise o. § 2 VII 4 c mit Fn. 144.

153 S. Schwab, JuS 1961, 144 f; RGRK - Roth - Stielow Vor § 1353 Rn. 10; Münch. Komm. - Wacke § 1353 Rn. 40; Gernhuber/Coester - Waltjen § 17 III 2.

f) *Die Bedeutung von § 1764 Abs. 2 BGB für den deliktsrechtlichen Schadensersatzanspruch*

Schließlich stellt sich die Frage, ob die Ansprüche aus § 823 Abs. 2 BGB in Verbindung mit § 1666 Abs. 1 BGB ebenso wie diejenigen aus § 1664 BGB mit Aufhebung der Adoption untergehen. Im Gegensatz zum kindschaftsrechtlichen Ersatzanspruch kommt dies hier nicht in Betracht. Denn nach § 1764 Abs. 2 BGB «erlöschen das durch die Annahme begründete Verwandtschaftsverhältnis des Kindes und seiner Abkömmlinge zu den bisherigen Verwandten und die sich *aus ihm* ergebenden Rechte und Pflichten». Solche aus dem Verwandtschaftsverhältnis resultierenden Rechte stehen im vorliegenden Zusammenhang aber nicht zur Diskussion. Vielmehr geht es um die deliktsrechtlichen Ansprüche des Angenommenen. Dem Deliktsrecht liegen aber gerade keine Sonderbeziehungen, sondern Jedermannspflichten zugrunde. Hier tritt das ehemalige Adoptivkind dem Angenommenen also so gegenüber wie jedem anderen Rechtsgenossen auch. Daß Ansprüche aus den §§ 823 ff BGB von § 1764 BGB nicht berührt werden, erscheint im übrigen auch einsichtig. Das etwa an Körper oder Gesundheit geschädigte Adoptivkind kann nach Aufhebung der Adoption nicht schlechter gestellt werden als jeder andere Verletzte, dem Ansprüche aus §§ 823 ff BGB zustehen. Auch die (aufgehobene) familienrechtliche Sonderbeziehung berechtigt nicht zu unerlaubten Handlungen.

Eine andere Betrachtungsweise ist in vorliegendem Zusammenhang auch nicht deswegen gerechtfertigt, weil der Schadensersatzanspruch hier auf § 823 Abs. 2 BGB in Verbindung mit einem Schutzgesetz aus dem Familienrecht beruht. Denn es steht dem Gesetzgeber, wie bereits ausgeführt[154], frei, auch relative Rechte aus Sonderbeziehungen zu schützen. Sofern eine entsprechende Vorschrift als Schutzgesetz gemäß § 823 Abs. 2 BGB anzusehen ist, unterfällt der hieraus folgende Schadensersatzanspruch vollumfänglich dem Deliktsrecht. So kann die Verletzung eines Schutzgesetzes einen Anspruch auf Ersatz des immateriellen Schadens aus § 847 BGB begründen[155], was allein der Verstoß gegen die

---

154 S. o. § 2 V 1.

155 S. Erman-Schiemann § 847 Rn. 3; Soergel-Zeuner § 847 Rn. 3; Palandt-Thomas § 847 Rn. 5. Dies gilt natürlich nur, wenn eines der in § 847 BGB genannten Rechtsgüter verletzt wurde.

Regelungen einer Sonderverbindung nicht vermag[156]. Ferner gilt grundsätzlich die Verjährung nach § 852 BGB. Insbesondere verändert der Schadensersatzanspruch aus § 823 Abs. 2 BGB in Verbindung mit einem Schutzgesetz aus anderen Rechtsgebieten aber nicht seine Rechtsnatur. Er bleibt weiterhin ein deliktsrechtlicher Anspruch und ist nicht etwa dem Familien-, Gesellschafts- oder Handelsrecht und noch viel weniger dem Strafrecht oder öffentlichen Recht zuzuordnen. Sonderregelungen aus diesen Rechtsgebieten sind daher auf einen Schadensersatzanspruch aus § 823 Abs. 2 BGB in Verbindung mit einem Schutzgesetz grundsätzlich nicht anzuwenden. Weder muß also, um nur zwei besonders einleuchtende Beispiele zu nennen, der Geschädigte den Schadensersatzpflichtigen nach § 28 VwVfG anhören noch hat das Gericht im Prozeß von Amts wegen zu ermitteln. Nach diesen Grundsätzen muß auch hier die familienrechtliche Sonderregelung des § 1764 Abs. 2 BGB für den deliktsrechtlichen Schadensersatzanspruch aus § 823 Abs. 2 in Verbindung mit § 1666 Abs. 1 BGB ohne Bedeutung bleiben.

Etwas anderes ergibt sich auch nicht daraus, daß die Sonderverbindung hier durch die Aufhebung des Annahmeverhältnisses beim Eintritt des Schadens bereits erloschen ist. Denn deren Fortdauer bis zum Schadenseintritt ist für einen Anspruch aus § 823 Abs. 2 BGB in Verbindung mit einem Schutzgesetz nicht erforderlich: Sofern ein Schutzgesetz Ansprüche aus einer Sonderverbindung betrifft, muß diese nur zur Zeit der schädigenden Handlung bestanden haben. So ist etwa der Schadensersatz wegen der Verletzung von Schutzpflichten gegenüber Dienstverpflichteten aus § 823 Abs. 2 in Verbindung mit § 618 BGB[157] nicht von der Fortdauer des Dienstverhältnisses abhängig. Dem geschädigten Dienstverpflichteten sind die aus der Gesundheitsbeeinträchtigung resultierenden Vermögensschäden (selbstverständlich) nicht nur dann zu ersetzen, wenn er seinem Dienstherrn bis zum Schadenseintritt die Treue hält. Immerhin können ja nach § 618 Abs. 3 in Verbindung mit § 844 Abs. 2 BGB im Falle seiner Tötung selbst unterhaltsberech-

156 S. Erman-Schiemann § 847 Rn. 4; Münch.Komm.-Stein § 847 Rn. 12; Soergel-Zeuner § 847 Rn. 9; Palandt-Thomas § 847 Rn. 3.

157 Zum Schutznormcharakter des § 618 BGB s. RG, JW 1907, 829, 830; zust. etwa RGRK-Steffen § 823 Rn. 551; Erman-Schiemann § 823 Rn. 161; Palandt-Thomas § 823 Rn. 145.

tigte Dritte noch Schadensersatz von dem Dienstberechtigten verlangen. Eine Beschränkung des Schadensersatzes auf Schäden, die noch während der Laufzeit des Dienstvertrages eintreten, kommt daher nicht in Betracht. Die in § 618 BGB geregelte Sonderverbindung muß also nur zur Zeit der Schutzgesetzverletzung, nicht auch noch bei Eintritt des Schadens bestehen.

Ähnliches gilt etwa auch für die Vorschriften, die das Verhältnis von Gesellschaften und Genossenschaften zu ihren Organen regeln. Zahlreiche dieser Vorschriften, die Pflichtverletzungen der Organe gegenüber ihren Gesellschaften oder Genossenschaften regeln, sind als Schutzgesetze nach § 823 Abs. 2 BGB anerkannt, etwa § 399 Abs. 1 Nr. 4 AktG[158], § 81 a GmbHG a.F.[159] und § 147 GenG[160]. Auch hier werden die Schadensersatzansprüche von der Entlassung des untreuen Organs nicht berührt: Die betroffene Gesellschaft oder Genossenschaft muß den untreuen Vorstand, Geschäftsführer o.ä. natürlich nicht bis zum Eintritt des Schadens in seiner Funktion belassen.

Im Ergebnis bleibt also festzuhalten, daß die hier vorliegende Konstellation in der Handhabung des § 823 Abs. 2 BGB nicht ohne Parallelen ist. Schutzgesetze, die Ansprüche aus Sonderbeziehungen normieren, finden sich auch in anderen Regelungszusammenhängen. Dabei ist es keineswegs selten, daß diese Sonderverbindung nur zur Zeit des Verstoßes gegen das Schutzgesetz besteht, aber nicht bis zum Schadenseintritt fortdauert. Auf den Schadensersatzanspruch aus § 823 Abs. 2 BGB in Verbindung mit dem Schutzgesetz hat dies keinen Einfluß. Die Ansprüche aus § 823 Abs. 2 in Verbindung mit § 1666 Abs. 1 BGB gehen also im Gegensatz zum kindschaftsrechtlichen Ersatzanspruch aus § 1664 BGB nicht mit Aufhebung des Annahmeverhältnisses unter.

---

158 Zum Schutznormcharakter von § 399 Abs. 1 Nr. 4 AktG s. BGHZ 105, 121, 124 f; zust. etwa RGRK-Steffen § 823 Rn. 551; Erman-Schiemann § 823 Rn. 162; Soergel-Zeuner § 823 Rn. 300.

159 Zum Schutznormcharakter von § 81a GmbHG a.F. s. BGH LM § 823 (Bf) Nr. 44; zust. etwa RGRK-Steffen § 823 Rn. 551; Soergel-Zeuner § 823 Rn. 302.

160 Zum Schutznormcharakter von § 147 GenG s. RGZ 81, 269, 270; 87, 306, 309 f; JW 1910, 109; zust. etwa RGRK-Steffen § 823 Rn. 551; Soergel-Zeuner § 823 Rn. 302.

g) *Zwischenergebnis aus familienrechtlicher Sicht*

Die besonders in der Rechtsprechung und Literatur zum Scheidungsrecht vorgetragenen Bedenken dagegen, familienrechtliche Normen als Schutzgesetze im Sinne von § 823 Abs. 2 BGB aufzufassen, vermögen im Rahmen der Aufhebung von Annahmeverhältnissen nicht zu überzeugen. Daher ist es im Ergebnis auch aus familienrechtlicher Sicht unbedenklich, dem Angenommenen über § 823 Abs. 2 in Verbindung mit § 1666 Abs. 1 BGB eine Regreßmöglichkeit gegen den Annehmenden zu eröffnen. Schließlich werden die Ansprüche aus § 823 Abs. 2 in Verbindung mit § 1666 Abs. 1 BGB auch nicht durch § 1764 Abs. 2 BGB berührt. Denn sie stellen Jedermannsrecht dar und gehören daher nicht zu den aus der Verwandtschaftsbeziehung resultierenden Pflichten, die allein von § 1764 Abs. 2 BGB erfaßt werden.

5.) *Die Voraussetzungen für den Schadensersatzanspruch aus § 823 Abs. 2 in Verbindung mit § 1666 Abs. 1 BGB im einzelnen*

a) *Verstoß gegen § 1666 Abs. 1 BGB*

Ein Verstoß gegen § 1666 Abs. 1 BGB liegt vor, wenn der Annehmende sein Kind in der dort verbotenen Weise behandelt oder vernachlässigt. Das ist, wie gesagt[161], regelmäßig der Fall, wenn das Verhalten der Adoptiveltern zur Aufhebung der Adoption gemäß § 1763 BGB führt.

b) *Rechtswidrigkeit*

Die Rechtswidrigkeit des Gesetzesverstoßes ist in dieser Konstellation selten problematisch: Eine Rechtfertigung dafür, daß die Eltern das Kindeswohl durch mißbräuchliche Ausübung ihrer Sorge, durch Vernachlässigung oder durch sonstiges Versagen gefährden, ist kaum vorstellbar.

c) *Verschulden*

Eine Verletzung des in § 1666 Abs. 1 BGB normierten Minimum elterlicher Pflichten setzt allerdings kein Verschulden voraus: In ausdrücklicher Abänderung der alten Gesetzesfassung, die für Maßnahmen nach § 1666 Abs. 1 BGB ein zumindest fahrlässiges Fehlverhalten der Eltern voraussetzte, ermöglichte die Sorgerechtsreform das Einschreiten des

161 S. o. § 1 I 4 a mit Fn. 23.

Vormundschaftsgerichtes auch gegen «unverschuldetes Versagen der Eltern». Im Rahmen des Deliktsrechtes begründet aber gemäß § 823 Abs. 2 S. 2 BGB nur ein mindestens fahrlässiger Verstoß gegen das Schutzgesetz einen Schadensersatzanspruch. Ist die Unfähigkeit zur korrekten Ausübung der elterlichen Sorge etwa auf eine psychische Krankheit zurückzuführen, so kommt eine deliktische Haftung des Annehmenden nicht in Betracht. Schadensersatzansprüche aus § 823 Abs. 2 in Verbindung mit § 1666 Abs. 1 BGB bleiben somit tatsächlich auf die Fälle der vom Annehmenden verschuldeten Aufhebung beschränkt, deren gesteigerte Regelungsbedürftigkeit eingangs dargelegt wurde. Allerdings neigte die Rechtsprechung schon vor der Änderung von § 1666 Abs. 1 BGB zu einer großzügigen Auslegung des Verschuldensbegriffes, wenn eine Gefährdung des Kindes objektiv vorlag[162]. Auch im Rahmen der Haftung aus § 823 Abs. 2 in Verbindung mit § 1666 Abs. 1 BGB sollten keine überzogenen Anforderungen an die subjektive Vorwerfbarkeit gestellt werden, um dem Kind nicht vorschnell die Regreßmöglichkeit abzuschneiden.

d) *Adäquat-kausale Schadensverursachung*

Ein Schadensersatzanspruch aus § 823 Abs. 2 in Verbindung mit § 1666 Abs. 1 BGB setzt ferner voraus, daß der rechtswidrige und schuldhafte Verstoß adäquat-kausal einen Schaden verursacht. Der Verlust von Unterhaltsansprüchen und zukünftiger Erbenstellung, den der Angenommene gemäß § 1764 Abs. 2 BGB erleidet, wäre bei korrekter elterlicher Sorge des Annehmenden nicht eingetreten. Das nach § 1666 Abs. 1 BGB beachtliche Fehlverhalten ist somit im Sinne der condicio-sine-qua-non-Formel für die Vermögenseinbuße des Kindes ursächlich. Diese Konsequenz aus der elterlichen Pflichtverletzung liegt auch keineswegs außerhalb aller Lebenserfahrung und ist somit als adäquate Folge des Verstoßes gegen das Schutzgesetz anzusehen.

e) *Schaden im persönlichen und sachlichen Schutzbereich*

Der Schaden muß schließlich im persönlichen und sachlichen Schutzbereich der Norm liegen und in einer Art und Weise eintreten, der das

---

162 RGRK-Adelmann § 1666 Rn. 20; Soergel-Strätz §§ 1666, 1666a Rn. 30; ähnlich Erman-Michalski § 1666 vor Rn. 1.

Schutzgesetz überhaupt vorbeugen will[163]. Hier ist das Kind in § 1666 Abs. 1 BGB ausdrücklich genannt, so daß seine Vermögensinteressen zweifellos vom persönlichen Schutzbereich der Norm erfaßt werden. Weniger eindeutig ist der sachliche Schutzbereich der Norm abzugrenzen. Bereits oben wurde festgestellt[164], daß schon nach der alten Fassung des § 1666 Abs. 1 BGB das Vermögen des Kindes jedenfalls insoweit geschützt werden sollte, als es Voraussetzung für seine gesunde physische und psychische Entwicklung ist. Das umfaßt ohne Zweifel die Unterhaltsleistungen der Eltern. Hingegen ergeben sich beim gesetzlichen Erbrecht Bedenken. Denn noch nicht einmal der Pflichtteilsanspruch ist für die gedeihliche Entwicklung eines Kindes unabdingbar. Vielmehr kommen dem Abkömmling derartige erbrechtliche Ansprüche häufig erst lange nach seiner Volljährigkeit zugute. Nach der alten Fassung des § 1666 Abs. 1 BGB, die allein auf die körperlichen und geistigen Bedürfnisse des aufwachsenden Kindes abstellte, fielen erbrechtliche Ansprüche daher mit Sicherheit nicht in den sachlichen Schutzbereich der Norm.

Daß die Änderung des § 1666 Abs. 1 BGB diesen Schutzbereich ausgedehnt haben könnte, erscheint zweifelhaft. Zwar kann das Familiengericht Maßnahmen zum Schutz des Kindes nunmehr auch dann auf § 1666 Abs. 1 BGB n.F. stützen, wenn nur dessen Vermögen gefährdet ist. Darin liegt unbezweifelbar eine Erweiterung gegenüber § 1666 Abs. 1 BGB a.F. Allerdings ergibt sich aus der bloßen Einfügung des Kindesvermögens in die bis dahin allein der Personensorge gewidmeten Tatbestände vielfach kein inhaltlich sinnvoller Regelungsgehalt. So ist, um nur ein Beispiel zu nennen, kaum vorstellbar, daß «durch Vernachlässigung des Kindes» dessen Vermögen gefährdet werden kann[165]. Diese

---

163 Daß die deliktische Haftung durch das Kriterium des Schutzzwecks der Norm eingeschränkt wird, ist für § 823 Abs. 2 BGB seit langem anerkannt, s. BGHZ 12, 213, 217; 27, 137, 140; 29, 100, 104 - 106; 63, 176, 179; in der Lit. eingehend Kramer, JZ 1976, 340 - 343; ähnlich Staudinger - Schäfer 12.A.1986 § 823 Rn. 594 - 598 (der allerdings einige üblicherweise für die Prüfung der Schutznormqualität herangezogene Kriterien zum Schutzbereich der Norm zählt); RGRK - Steffen § 823 Rn. 547 - 550; Larenz/Canaris § 77 III 3 a; Deutsch, Unerlaubte Handlungen Rn. 111 f.

164 S. o. § 2 VII 3 b.

165 Palandt - Diederichsen § 1666 Rn. 11.

Tatbestandsmerkmale des § 1666 Abs. 1 BGB beziehen sich ihrem historischen Ursprung und Regelungsgehalt nach allein auf das körperliche und geistige Wohl und sind häufig schon begrifflich kaum auf Vermögensgefährdungen zu beziehen[166]. Deswegen wird in der Literatur zu § 1666 Abs. 1 BGB n.F. nicht ganz zu Unrecht empfohlen, bei der Gefährdung des Kindesvermögens an den überkommenen Wertungen festzuhalten. Der neue Regelungszusammenhang sei insoweit im Wege der teleologischen Reduktion einzuschränken[167].

Folgt man dieser Auffassung, so sind inhaltliche Änderungen im sachlichen Schutzbereich von § 1666 Abs. 1 BGB wohl nicht anzunehmen. Die Neufassung stellt sich dann nur als – wenig geglückte – redaktionelle Änderung dar, die alle Möglichkeiten familiengerichtlichen Handelns zum Schutze des Kindes in einer Vorschrift zusammenfassen wollte.

Diese Frage kann aber letztlich dahingestellt bleiben. Denn das Vermögen des Kindes wird auch nach der neuen Fassung von § 1666 Abs. 1 BGB jedenfalls nicht uneingeschränkt geschützt. Auch § 1666 Abs. 1 BGB n.F. will offenkundig nur gegenwärtig bereits hinreichend konkretisierte Vermögensrechte des Kindes erfassen. Erst in der Zukunft eintretende, noch nicht näher bestimmbare Vermögenspositionen wie das gesetzliche Erbrecht gehören erkennbar nicht hierzu: Auch § 1666 Abs. 1 BGB n.F. soll das Familiengericht nicht ermächtigen, gegen einen Elternteil vorzugehen, der sein eigenes Vermögen in einer den Pflichtteilsanspruch möglicherweise beeinträchtigenden Weise verschenkt. Hiergegen kann der Abkömmling auch nach der Gesetzesänderung nur die im Erbrecht eröffneten Möglichkeiten nutzen, insbesondere also den Pflichtteilsergänzungsanspruch nach § 2325 BGB geltend machen. Das gesetzliche Erbrecht ist somit in keinem Falle vom Schutzzweck des § 1666 Abs. 1 BGB erfaßt.

Der Schaden muß schließlich noch auf eine Art und Weise eintreten, gegen die die verletzte Norm überhaupt Schutz gewähren will. An diesem Schutzzweckzusammenhang fehlt es nur dann, wenn Umstände zu dem Schaden führen, die die verletzte Norm überhaupt nicht erfas-

166 Palandt-Diederichsen § 1666 Rn. 11.

167 Palandt-Diederichsen § 1666 Rn. 11.

sen will[168]. Hier soll das Kind, wie aus dem systematischen Zusammenhang mit § 1666 Abs. 2 BGB zu ersehen ist, jedenfalls gegen die Einstellung der Unterhaltszahlungen geschützt sein. Davon unterscheidet sich die vorliegende Fallgestaltung nur in der Mittelbarkeit der Schädigungshandlung: Bei identischem Schaden – dem Fortfall des Unterhaltes – setzt § 1666 BGB einen unmittelbaren Verstoß gegen die Unterhaltsverpflichtung voraus, während der zur Aufhebung der Adoption führende Sorgerechtsmißbrauch nur mittelbar auf die Ansprüche des Kindes einwirkt: Zwischen der elterlichen Pflichtverletzung und dem Verlust der Unterhaltsansprüche steht die Aufhebung des Annahmeverhältnisses durch das Vormundschaftsgericht. Es ist also zu fragen, ob das elterliche Fehlverhalten, das nur mittelbar auf die Unterhaltsansprüche des Kindes einwirkt, grundsätzlich anders zu beurteilen ist als die unmittelbare Verletzung dieses Kindesrechtes: Stellt dies eine qualitativ andere Gefahr dar, vor der das Kind nach dem erkennbaren Willen des Gesetzgebers nicht mehr geschützt werden soll?

Eine solche Auslegung ließe sich indessen methodisch schwerlich rechtfertigen. Vorrangiges Anliegen des § 1666 BGB ist der von der Verfassung gebotene, umfassende Schutz des Kindes[169]. In diesem Zusammenhang wurde folgerichtig an entscheidenden Stellen seit jeher eine weite Interpretation der Norm zum Wohle des Kindes bevorzugt, wie etwa die Handhabung des Verschuldenserfordernisses in § 1666 BGB a.F. dokumentiert[170]. Dieser Schutz des Kindes sollte durch die Sorgerechtsreform sogar noch verstärkt werden. So wurde etwa, wie bereits angesprochen, das Verschuldenserfordernis in § 1666 Abs. 1 BGB ganz gestrichen[171]. Ferner setzte schon § 1666 Abs. 3 BGB a.F. und nunmehr auch § 1666 Abs. 2 BGB n.F. nicht mehr die «erhebliche» sondern nur noch die einfache Gefährdung des Kindesvermögens voraus[172]. Aber

168 Staudinger-Schäfer 12.A.1986 § 823 Rn. 594; RGRK-Steffen § 823 Rn. 550; Larenz/Canaris § 77 III 3 c und d; Palandt-Heinrichs Vor § 249 Rn. 62.

169 RGRK-Adelmann § 1666 Rn. 3; Soergel-Strätz §§ 1666, 1666a Rn. 2; Münch.Komm.-Hinz § 1666 Rn. 2; Erman-Michalski § 1666 Rn. 1.

170 Vgl. o. § 2 VII 5 c mit den Nachweisen in Fn. 162.

171 RGRK-Adelmann § 1666 Rn. 1; Soergel-Strätz §§ 1666, 1666a Rn. 1; Münch.Komm.-Hinz § 1666 Rn. 39; Erman-Michalski § 1666 vor Rn. 1.

172 RGRK-Adelmann § 1666 Rn. 73; Soergel-Strätz §§ 1666, 1666a Rn. 1; Münch. Komm.-Hinz § 1666 Rn. 60.

auch der Wortlaut von § 1666 Abs. 1 BGB gibt wenig Anlaß zu einer restriktiven Auslegung: Die weite, generalklauselartige Fassung der Verhaltensweisen, die das Kindeswohl gefährden, will erkennbar alle Schädigungshandlungen erfassen[173]. Eine Beschränkung auf tatbestandlich bestimmt gefaßte, gewissermaßen idealtypische Kausalverläufe ist gerade nicht beabsichtigt. Es ist also aus Zweck, Zusammenhang, Geschichte und Wortlaut des Gesetzes kein Anhaltspunkt dafür ersichtlich, daß § 1666 Abs. 1 BGB nur gegen unmittelbare Schädigungen des Kindeswohles schützen will, im Gegenteil: Der dort intendierte umfassende Schutz seiner gedeihlichen Entwicklung verbietet es geradezu, ausgerechnet die subtilere Schädigung des Kindes auch noch zu privilegieren.

6.) *Die Kapitalisierung der Unterhaltsansprüche*

a) *Die Sonderproblematik beim Verlust des gesetzlichen Erbrechtes*

Das ehemalige Adoptivkind kann also für den Verlust des Unterhaltsanspruchs aus § 823 Abs. 2 in Verbindung mit § 1666 Abs. 1 BGB Schadensersatz verlangen, wenn der Annehmende die Aufhebung der Adoption verschuldet hat. Hingegen sind aus § 823 Abs. 2 in Verbindung mit § 1666 Abs. 1 BGB, wie gesagt, keine Schadensersatzansprüche wegen des verlorenen gesetzlichen Erbrechtes abzuleiten, da diese vom sachlichen Schutzbereich dieser Norm nicht erfaßt werden. Denn für die gedeihliche Fortentwicklung eines Kindes ist sein gesetzliches Erbrecht in aller Regel ohne Bedeutung und fällt somit auch nicht unter die von § 1666 Abs. 1 BGB geschützten Vermögenspositionen.

Eine abweichende Behandlung des gesetzlichen Erbrechtes ist nur im Hinblick auf die Ausnahmesituation geboten, da es atypischerweise eine weitergehende Bedeutung für das Kind erlangt. Dabei handelt es sich um den — allerdings seltenen — Fall, daß der Unterhaltsverpflichtete ungewöhnlich früh, noch vor der Volljährigkeit seines Kindes verstirbt. Denn das hat auch ohne vorherige Auflösung der Verwandtschaftsbeziehung den ersatzlosen Wegfall der Unterhaltsansprüche gemäß § 1615 Abs. 1 BGB zur Folge. Die einzige privatrechtliche Kompensation hierfür ist, sofern keine Haftung nach § 844 BGB o. ä. gegen

173 Vgl. hierzu schon o. § 2 VII 1 c mit Fn. 74.

Dritte begründet wird, die Erbschaft, die dann tatsächlich eine dem Unterhalt vergleichbare Funktion für die Entwicklung des Kindes übernehmen müßte.

Diese Möglichkeit, daß der Unterhaltsverpflichtete atypisch früh verstirbt, kann auch im vorliegenden Zusammenhang nicht außer acht gelassen werden. Denn dann wäre das Adoptivkind tatsächlich nur unzureichend geschützt, wollte man ihm nach einer vom Annehmenden verschuldeten Auflösung der Adoption lediglich Schadensersatzansprüche für den laufenden Unterhalt zusprechen. Zwar kann ein Schadensersatzanspruch gemäß §§ 1922, 1967 BGB grundsätzlich auch gegen den Erben des Schädigers fortbestehen. Der Unterhaltsanspruch gegen den Annehmenden wäre aber, wie gesagt, gemäß § 1615 Abs. 1 BGB ohnehin mit seinem Tode erloschen, selbst wenn die Adoption nicht aufgehoben worden wäre. Dem Angenommenen erwächst insoweit aus dem Fehlverhalten des Annehmenden und dem daraus resultierenden aufhebungsbedingten Wegfall seiner Unterhaltsberechtigung kein Schaden mehr. Ohne Schaden kann aber selbstverständlich kein Schadensersatz gewährt werden. Umgekehrt würde dieser Verlust des ehemaligen Adoptivkindes jedenfalls zivilrechtlich noch nicht einmal teilweise durch erbrechtliche Ansprüche kompensiert, da die diesbezüglichen Rechte gemäß § 1764 Abs. 2 BGB mit der Auflösung der Adoption erloschen sind.

b) *Lösungsmöglichkeit für die Ausnahmefälle*

Allerdings erlaubt es diese in der Praxis eher seltene Möglichkeit sicher nicht, das gesetzliche Erbrecht doch zu den Faktoren zu zählen, die für die Entwicklung des Kindes generell maßgeblich und daher durch § 1666 Abs. 1 BGB geschützt sind. Vielmehr läßt sich das Risiko, daß das ehemalige Adoptivkind durch den Tod des Annehmenden auch den Schadensersatz für den entgehenden Unterhalt ersatzlos verliert, durchaus im Rahmen der gesetzlichen Wertungen ausschließen. In Betracht kommt vor allem eine Kapitalisierung des Schadensersatzanspruchs für die entgehenden Unterhaltszahlungen gemäß 843 Abs. 3 BGB analog. Denn bei der Festsetzung derartiger Abfindungen bleiben unvorhersehbare Faktoren wie die nie gänzlich auszuschließende Möglichkeit, daß der Unterhaltspflichtige etwa durch ein anderes Unglück alsbald verstorben wäre, außer Betracht[174]. Eine solche Kapitalisierung des Schadensersatzanspruchs ist dem Annehmenden regelmäßig auch zumutbar, da Adoptivkinder üblicherweise nur in Familien mit gesicherter wirtschaftlicher Grundlage vermittelt werden[175]. Die dargestellte Gefahr, daß der Schadensersatzanspruch beim Tode des Annehmenden ersatzlos untergeht, stellt zweifellos auch einen «wichtigen Grund» im Sinne des § 843 Abs. 3 BGB dar[176].

Ist aber ausnahmsweise, etwa infolge einer unheilbaren Erkrankung doch mit dem baldigen Ableben des Annehmenden zu rechnen, so dürfte sich in der Regel schon die Aufhebung des Annahmeverhältnisses erübrigen: Dann liegt üblicherweise wohl wirklich einer der seltenen Fälle vor, in denen die Aufhebung des Annahmeverhältnisses trotz schwerwiegender Gründe im Sinne des § 1763 BGB nicht erforderlich ist: Der Vorteil einer sofortigen Auflösung der Adoptivverwandtschaft würde dann den Nachteil, daß das Kind jegliche wirtschaftliche Absicherung verliert, nicht überwiegen: Hier würden Maßnahmen nach § 1666 Abs. 1 BGB bis zum Tod des Annehmenden regelmäßig ausreichen.

7.) *Umfang des Schadensersatzes für den Wegfall der Unterhaltsansprüche*

a) *Vorteilsanrechnung*

Das ehemalige Adoptivkind kann also nach einer vom Annehmenden verschuldeten Aufhebung der Adoption aus § 823 Abs. 2 BGB in Verbindung mit § 1666 Abs. 1 BGB (nur) für den Wegfall des Unterhaltsanspruchs Schadensersatz verlangen. Allerdings bedarf es stets der Prü-

---

174 Abzustellen ist alleine auf die voraussichtliche Laufzeit der Rente nach dem normalen Lauf der Dinge, s. etwa Staudinger-Schäfer 12.A.1986 § 843 Rn. 133; Münch.Komm.-Stein § 843 Rn. 49; Soergel-Zeuner § 843 Rn. 28.

175 S. o. § 1 II 3 mit Fn. 39.

176 Mögliche Schwierigkeiten bei der Durchsetzung des Anspruchs etwa wegen Wegfalls des Unterhaltsschuldners sind als wichtiger Grund für eine Kapitalisierung gem. § 843 Abs. 3 BGB anerkannt, s. etwa Münch.Komm.-Stein § 843 Rn. 48; Soergel-Zeuner § 843 Rn. 26; Palandt-Thomas § 843 Rn. 21. Gerade die existentielle Bedeutung der Unterhaltssicherung für das ehemalige Adoptivkind läßt hier im Hinblick auf die Möglichkeit des ersatzlosen Wegfalls beim Tod des Annehmenden keine andere Handhabung von § 843 Abs. 3 BGB zu.

fung, ob der gesamte Unterhaltsverlust des Angenommenen ausgeglichen werden muß. Häufig dürfte in diesen Fällen eine Vorteilsanrechnung in Betracht kommen. Denn ein adäquat durch das schädigende Ereignis verursachter Vorteil ist anzurechnen, sofern dies dem Zweck der Haftung nicht widerspricht und den Schädiger nicht unbillig entlastet[177]. Tatsächlich führt die Verletzung elterlicher Pflichten, die die Aufhebung des Annahmeverhältnisses nach sich zieht, zugleich zum Wiederaufleben der leiblichen Verwandtschaft. Sofern damit ein durchsetzbarer neuer Unterhaltsanspruch begründet wird, ist dieser zweifellos als adäquat durch die Schädigungshandlung verursachter Vorteil anzusehen. Seine Anrechnung läuft dem Zweck der Haftung aus § 823 Abs. 2 in Verbindung mit § 1666 Abs. 1 BGB auch nicht zuwider: Mit diesem Schadensersatzanspruch soll ja allein die materielle Grundlage für das Wohl des Kindes gesichert werden. Diese Zielsetzung steht einer Herabsetzung des Schadensersatzanspruchs nicht entgegen, wenn an seine Stelle eine gleichwertige Leistung Dritter tritt. An einer unbilligen Entlastung des Schädigers fehlt es schon deshalb, weil er, wie noch zu zeigen sein wird[178], im Ergebnis gar nicht entlastet wird.

Ähnliches gilt für den Fall, daß eine zweite Adoption des Kindes gelingt. Auch der Unterhaltsanspruch gegen die neuen Adoptiveltern ist als adäquat durch die Schädigungshandlung verursachter Vorteil anzusehen, dessen Anrechnung nach dem oben Gesagten mit der Haftung aus § 823 Abs. 2 in Verbindung mit § 1666 Abs. 1 BGB vereinbar ist. Im Gegensatz zu den leiblichen Eltern übernimmt der neue Annehmende diese Unterhaltsverpflichtung auch freiwillig und im Bewußtsein, einen anderen hiervon zu entlasten: Ihrer sozialpolitischen Zielsetzung gemäß soll die Adoption ja die vormaligen Eltern von der Bürde der Kindererziehung befreien[179]. Eine solche bestimmungsgemäße Entlastung des vor-

177 S. etwa BGHZ 8, 325, 329; 29, 30, 33; 91, 206, 210; hierzu s. Soergel-Mertens Vor § 249 Rn. 209 u. 212; Münch.-Komm.-Grunsky Vor § 249 Rn. 95; Palandt-Heinrichs Vor § 249 Rn. 120.

178 Er ist zusätzlich noch Ansprüchen der leiblichen Eltern ausgesetzt, s. u. § 4 I.

179 AK-Fischer Vor § 1741 Rn. 10; zu der durch die Geburt hervorgerufenen sozialen Notlage, die der Einwilligung in die Adoption (oder aber der Abtreibung) häufig zugrundeliegt, s. die Zahlen bei Textor, ZfJ 1993, 248 f; ähnlich Paulitz, ZfJ 1996, 307 und in der juristischen Lit. Bosch

malig Verpflichteten kann folglich auch im Rahmen der Vorteilsausgleichung nicht als unbillige Entlastung angesehen werden.

Der Angenommene kann also nur dann einen Ausgleich verlangen, wenn der Unterhaltsanspruch gegen die leiblichen Eltern oder den neuen Annehmenden hinter den bis zur Aufhebung erbrachten Leistungen zurückbleibt. In diesem Fall kann er die Aufstockung auf das Unterhaltsniveau vor der Auflösung des Annahmeverhältnisses beanspruchen. Eine solche Differenzberechnung hat auch dann zu erfolgen, wenn die Kapitalisierung des Schadensersatzes gewählt wird. In diesem Falle ist einerseits die Kapitalabfindung durch den Annehmenden zu ermitteln, andererseits der hypothetische Anspruch gegen die leiblichen Eltern, der sich unter Zugrundelegung desselben Berechnungsmaßstabs ergäbe. Übersteigt der vom Annehmenden zu erbringende Betrag besagten hypothetischen Anspruch gegen die leiblichen Eltern, so kann der Angenommene die Auszahlung der Differenz verlangen.

Diesem Ausgleich der Differenz zwischen dem Unterhaltsanspruch vor und nach Aufhebung der Adoption dürfte in der Praxis erhebliche Bedeutung zukommen. Denn die von den Vermittlungsstellen ausgewählten Adoptionswilligen sind, wie bereits angesprochen[180], in aller Regel erheblich wohlhabender als die leiblichen Eltern. Der wiederauflebende Unterhaltsanspruch gegen letztere fällt also zumindest erheblich bescheidener aus als der frühere gegen den Annehmenden. Die Vermittlung einer zweiten Adoption gelingt aber sehr häufig nicht, da sich die meisten Adoptionswilligen ein möglichst junges Kind wünschen[181]. Dem entsprechen die Kinder aus einem aufgehobenen An-

---

u.a., FamRZ 1972, 356-358; Bosch, FamRZ 1983, 976f; ders., FamRZ 1984, 840; Binschus, ZfJ 1991, 451f; Gernhuber/Coester-Waltjen §68 VI 3 mit Fn. 10; andeutungsweise auch Palandt-Diederichsen Vor §1741 Rn. 1. Von genannter Ausnahme abgesehen findet dieser Aspekt in der Kommentarliteratur auffällig wenig Beachtung. Die Tatsache, daß die Befreiung von den Lasten des Unterhalts und der Kinderaufzucht regelmäßig für die Einwilligung in die Adoption entscheidende Bedeutung hat, ist nur e contrario zu erschließen: Es wird allenfalls festgestellt, daß eine Adoption umgekehrt bei ausreichender Pflege durch die natürlichen Eltern üblicherweise nicht dem Wohle des Kindes entspricht, s. RGRK-Dickescheid §1741 Rn. 5; Staudinger-Frank 12.A.1992 §1741 Rn. 15; Münch.Komm.-Lüderitz §1741 Rn. 8.

180 S. o. §1 II 3 mit Fn. 39.

181 S. o. §1 II 3 mit Fn. 40.

nahmeverhältnis in der Regel nicht, da sie üblicherweise schon älter und zudem bereits erheblich vorbelastet sind. Sie werden also häufig auf den oben entwickelten Aufstockungsanspruch angewiesen bleiben.

b) *Mitverschulden*

Schließlich kommt noch die Möglichkeit einer Minderung des Schadensersatzanspruchs wegen Mitverschuldens in Betracht. Wie bereits angesprochen[182], kann der Angenommene beim Entstehen der schwerwiegenden Gründe, die zur Aufhebung der Adoption führten, mitgewirkt haben. Denkbar ist sogar, daß das Adoptivkind durch eigenes Fehlverhalten überhaupt erst eine Abwehrreaktion des Annehmenden heraufbeschwor. In derartigen Fällen ist eine Kürzung des Schadensersatzanspruchs gemäß § 254 BGB zu prüfen. Allerdings setzt dies die Zurechnungsfähigkeit des Kindes voraus, die in entsprechender Anwendung der §§ 828, 829 BGB zu ermitteln ist. Bei Minderjährigen bis zum vollendeten siebten Lebensjahr scheidet eine Herabsetzung des Schadensersatzanspruchs demnach von vorneherein aus. Ansonsten lassen sich schwerlich allgemeine Grundsätze für die Behandlung der zahllosen verschiedenen Fallgestaltungen aufstellen, in denen ein Mitverschulden des Angenommenen vorliegt. Die Einzelheiten sind stets eine Frage des konkreten Sachverhaltes.

8.) *Zwischenergebnis*

§ 1666 Abs. 1 BGB erfüllt alle in der deliktsrechtlichen Literatur vorausgesetzten Kriterien eines Schutzgesetzes im Sinne des § 823 Abs. 2 BGB. Dem stehen auch aus familienrechtlicher Sicht keine Bedenken entgegen. Insbesondere sind die Einwände, die gegen einen Schadensersatz wegen Ehestörung erhoben wurden, nicht auf die Auflösung von Annahmeverhältnissen zu übertragen. Allerdings kann der Angenommene aus § 823 Abs. 2 in Verbindung mit § 1666 Abs. 1 BGB infolge des beschränkten sachlichen Schutzbereichs von § 1666 Abs. 1 BGB nur für den Wegfall der Unterhaltsansprüche Schadensersatz verlangen. Hierauf sind im Wege der Vorteilsausgleichung die wiederauflebenden Ansprüche gegen die leiblichen Eltern bzw. bei einer Zweitadoption gegen die

---

182 S. o. § 1 I 4 c.

neuen Unterhaltsverpflichtungen anzurechnen. Dasselbe gilt für ein eventuelles Mitverschulden des Angenommenen gemäß § 254 BGB.

VIII. Ansprüche aus § 823 Abs. 2 BGB in Verbindung mit § 171 StGB

1.) *§ 171 StGB als Schutzgesetz*

Aus § 171 StGB wird bestraft, «wer seine Fürsorge- oder Erziehungspflicht gegenüber einer Person unter sechzehn Jahren gröblich verletzt» und dadurch deren körperliche oder psychische Entwicklung erheblich gefährdet. Diese Norm stellt also die strafrechtliche Entsprechung zu § 1666 Abs. 1 BGB dar[183]. Daher ergeben sich bei der Prüfung, ob § 171 StGB ein Schutzgesetz im Sinne des § 823 Abs. 2 BGB darstellt, ähnliche Problemschwerpunkte wie bei dem zivilrechtlichen Gegenstück.

a) *Mindestanforderungen an ein Schutzgesetz*

So erfüllt § 171 StGB die unumstrittenen Mindestanforderungen[184] an ein Schutzgesetz ebenso offenkundig wie § 1666 Abs. 1 BGB: Als Strafvorschrift ist § 171 StGB evident Gesetz gemäß Art. 2 EGBGB. Klar ersichtlich ist auch, daß diese Strafnorm den Individualschutz der Kinder bezweckt. Immerhin sind diese als geschützter Personenkreis («Schutzbefohlene») ausdrücklich genannt. Schließlich liegt bei einer Norm des Strafrechtes, das sogar die Analogie zu Lasten des Täters verbietet, auch ein bestimmtes Verbot vor.

b) *Weitere Anforderungen an ein Schutzgesetz*

Es ist auch ohne weiteres erkennbar, daß § 171 StGB einigen der in Rechtsprechung und Literatur zusätzlich erarbeiteten Kriterien eines Schutzgesetzes genügt. Keine Probleme bereitet etwa die Feststellung, daß diese Norm ebensowenig wie § 1666 Abs. 1 BGB die Erfüllung vertraglicher oder vertragsähnlicher Hauptleistungspflichten betrifft. Ebenso klar ersichtlich ist, daß Schadensersatzansprüche des Angenommenen aus § 823 Abs. 2 BGB in Verbindung mit § 171 StGB nicht an einer anderweitigen, ausreichenden Absicherung in spezialgesetzlichen Regelungen scheitern[185]. Auch hier gilt das zu § 823 Abs. 2 BGB in Verbindung

---

183 Vgl. o. § 2 VII 3 e mit den Nachweisen in Fn. 120.

184 S. o. § 2 VI 2.

185 Vgl. o. § 2 VII 3 d.

mit § 1666 Abs. 1 BGB Gesagte. Auf Anhieb läßt sich ferner feststellen, daß § 171 StGB ebenso wie § 1666 Abs. 1 BGB ein besonders schutzwürdiges, mit den in § 823 Abs. 1 BGB genannten Rechtsgütern vergleichbares Interesse schützt, nämlich das Kindeswohl[186]. Schließlich konkretisiert § 171 StGB als Strafgesetz ebenso wie § 1666 Abs. 1 BGB das «rechts- und sozialethische Minimum»[187]. Schadensersatzansprüche aus § 823 Abs. 2 BGB in Verbindung mit § 171 StGB ließen sich somit ebenfalls als sinnvolle Flankierung von §§ 823 Abs. 1, 826 BGB auffassen.

c) *Das Vermögen als primäres und unmittelbares Schutzgut von § 171 StGB*

Fraglich ist indessen, ob das Vermögen als «primäres und unmittelbares Schutzgut»[188] von § 171 StGB angesehen werden kann. In der strafrechtlichen Literatur zu § 171 StGB findet sich hierauf kein Hinweis. Zwar wird als Schutzgut der Norm auch dort das körperliche und psychische Wohl des Kindes genannt, was mit § 1666 Abs. 1 BGB übereinstimmt. Anders als im Fall des § 1666 Abs. 1 BGB werden vermögensrechtliche Belange des Kindes auch dann nicht in diesen Schutzbereich des § 171 StGB einbezogen, wenn sie für das Wohlergehen des Kindes bedeutsam sind: Dem derzeitigen Stand der strafrechtlichen Diskussion zufolge erfaßt § 171 StGB nur die unmittelbare Einwirkung auf das körperliche oder psychische Wohlergehen des Kindes[189]. Das ist nicht zuletzt darauf zurückzuführen, daß der wohl bedeutsamste der vermögensrechtlichen Aspekte in § 1666 BGB, die Sicherung des Kindesunterhaltes durch Abs. 2, in § 170 StGB eine eigene Ausprägung gefunden hat. Es ist daher kaum anzunehmen, daß dann die demgegenüber zweitrangigen vermögensrechtlichen Belange, die von § 1666 Abs. 1 BGB erfaßt werden, primäres und unmittelbares Schutzgut des § 171 StGB sein sollen. Noch viel weniger erlaubt diese Gesetzesfassung den Schluß, daß eine Verletzung von § 171 StGB zivilrechtliche Schadenser-

---

186 S. o. § 2 VII 3 e.

187 Ausdruck von Canaris, FS Larenz 36.

188 Larenz/Canaris § 77 III 2 b; vgl. dazu o. § 2 VII 3 b.

189 SK-Horn § 171 Rn. 2; Lackner/Kühl-Kühl § 171 Rn. 1; Tröndle/Fischer-Fischer § 171 Rn. 2; ebenso zum gleichlautenden § 170 d StGB a.F. etwa Schönke/Schröder-Lenckner § 170 d Rn. 1.

satzansprüche auslösen soll. Gerade die restriktive, auf leibliches und psychisches Wohlergehen des Kindes begrenzte Zielsetzung legt vielmehr nahe, daß sich § 171 StGB darauf beschränken soll, dessen zivil- und öffentlichrechtlich ausgestalteten Schutz auch strafrechtlich zu flankieren. Nichts deutet darauf hin, daß diese Strafnorm über § 823 Abs. 2 BGB wieder auf das zivilrechtliche Schadensersatzinstrumentarium Einfluß nehmen soll.

d) *Reichweite des Schutzes*

Aber selbst wenn man diesbezüglich eine andere Position vertritt und das Kindesvermögen doch als primäres und unmittelbares Schutzgut von § 171 StGB ansehen will, ändert sich im Ergebnis wenig. Denn die Ersatzpflicht aus § 823 Abs. 2 BGB in Verbindung mit einer Norm des Strafrechtes wird nur begründet, wenn der Schädiger den gesamten objektiven und subjektiven Tatbestand des Strafgesetzes verwirklicht. Eine Bestrafung aus § 171 StGB erfolgt mithin nur, wenn sowohl die Verletzung der Fürsorgepflicht als auch die Gefährdung des Kindeswohles vom Vorsatz des Fürsorge- bzw- Erziehungspflichtigen erfaßt wird[190]. Schadensersatzansprüche aus § 823 Abs. 2 BGB in Verbindung mit § 171 StGB wären also jedenfalls an weit strengere subjektive Voraussetzungen geknüpft als solche aus § 823 Abs. 2 in Verbindung mit § 1666 Abs. 1 BGB. Umgekehrt wird der objektive Tatbestand des § 171 StGB von § 1666 Abs. 1 BGB im vollen Umfang abgedeckt; letzterer ist sogar weitreichender: Von § 171 StGB werden die Kinder nur bis zum 16. Lebensjahr, von § 1666 Abs. 1 BGB bis zur Volljährigkeit geschützt.

2.) *Zwischenergebnis*

Im Ergebnis kann dahinstehen, ob neben § 1666 Abs. 1 BGB auch § 171 StGB als Schutzgesetz anzusehen ist. Einerseits ergäben sich aus § 823 Abs. 2 BGB in Verbindung mit § 171 StGB nur für einen Teil der von § 823 Abs. 2 in Verbindung mit § 1666 Abs. 1 BGB erfaßten Fälle Schadensersatzansprüche. Andererseits gehen die aus § 823 Abs. 2 BGB in

---

190 Dazu, daß nicht nur die gröbliche Pflichtverletzung, sondern auch die konkrete Gefährdung des Kindes vom Vorsatz umfaßt sein muß, s. etwa SK-Horn § 171 Rn. 13; Lackner/Kühl-Kühl § 171 Rn. 7; Tröndle/Fischer-Fischer § 171 Rn. 7.

Verbindung mit § 171 StGB abzuleitenden Ansprüche nie über den nach § 823 Abs. 2 in Verbindung mit § 1666 Abs. 1 BGB zu gewährenden Schadensersatz hinaus. Damit ist es jedenfalls ohne praktisches Interesse, ob § 171 StGB als Schutzgesetz im Sinne des § 823 Abs. 2 BGB angesehen werden kann.

IX. Ansprüche aus § 823 Abs. 2 in Verbindung mit § 1763 Abs. 1 BGB

1.) *§ 1763 Abs. 1 BGB als Schutzgesetz*

Die Gefährdung des Kindeswohles wird allerdings nicht nur in den allgemeinen Vorschriften zur elterlichen Sorge und im Strafrecht, sondern auch im Adoptionsrecht selbst sanktioniert: Nach § 1763 Abs. 1 BGB führen ja die elterlichen Pflichtverletzungen, denen nicht mehr mit Maßnahmen nach § 1666 BGB begegnet werden kann, zur Aufhebung des Annahmeverhältnisses. Es stellt sich daher die Frage, ob diese spezielle Vorschrift des Adoptionsrechtes ebenfalls als Schutzgesetz anzusehen ist und § 1666 Abs. 1 BGB insoweit als sachnähere Regelung unter Umständen sogar verdrängen kann.

a) *Mindestanforderungen an ein Schutzgesetz*

Auch § 1763 Abs. 1 BGB erfüllt ebenso wie § 1666 Abs. 1 BGB und § 171 StGB die unumstrittenen Mindestanforderungen an ein Schutzgesetz: Als Vorschrift des BGB ist § 1763 Abs. 1 BGB selbstverständlich ein Gesetz gemäß Art. 2 EGBGB. Ferner bezweckt auch diese Norm den Individualschutz des Kindes, wie der Wortlaut («zum Wohl des Kindes») ausdrücklich klarstellt. Schließlich untersagt diese Norm ebenso wie § 1666 Abs. 1 BGB ein bestimmtes Verhalten der Eltern, nämlich die Gefährdung des Kindeswohles. Daß dabei ebenso wie in § 1666 Abs. 1 BGB auf Generalklauseln wie die «schwerwiegenden Gründe» zurückgegriffen wird, ist hier wie dort unschädlich. Denn dies ist in beiden Regelungszusammenhängen erforderlich, um alle Möglichkeiten der Kindeswohlgefährdung zu erfassen. Im übrigen ist natürlich auch hier die Konkretisierung zumindest anhand der Judikatur möglich.

b) *Weitere Anforderungen an ein Schutzgesetz*

Auch § 1763 Abs. 1 BGB erfüllt darüber hinaus einige der in Rechtsprechung und Literatur zusätzlich geforderten Voraussetzungen an ein

Schutzgesetz. So regelt diese Norm ebensowenig wie § 1666 Abs. 1 BGB oder § 171 StGB die Erfüllung vertraglicher Hauptleistungspflichten. Ferner fehlt es hier wie dort an einer ausreichenden anderweitigen Absicherung außerhalb des Deliktsrechtes. Auch schützt § 1763 Abs. 1 BGB ebenso wie § 1666 Abs. 1 BGB und § 171 StGB ein besonders hochrangiges Rechtsgut, nämlich das Kindeswohl, das mit den in § 823 Abs. 1 BGB aufgeführten Rechtsgütern auf einer Stufe steht. Schließlich konkretisiert auch § 1763 Abs. 1 BGB ein «rechts- und sozialethisches Minimum». Insoweit bestehen keine Bedenken, § 1763 Abs. 1 BGB als Schutzgesetz anzuerkennen und einen entsprechenden Schadensersatz als sinnvolle Ergänzung zu §§ 823 Abs. 1, 826 BGB zuzusprechen.

c) *Vermögen als primäres und unmittelbares Schutzgut von § 1763 Abs. 1 BGB*

Indessen weist § 1763 Abs. 1 BGB wie schon § 171 StGB nicht den für ein Schutzgesetz erforderlichen Bezug zu vermögensrechtlichen Interessen auf. Es kann keine Rede davon sein, daß das Vermögen des Adoptivkindes das primäre und unmittelbare Schutzgut dieser Norm darstellt. Vielmehr stellt § 1763 Abs. 1 BGB ausdrücklich nur auf das Kindeswohl ab, wobei hier im Gegensatz zu § 1666 Abs. 1 BGB wirtschaftliche Gesichtspunkte völlig ausgeklammert bleiben. Denn die Sicherung des Unterhaltes, die § 1666 BGB als Aspekt des Kindeswohles behandelt, ist für den Regelungszusammenhang des § 1763 BGB irrelevant: Die bloße Verletzung der Unterhaltsverpflichtung wäre keine von § 1763 BGB erfaßte Gefährdung des Kindeswohles, die eine Aufhebung des Annahmeverhältnisses rechtfertigen oder gar erfordern könnte. Zur Abwendung dieser Gefahr würden Maßnahmen nach § 1666 BGB immer ausreichen. Überdies könnte die Aufhebung der Adoption in diesem Fall dem Wohl des Kindes auch gar nicht nutzen, da der Unterhaltsanspruch gegen den Annehmenden dann sogar gänzlich entfiele.

Im Rahmen des § 1763 Abs. 1 BGB spielt also selbst der bescheidene Vermögensschutz, den § 1666 BGB gewähren will, keine Rolle. Im übrigen wurde ja bereits ausführlich dargelegt[191], daß die Vorschriften zur Aufhebung der Adoption eine adäquate Regelung der vermögensrechtlichen Folgen für den Angenommenen vermissen lassen. Schon deshalb

191 S. o. § 1 II 1 u. 2.

ginge es nicht an, auf der Suche nach möglichen Anspruchsgrundlagen für einen Schadensersatzanspruch des Adoptivkindes ausgerechnet in § 1763 BGB eine primär und unmittelbar vermögensschützende Norm zu sehen. Diese vermögensrechtlichen Aspekte wurden bei der Regelung der Aufhebung von Annahmeverhältnissen schlechterdings unberücksichtigt gelassen. Die notwendige Ergänzung dieser lückenhaften Vorschriften muß daher notwendigerweise einem anderen Regelungszusammenhang entnommen werden.

2.) *Zwischenergebnis*

Im Gegensatz zu § 1666 Abs. 1 BGB ist die adoptionsrechtliche Vorschrift des § 1763 Abs. 1 BGB nicht als Schutzgesetz nach § 823 Abs. 2 BGB anzusehen. Denn § 1763 Abs. 1 BGB will anders als § 1666 BGB noch nicht einmal in beschränktem Umfang Vermögensschutz gewähren. Daher kommen Schadensersatzansprüche aus § 823 Abs. 2 in Verbindung mit § 1763 Abs. 1 BGB nicht in Betracht.

X. Ansprüche aus § 826 BGB

1.) *Bedeutung von § 826 BGB im Familienrecht*

Erstaunlicherweise wurden Ansprüche aus § 826 BGB bislang noch nicht einmal für die Fälle in Erwägung gezogen, in denen die Aufhebung der Adoption zwecks «Abschiebung» des Angenommenen bewußt herbeigeführt wird. Das ist um so bemerkenswerter, als § 826 BGB als Rechtssatz höherer Ordnung angesehen wird, der nach heute ganz h.M. im Gegensatz zu § 823 Abs. 1 und Abs. 2 BGB selbst neben den Spezialregelungen des Eherechtes Anwendung findet[192]. Tatsächlich dürften sich aus dieser Anspruchsgrundlage aber häufig sogar noch weitergehende Schadensersatzforderungen ableiten lassen als aus § 823 Abs. 2 in Verbindung mit § 1666 Abs. 1 BGB.

2.) *Die Anspruchsvoraussetzungen für § 826 BGB im einzelnen*

Nach § 826 BGB ist zum Schadensersatz verpflichtet, wer einem anderen

---

192 Eingeschränkt noch in BGHZ 23, 215, 221f; diese Einschränkungen aufgegeben in BGH, NJW 1990, 706, 708f; ebenso z.B. Löwisch 190; Lüke, AcP 178, 10f; Deutsch, FS Gernhuber 595f; Henrich § 8 I 4 c; Giesen Rn. 197; Tschernitschek Rn. 82.

durch eine gegen die guten Sitten verstoßende Handlung vorsätzlich Schaden zufügt.

a) *Schädigungshandlung*

Als Schädigungshandlung kommt hier das jeweilige elterliche Fehlverhalten in Betracht, das zur Aufhebung der Adoption führt. Dabei ist auch ein Unterlassen als Schädigungshandlung anzusehen, sofern ein Tätigwerden sittlich geboten ist[193]. Für die Eltern ergibt sich sogar eine rechtliche Pflicht hierzu: Sie sind schon infolge der familienrechtlichen Fürsorgepflichten etwa aus §§ 1618a, 1626 BGB verpflichtet, schwerwiegende Beeinträchtigungen von ihrem Kind abzuwenden[194]. Auch die zur Aufhebung der Adoption führende Vernachlässigung des Kindes kann somit eine Schädigungshandlung im Sinne dieser Vorschrift sein.

b) *Adäquat kausal herbeigeführter Schaden*

Ebenso unproblematisch ist die Feststellung, daß diese Handlung in der hier interessierenden Fallkonstellation einen Schaden verursacht: Führt das Fehlverhalten des Annehmenden zur Aufhebung der Adoption, so verliert der Angenommene dadurch seine Unterhaltsansprüche und das gesetzliche Erbrecht. Der adäquat-kausale Zusammenhang zwischen der elterlichen Pflichtverletzung und diesem Schaden steht dabei, wie schon oben ausgeführt wurde, außer Zweifel. Hier besteht aber im Gegensatz zu § 823 Abs. 2 in Verbindung mit § 1666 Abs. 1 BGB auch keinerlei Vorbehalt hinsichtlich des Schutzbereichs der Norm: Es ist allgemein anerkannt, daß § 826 BGB auch das Vermögen des Geschädigten ohne jede Einschränkung schützt[195].

Somit fallen auch zukünftige, noch nicht konkretisierte Vermögenspositionen wie eben Unterhalt und künftige Erbenstellung des Kindes in den persönlichen und sachlichen Schutzbereich der Norm. Die Einbeziehung des erbrechtlichen Vermögensschadens in die Elternhaftung ist in

193 Staudinger-Schäfer 12.A.1986 § 826 Rn. 50; RGRK-Steffen § 826 Rn. 31; Soergel-Hönn/Dönneweg § 826 Rn. 62; Palandt-Thomas § 826 Rn. 7.

194 S. die Nachweise o. § 2 II 1 mit Fn. 14.

195 S. z.B. Staudinger-Schäfer 12.A.1986 § 826 Rn. 2; RGRK-Steffen § 826 Rn. 3; Soergel-Hönn/Dönneweg § 826 Rn. 1; Palandt-Thomas § 826 Rn. 1.

diesen Fällen sogar als die eigentliche, über die anderen Anspruchsgrundlagen hinausgehende Bedeutung von § 826 BGB anzusehen. Daneben erfaßt § 826 BGB natürlich auch die bereits nach anderen Normen auszugleichenden Vermögenseinbußen des Angenommenen wie etwa Kosten für Heilbehandlungen o. ä., die infolge des elterlichen Fehlverhaltens erforderlich werden.

c) *Verstoß gegen die guten Sitten*

Die Schädigungshandlung muß des weiteren gegen die guten Sitten verstoßen. Das ist nicht schon dann der Fall, wenn das betreffende Verhalten irgendwelchen außerrechtlichen und damit nicht vom Gesetzgeber legitimierten Moralvorstellungen zuwiderläuft. Insbesondere sollen über § 826 BGB nicht die unter Umständen extrem hohen Anforderungen religiöser bzw. weltanschaulicher Gemeinschaften allgemeinverbindlich werden[196]. Vielmehr erfaßt der Begriff der guten Sitten nur jenen «Grundbestand an Anständigkeit (Loyalität; Fairness) in der Durchsetzung der eigenen Interessen gegenüber dem anderen, der von der Gemeinschaft als für ihre Ordnung maßgebender Wert angesehen wird»[197]. Nicht jede Unbilligkeit verdient also das Verdikt der Sittenwidrigkeit, sondern nur schlechterdings unerträgliche Verstöße gegen elementare Grundsätze des menschlichen Miteinanders[198]. Dies setzt eine breite Übereinstimmung in den beteiligten Kreisen voraus. Dennoch sind die «guten Sitten» vom Gesetzgeber ersichtlich nicht als empirische, etwa auf demoskopischem Wege zu ermittelnde Größe, sondern als normativer Begriff konzipiert worden[199]. Ob ein unbilliges Verhalten auch gegen die

---

196 S. etwa RGRK-Steffen § 826 Rn. 15; Larenz/Canaris § 78 II 1 a; Soergel-Hönn/Dönneweg § 826 Rn. 8; Staudinger-Oechsler § 826 Rn. 1 u. 26.

197 RGRK-Steffen § 826 Rn. 15.

198 RGRK-Steffen § 826 Rn. 15; ähnlich Staudinger-Schäfer 12.A.1986 § 826 Rn. 34 («sittliche Grundvorstellungen»); Larenz/Canaris § 78 II 1 b («rechtsethisches Minimum»); Soergel-Hönn/Dönneweg § 826 Rn. 24 («Mindeststandard»); ebenso Staudinger-Oechsler § 826 Rn. 38.

199 RGRK-Steffen § 826 Rn. 19; Larenz/Canaris § 78 II 1 a; ähnlich Soergel-Hönn/Dönneweg § 826 Rn. 24 («nicht als Tatsachenbegriff, sondern als Wertungskriterium»); Staudinger-Oechsler § 826 Rn. 29; wohl auch Münch.Komm.-Mertens § 826 Rn. 12; für eine stärkere Einbeziehung «demoskopischer» Elemente offenbar Staudinger-Schäfer 12.A. 1986 § 826 Rn. 36-38.

guten Sitten verstößt, ist also eine vorrangig juristische Frage: «Es bleibt daher nur übrig, in erster Linie auf spezifisch rechtliche Wertungen zurückzugreifen. Diese können in weitem Umfang schon gesetzlichen Anhaltspunkten entnommen werden»[200].

Das ist auch hier der Fall: Auf die Frage, ob eine zur Aufhebung des Annahmeverhältnisses führende vorsätzliche Verletzung elterlicher Pflichten gegen die guten Sitten verstößt, gibt schon das Strafrecht eine klare Antwort: § 171 StGB erfaßt, wie gesagt, ein elterliches Fehlverhalten, das dem Mißbrauch der elterlichen Sorge bzw. der Vernachlässigung des Kindes im Sinne des § 1666 Abs. 1 BGB entspricht. Ein wesentlicher Unterschied besteht, wie bereits ausgeführt, nur im subjektiven Tatbestand: § 171 StGB setzt im Gegensatz zu § 1666 Abs. 1 BGB Vorsatz bezüglich des elterlichen Fehlverhaltens und der Kindeswohlgefährdung voraus. Beim Vorliegen dieser subjektiven Voraussetzungen befand der Gesetzgeber eine nach § 1666 Abs. 1 BGB beachtliche Pflichtverletzung der Eltern sogar für strafwürdig. Die Strafbewehrung kennzeichnet aber ein schlechterdings unerträgliches Verhalten, das gegen unabdingbare Grundsätze des menschlichen Miteinanders und somit auch gegen die guten Sitten gemäß § 826 BGB verstößt.

Ob die Sittenwidrigkeit auch bei (grober) Fahrlässigkeit des Annehmenden noch zu bejahen wäre, kann angesichts der subjektiven Erfordernisse von § 826 BGB dahinstehen. Denn § 826 BGB verlangt, daß sowohl die beeinträchtigende Handlung als auch der dadurch verursachte Schaden mindestens vom bedingten Vorsatz des Schädigers umfaßt werden. Verletzt der Annehmende seine elterlichen Pflichten nur fahrlässig oder hat er hinsichtlich der Gefährdung des Kindeswohles keinen Vorsatz, so scheidet ein Anspruch aus § 826 BGB ohnehin aus. Ob das elterliche Fehlverhalten in diesen Fällen gegen die guten Sitten verstößt, ist dann unerheblich.

d) *Vorsatz*

Die subjektiven Voraussetzungen für einen Schadensersatzanspruch nach § 826 BGB gehen teilweise sogar noch über § 171 StGB hinaus. Denn für § 826 BGB genügt es noch nicht einmal, daß der Annehmende irgendeine

---

200 Larenz/Canaris § 78 II 1 a.

Beeinträchtigung des Kindes voraussieht und in Kauf nimmt. Der aus § 826 BGB in Anspruch Genommene muß im Hinblick auf die konkret eingetretene und geltend gemachte Vermögenseinbuße, hier also bezüglich des Verlustes von Unterhalt und gesetzlichem Erbrecht, vorsätzlich gehandelt haben. Es reicht also nicht aus, daß der Annehmende die Beeinträchtigung des Kindeswohles in Kauf nimmt. Denn der Vorsatz des nach § 826 BGB Ersatzpflichtigen muß auf einen wenigstens der «Art und Richtung» nach konkretisierten Schaden gerichtet sein[201]. Die Beeinträchtigung einer gesunden physischen und psychischen Entwicklung ist aber ein immaterieller Schaden, der Wegfall von Unterhaltsansprüchen und gesetzlichem Erbrecht ein Vermögensschaden. Beide Einbußen unterscheiden sich somit schon in der grundsätzlichsten der schadensersatzrechtlichen Kategorien. Sie sind demnach sicherlich nicht der «Art und Richtung» nach vergleichbar. Vorsatz bezüglich der Kindeswohlgefährdung allein genügt also nicht, wenn aus § 826 BGB Schadensersatz für den Wegfall von Unterhalt und gesetzlichem Erbrecht begehrt wird.

Dies dürfte in den hier interessierenden Fallgestaltungen bisweilen trotz eines erheblichen elterlichen Fehlverhaltens Ansprüche aus § 826 BGB wegen des Verlustes von Unterhalt und künftiger Erbenstellung ausschließen. Adoptiveltern handeln, selbst wenn sie sich nach § 171 StGB strafbar machen, nicht unbedingt auch bezüglich der unterhalts- und erbrechtlichen Konsequenzen vorsätzlich. Es sind sehr wohl Konstellationen denkbar, in denen der Annehmende sogar vorsätzlich gegen § 171 StGB verstößt und auch die daraus resultierende Gefährdung des Kindes erkennt und in Kauf nimmt, nicht aber die Aufhebung des Annahmeverhältnisses. Etwa der Adoptivvater, der den Angenommenen sexuell mißbraucht, wird die Auflösung der Adoption und damit den Wegfall von Unterhaltsansprüchen und künftiger Erbenstellung des Kindes üblicherweise sogar unter allen Umständen verhindern wollen. Denn eine entsprechende Entscheidung des Vormundschaftsgerichtes würde ein Strafverfahren nach sich ziehen, in dem er eine mehrjährige Freiheitsstrafe zu erwarten hätte. Die Aufhebung des Annahmeverhält-

201 Larenz/Canaris § 78 III 1 b; ähnlich etwa Staudinger-Schäfer 12.A.1986 § 826 Rn. 77; RGRK-Steffen § 826 Rn. 34; Soergel-Hönn/Dönneweg § 826 Rn. 64; Staudinger-Oechsler § 826 Rn. 78 f; Palandt-Thomas § 826 Rn. 10.

nisses wäre also auch für den Annehmenden mit schweren Folgen verbunden. Eine solche Konsequenz seines Fehlverhaltens nimmt er schwerlich bewußt in Kauf. Vielmehr wird der Adoptivvater in diesem Falle hoffen, es werde schon alles «gutgehen». Ähnliches dürfte oftmals auch dann gelten, wenn die vom Annehmenden verschuldeten Aufhebungsgründe nicht ganz so schwerwiegend sind: Auch dann wird er häufig versuchen, sein Fehlverhalten nicht an die Öffentlichkeit oder gar vor ein Gericht gelangen zu lassen. Damit ist der durch die Aufhebung verursachte Verlust von Unterhaltsansprüchen und gesetzlichem Erbrecht aber gerade nicht von seinem Vorsatz erfaßt.

Diese Beispiele erlauben natürlich nicht den Schluß, daß Schadensersatzansprüche aus § 826 BGB wegen aufhebungsbedingter Vermögenseinbußen des Adoptivkindes immer am fehlenden Vorsatz des Annehmenden scheitern. Der hier interessierende Wegfall von Unterhaltsansprüchen und gesetzlichem Erbrecht kann durchaus vom Vorsatz des Annehmenden erfaßt sein: Wie bereits mehrfach angesprochen, kann es dem Annehmenden gerade darauf ankommen, daß er von seinen Verpflichtungen gegenüber dem Adoptivkind im Wege der Aufhebung gemäß § 1764 BGB befreit wird. Dann erstrebt er den Wegfall von Unterhaltsansprüchen und gesetzlichem Erbrecht sogar mit dolus directus. Es ist aber auch vorstellbar, daß der Annehmende diesen Vermögensschaden des Kindes lediglich als mögliche Folge seines Handelns voraussieht und in Kauf nimmt. Eine solche bedingt vorsätzliche Schädigung kann insbesondere dann vorliegen, wenn der Annehmende das Kind völlig vernachlässigt, ohne sich um die damit verbundenen vermögensrechtlichen Konsequenzen zu kümmern. In beiden Fällen sind die subjektiven Voraussetzungen eines Schadensersatzanspruchs aus § 826 BGB wegen des Wegfalls von Unterhalt und gesetzlichem Erbrecht erfüllt.

Es wird also in der Praxis oftmals von entscheidender Bedeutung sein, ob der Annehmende bezüglich dieses Vermögensschadens mindestens bedingt vorsätzlich oder nur (grob) fahrlässig gehandelt hat. Allgemeingültige Kriterien zur Beantwortung dieser Frage können allerdings nicht angeboten werden; maßgeblich sind die konkreten Umstände des Einzelfalls. Dabei kann man natürlich wertungsbedingt zu unterschiedlichen Ergebnissen gelangen. Das ist indessen bei der Abgrenzung zwischen grober Fahrlässigkeit und bedingtem Vorsatz unvermeidbar und kein spezifisches Problem der hier vorgeschlagenen Lösung zur schadensersatzrechtlichen Abwicklung aufgehobener Annahmeverhältnisse.

3.) *Die Berechnung der Schadensersatzansprüche*

a) *Der Ausgleich der erloschenen Unterhaltsansprüche*

Probleme eigener Art wirft der Anspruch aus § 826 BGB beim Umfang des Schadensersatzes auf. Für den Wegfall der Unterhaltsverpflichtungen gilt grundsätzlich noch das zu § 823 Abs. 2 in Verbindung mit § 1666 Abs. 1 BGB Gesagte: Der Angenommene kann insoweit Ausgleich verlangen, als nicht neue Unterhaltsansprüche gegen die leiblichen Eltern oder den Annehmenden einer Zweitadoption in Anrechnung zu bringen sind. Modifikationen ergeben sich allerdings schon hier im Hinblick auf eine Kapitalisierung des Unterhaltsanspruchs: Immerhin kann der Angenommene bei entsprechendem Schädigungsvorsatz des Annehmenden aus § 826 BGB auch einen Ausgleich für den Verlust des gesetzlichen Erbrechtes verlangen. Anders als bei den Ansprüchen aus § 823 Abs. 2 in Verbindung mit § 1666 Abs. 1 BGB würden die Schadensersatzansprüche für den weggefallenen Unterhalt dann selbst beim Tode des Annehmenden nicht ersatzlos entfallen: Das ehemalige Adoptivkind kann in diesem Falle ja aus § 826 BGB auch besagten Schadensersatz für den Verlust seiner Erbenstellung verlangen. Umgekehrt dürfte aber insoweit der oben besprochene «wichtige Grund» für die Kapitalisierung des Schadensersatzes wegen der erloschenen Unterhaltsansprüche hier nicht vorliegen.

b) *Die Problematik beim Schadensersatz für den Wegfall der zukünftigen Erbenstellung*

Weit größere Schwierigkeiten wirft der Ausgleich für den Wegfall der künftigen Erbenstellung auf. Es liegt zwar nach h. M. ein ersatzfähiger Schaden vor, wenn ein potentieller Erbe durch fremdes Fehlverhalten um sein Erbrecht gebracht wird. Das zeigen insbesondere die Entscheidungen zu den Fällen, in denen der vorgesehene Erbe wegen notarieller Fehler nicht wirksam eingesetzt wurde: Hier wird die Ersatzpflicht des Notars gegenüber dem verhinderten Erben von der Rechtsprechung und der wohl überwiegenden Lehre bejaht[202]. Allerdings bereitet die Feststellung der Schadenshöhe bei derartigen Fehlern eines Notars keine grundsätzlichen Schwierigkeiten. Der Anteil, den der vorgesehene Erbe erhalten sollte, ist ja regelmäßig bekannt. Zudem kommt es in diesem Zusammenhang üblicherweise nur zum Prozeß, wenn das Fehlverhalten des Notars nicht mehr zu korrigieren ist. Das ist zumeist erst nach dem Tode des Erblassers der Fall. Dann ist aber auch der Umfang des Nachlasses problemlos zu ermitteln.

Hingegen steht unmittelbar nach Aufhebung einer Adoption weder der Umfang des zukünftigen Nachlasses noch der hypothetische Anteil, den der Angenommene bei Fortbestand der Adoptivverwandtschaft erhalten hätte, fest: Da der Annehmende zu dieser Zeit unter Umständen noch Jahrzehnte seines Lebens vor sich hat, sind einigermaßen zuverlässige Voraussagen über das Vermögen, das er hinterlassen wird, kaum möglich. Ebensowenig läßt sich feststellen, welchen Erbteil er dem Angenommenen zugedacht hätte. Der Schaden bleibt also bei Aufhebung des Annahmeverhältnisses gleich in doppelter Weise unbezifferbar. Die damit verbundenen Probleme lassen sich grundsätzlich auf zwei Wegen lösen.

4.) *Die prozessuale Lösung*

a) *Der Umfang des Erbteils*

Am einfachsten läßt sich der Schadensersatz für den Wegfall des gesetzlichen Erbrechtes wohl dann handhaben, wenn man die mangelnde Bestimmbarkeit von Erbteil und künftigem Nachlaß als rein prozessuale Probleme behandelt. So kann die Frage nach der Höhe des Erbteiles durchaus unter dem Aspekt der Beweislast beantwortet werden: Sicher ist nur, daß der Annehmende den Pflichtteilsanspruch verliert; inwieweit der Erbteil bei fortbestehender Adoptivverwandtschaft höher ausgefallen wäre, muß er beweisen. Dadurch dürften die Schadensersatzansprüche zwar regelmäßig auf den Umfang eines Pflichtteilsanspruchs reduziert werden. Denn der volle Beweis, daß der Angenommene bei Fortbestand der Adoptivverwandtschaft mehr als den Pflichtteil erhalten

---

202 S. etwa BGH, NJW 1965, 1955, 1956f; NJW 1996, 1062, 1063f; zust. z.B. Soergel-Harder § 17 BeurkG Rn. 9; Münch.Komm.-Burkart § 2232 Rn. 30; Palandt-Edenhofer § 1937 Rn. 25.

hätte, dürfte kaum je zu führen sein. Allerdings erscheint diese Folge in der hier zugrundeliegenden Situation tragbar. Immerhin kann der Annehmende den Erbteil des Angenommenen auch bei korrekter Ausübung der elterlichen Sorge in entsprechendem Umfang reduzieren. Daß er von dieser Möglichkeit Gebrauch gemacht hätte, erscheint in der hier zu betrachtenden Fallkonstellation naheliegend. Immerhin muß er den Wegfall des gesetzlichen Erbrechtes ja mindestens bedingt vorsätzlich herbeigeführt haben, um überhaupt eine Haftung aus § 826 BGB herbeizuführen. Insoweit geschieht dem Angenommenen kein Unrecht, wenn man ihm für einen Schadensersatzanspruch, der über den Umfang des Pflichtteils hinausgeht, die Beweislast auferlegt.

b) *Der Umfang des Nachlasses*

Auch der weiteren Schwierigkeit, daß sich der Schadensumfang mangels Bestimmbarkeit des künftigen Nachlasses noch nicht ermitteln läßt, kann man mit herkömmlichen Instituten des Prozeßrechts begegnen. Es ist auch in anderen Zusammenhängen nicht ungewöhnlich, daß sich die genaue Schadenshöhe erst längere Zeit nach der Schädigungshandlung feststellen läßt. Da dieser Zeitpunkt häufig schon aus Gründen der Verjährung (§ 852 Abs. 1 BGB) nicht abgewartet werden kann, behilft sich die Praxis hier mit der Feststellungsklage nach § 256 Abs. 1 ZPO[203]. Eine solche Feststellung, daß der Anspruch des Angenommenen auf Schadensersatz für den Wegfall seines gesetzlichen Erbrechtes (eventu-

203 Vgl. o. § 214 mit Fn. 7. Dem kann vorliegend nicht entgegengehalten werden, es werde nur die Verletzung von Vermögensinteressen, nicht aber eines absoluten Rechtes geltend gemacht. Zwar gelten nach der Rspr. (z.B. BGH, NJW 1993, 648, 654; 1996, 1062, 1063) strengere Anforderungen, wenn nur vermögensschützende Normen, kein absolutes Recht verletzt wird: In diesem Fall reicht die bloße Möglichkeit, daß sich in der Zukunft aus dem Normverstoß ein Schaden entwickeln kann, nicht aus. Vielmehr muß die Wahrscheinlichkeit eines Schadenseintritts substantiiert dargetan werden. Das ist hier aber ohne weiteres möglich, da die zur Aufhebung der Adoption führende Verletzung elterlicher Pflichten zwangsläufig den Verlust des Pflichtteilsanspruchs nach sich zieht. Es kann also nicht nur eine Wahrscheinlichkeit, sondern die Gewißheit eines künftigen Schadens dargelegt werden.

Speziell zur vorliegenden Konstellation, daß ein Schadensersatzanspruch wegen entgehender Erbansprüche noch zu Lebzeiten des künftigen Erblassers festgestellt werden kann, s. jetzt BGH, NJW 1996, 1062, 1063.

ell unter Berücksichtigung eines Mitverschuldens) begründet ist, kommt auch hier in Betracht. Die genaue Bezifferung könnte dann nach dem Tode des Annehmenden vorgenommen werden. Denn die dem Grunde nach festgestellte Verpflichtung zum Schadensersatz geht als Nachlaßverbindlichkeit auf den Erben über. Im Gegensatz zum Unterhalt fällt der Schaden auch nicht mit dem Tode des Annehmenden weg. Vielmehr tritt er mit diesem Ereignis erst ein, ähnlich wie in den Fällen des Notars- oder Rechtsanwaltsregresses wegen Fehlern bei der Testamentsvorbereitung[204].

c) *Die Verjährungsproblematik*

Eine solche rein prozessuale Lösung für die Probleme, die sich beim Schadensersatz für den Wegfall der künftigen Erbenstellung ergeben, erzielt auch im Hinblick auf die Verjährungsregelungen in § 852 BGB befriedigende Lösungen. Die dreijährige Verjährung wird, wie gesagt, schon durch die Erhebung der Feststellungsklage unterbrochen. Etwas komplizierter gestaltet sich die Rechtslage bezüglich der dreißigjährigen Verjährungsfrist gemäß § 852 Abs. 1 letzter Halbsatz BGB. Diese läuft ab Begehung der unerlaubten Handlung, selbst wenn der Geschädigte vom Schaden nichts weiß oder wenn dieser noch gar nicht eingetreten ist[205]. Letzteres ist in vorliegendem Zusammenhang keineswegs ausgeschlossen, da der Annehmende nach Aufhebung der Adoption durchaus noch dreißig Jahre leben kann. Den Schadensersatzforderungen wegen der entgangenen erbrechtlichen Ansprüche könnte dann die Verjährung nach § 852 Abs. 1, letzter Halbsatz BGB entgegengehalten werden. Daran ändert auch ein bereits erstrittenes Feststellungsurteil grundsätzlich nichts. Denn auch ein rechtskräftig festgestellter Anspruch verjährt gemäß § 218 Abs. 1 BGB in 30 Jahren. Diese Regelung erfaßt ihrem klaren Wortlaut zufolge auch Feststellungsurteile[206].

---

204 Zum Wegfall der Unterhaltsansprüche gem. § 1615 Abs. 1 BGB und den Auswirkungen auf den Schadensersatzanspruch des Angenommenen gegen seine ehemaligen Adoptiveltern s.o. § 2 VII 6 a.

205 Münch.Komm.-Stein § 852 Rn. 63; Soergel-Zeuner § 852 Rn. 25; Palandt-Thomas § 852 Rn. 15.

206 RGRK-Johannsen § 218 Rn. 2; AK-Kohl § 218 Rn. 3; Soergel-Walter § 218 Rn. 3; Staudinger-Peters § 218 Rn. 5; Palandt-Heinrichs § 218 Rn. 1.

Eine Lösung dieses Problems ließe sich dem Wortlaut nach über § 852 Abs. 3 BGB erreichen. Denn nach dieser Vorschrift ist der Schadensersatzanspruch im Umfang der ungerechtfertigten Bereicherung des Ausgleichspflichtigen von der Verjährung ausgenommen[207]. Hier käme als Bereicherung die Befreiung des Annehmenden und seiner Erben von einem Pflichtteilsanspruch in Betracht, da diese Rechte des Adoptivkindes ja nach § 1764 Abs. 2 BGB erlöschen. Allerdings wird im Zusammenhang mit einer Parallelproblematik bestritten, daß die Befreiung von Erbansprüchen eine Bereicherung auf Kosten des weichenden Erben darstellt[208]. Dieser Streit muß hier indessen nicht entschieden werden. Denn nach h.M. soll sich die Verjährungsregelung des § 852 Abs. 3 BGB ohnehin nur auf die Dreijahresfrist des § 852 Abs. 1 1. Halbsatz BGB, nicht aber auf die dreißigjährige Verjährung des letzten Halbsatzes beziehen[209]. Demnach wären die Ansprüche gegen den Annehmenden nach 30 Jahren auch dann verjährt, wenn man die Befreiung von Erbansprüchen als Bereicherung auf Kosten des Angenommenen ansieht.

Folgt man der h.M. zu § 852 Abs. 3 BGB, so läßt sich die Verjährung des Schadensersatzes nur durch eine erneute Feststellungsklage verhindern. Eine solche zweite Klage ist nach allgemeiner Auffassung trotz rechtskräftiger Entscheidung in derselben Sache ausnahmsweise zulässig, da der Gläubiger ansonsten ohne Rechtsschutzmöglichkeit sei-

---

207 BGHZ 71, 86, 98ff; zust. etwa Münch.Komm.-Stein § 852 Rn. 70; Soergel-Zeuner § 852 Rn. 32; Palandt-Thomas § 852 Rn. 21.

208 Diese Auffassung vertreten bei der Frage, ob ein Erbverzicht bei Nichtigkeit des zugrundeliegenden Verpflichtungsgeschäftes kondiziert werden kann, z.B. Soergel-Damrau § 2346 Rn. 4; Erman-Schlüter Vor § 2346 Rn. 4; Palandt-Edenhofer Vor § 2346 Rn. 11; hiergegen mit guten Gründen RGRK-Johannsen § 2346 Rn. 6; AK-Teubner Vor § 2346 Rn. 30; Staudinger-Schotten § 2346 Rn. 183; Münch.Komm.-Strobel § 2346 Rn. 24. Überwiegend wird die Kondizierbarkeit sogar über den Pflichtteil hinaus auf den Erbverzicht insgesamt bezogen. Rspr. hierzu liegt, soweit ersichtlich, noch nicht vor.

209 BGHZ 98, 77, 81f; ebenso z.B. Staudinger-Schäfer 12.A.1986 § 852 Rn. 124; RGRK-Kreft § 852 Rn. 98; Münch.Komm.-Stein § 853 Rn. 70; einschränkend Palandt-Thomas § 852 Rn. 19, der nur «idR» von einer Verjährung nach 30 Jahren ausgehen will (mögliche Ausnahmen werden allerdings nicht näher behandelt); überhaupt kein Hinweis darauf, daß § 852 Abs. 3 BGB nur auf die dreijährige Frist des § 852 Abs. 1 1. Halbsatz BGB bezogen sein soll, findet sich bei Soergel-Zeuner § 852 Rn. 32.

ne titulierten Ansprüche verlöre: Die Rechtsordnung «muß den Gläubiger von den (Sperr-) Wirkungen der Rechtskraft jedenfalls so freistellen, als dies notwendig ist, um ihm die Wahrung seiner Rechte im Hinblick auf die drohende Verjährung zu ermöglichen. Gegenüber einem solchen unabweisbaren Bedürfnis nach Rechtsschutz muß die Rechtskraftwirkung des ersten Urteils zurücktreten»[210]. Dabei sind Rechtsschutz- und Feststellungsinteresse für die neuerliche Feststellungsklage schon wegen der drohenden Verjährung zu bejahen[211]. Auf diesem Wege ist das Fortbestehen der Ausgleichspflicht auch nach Ablauf von 30 Jahren noch gewährleistet.

d) *Tatsächliche Schwierigkeiten bei der Durchsetzung des Anspruchs*

Die Schwierigkeiten bei der Ermittlung des Schadensersatzes für den erbrechtlichen Vermögensverlust lassen sich also rein rechtlich durchaus auf prozessualem Wege lösen. Der Angenommene muß zunächst ein Feststellungsurteil erstreiten, in dem die grundsätzliche Verpflichtung zum Schadensersatz für den Verlust des gesetzlichen Erbrechtes festgestellt wird. Nach dem Tod des Annehmenden kann das ehemalige Adoptivkind auf Zahlung des Schadensersatzes klagen. Sollte es dessen Umfang, was regelmäßig der Fall sein dürfte, nicht sogleich beziffern können, muß es im Wege der Stufenklage zuerst Auskunft über den Umfang des Nachlasses verlangen[212] und anschließend den daraus zu ermittelnden konkreten Schadensersatz.

---

210 BGHZ 93, 287, 291; jedenfalls im Ergebnis ebenso z.B. RGRK-Johannsen § 218 Rn. 6; AK-Kohl § 218 Rn. 6; Soergel-Walter § 218 Rn. 10; Staudinger-Peters § 218 Rn. 13; Palandt-Heinrichs § 218 Rn. 6; a.A.: Münch.Komm.-v. Feldmann § 218 Rn. 11.

211 RGRK-Johannsen § 218 Rn. 6; Soergel-Walter § 218 Rn. 10; Staudinger-Peters § 218 Rn. 13; s. zu vergleichbarer Problematik etwa RGZ 61, 164, 168. Einige Stimmen im Schrifttum führen überdies aus, die Rechtskraft schließe eine neue Klage nicht aus, sondern nur ein abweichende Sachentscheidung (z.B. RGRK-Johannsen § 218 Rn. 6; Soergel-Walter § 218 Rn. 10). Das ist in dieser Allgemeinheit zumindest mißverständlich, da die Rechtskraft in der Regel schon zur Unzulässigkeit einer weiteren Klage führt, s. BGHZ 93, 287, 290.

212 Sofern man den Anspruch auf Auskunft über den Umfang des Nachlasses nicht schon als Teil der Ansprüche aus unerlaubter Handlung ansehen will, läßt sich ein solches Auskunftsbegehren jedenfalls unschwer auf eine analoge Anwendung von § 2314 Abs. 1 BGB stützen.

Problematisch wird es allenfalls, den im Feststellungsurteil grundsätzlich bejahten Schadensersatzanspruch Jahre später tatsächlich durchzusetzen. Immerhin setzt der Anspruch aus § 826 BGB ja gerade voraus, daß der Annehmende sein Adoptivkind mindestens bedingt vorsätzlich um sein gesetzliches Erbrecht bringen wollte. Die Gründe hierfür, etwa die unerwartete Geburt leiblichen Nachwuchses oder die Zerstörung des Eltern-Kind-Verhältnisses entfallen mit dem Feststellungsurteil üblicherweise nicht. Es besteht demnach die dringende Gefahr, daß der Annehmende den noch zu beziffernden Schadensersatz durch «rechtzeitige» Manipulationen zugunsten der gewünschten Erben möglichst gering zu halten versucht.

Allerdings handelt es sich bei diesen Schwierigkeiten in der tatsächlichen Durchsetzung nicht um ein spezifisches Problem des hier entwickelten Schadensersatzanspruchs. Entsprechende Schwierigkeiten ergeben sich fast zwangsläufig schon aus der gesetzlichen Normierung eines Pflichtteilsanspruchs: Bei dieser Vorgabe des Erbrechtes wird es immer wieder zu Versuchen kommen, den Umfang des Pflichtteils möglichst gering zu halten. Es liegt angesichts identischer Interessen daher nahe, die hierfür im Erbrecht vorgesehenen Regelungen analog auf den hier behandelten Schadensersatzanspruch des Angenommenen anzuwenden. Insbesondere kann das ehemalige Adoptivkind demnach gemäß § 2325 BGB analog gegenüber Dritten, die vom Annehmenden beschenkt wurden, die Ergänzung seines Schadensersatzanspruchs verlangen.

Es versteht sich von selbst, daß diese Vorgehensweise insbesondere dann, wenn seit der Aufhebung der Adoption längere Zeit vergangen ist, aus tatsächlichen Gründen schwierig sein kann. Mit derartigen Schwierigkeiten hat aber auch der Pflichtteilsberechtigte zu kämpfen, auf den § 2325 BGB direkt anwendbar ist. Aus diesem Grunde sind vergleichbare Unzulänglichkeiten in der Durchsetzung des Schadensersatzanspruchs auch beim ehemaligen Adoptivkind hinzunehmen. Schließlich soll es gegenüber dem Pflichtteilsberechtigten auch nicht bevorteilt werden.

5.) *Die Abfindungslösung*

a) *Probleme der prozessualen Lösung*

Trotz seiner anfänglichen Unbezifferbarkeit ist der Schadensersatzanspruch des Angenommenen für den aufhebungsbedingten Verlust seiner Erbenstellung im Ergebnis ohne grundsätzliche rechtliche Probleme handhabbar. Allerdings dürfte die oben erörterte Vorgehensweise in der Praxis bisweilen zu gewissen Schwierigkeiten führen. Immerhin tritt zumindest an die Stelle des Annehmenden in jedem Falle eine neue Partei, die zudem häufig aus einer Erbengemeinschaft bestehen wird. Diese hat, da die Aufhebung der Adoption nicht selten Jahre oder gar Jahrzehnte zurückliegen wird, häufig keine nähere Kenntnis über die Vorgänge bis zum Feststellungsurteil. Zudem sind Erbengemeinschaften schon aus formalen Gründen, etwa beim Zugang von Willenserklärungen weit kompliziertere Partner für die erforderlichen Verhandlungen über die Höhe des Schadensersatzes als der Annehmende selbst, ganz abgesehen von internen Abstimmungsproblemen[213]. Für einen möglicherweise erforderlichen zweiten Rechtsstreit über die Höhe des Schadensersatzes wäre zudem das Gericht Jahre oder Jahrzehnte nach dem Feststellungsurteil nicht mehr sachkundig. Entsprechendes gilt schließlich auch für den Bevollmächtigten des ehemaligen Adoptivkindes.

b) *Die Schätzung des Schadensersatzanspruchs*

Vor diesem Hintergrund erscheinen Überlegungen angebracht, ob man einen unter Umständen jahrzehntelangen Schwebezustand mit doppelter Prozeßbelastung nicht vermeiden kann. Das setzt voraus, daß man anstelle des Feststellungsurteils sogleich eine bestimmte Schadensersatzleistung festsetzen kann. Denkbar ist etwa eine Pauschalierung, die auf eine genaue Ermittlung des Schadensumfangs bewußt verzichtet.

Derartige Lösungen, in denen der zukünftige Wert einer Forderung nur abgeschätzt wird, sind auch aus anderen Fallkonstellationen be-

---

213 Diese unzureichende innere Organisation einer Erbengemeinschaft hat auch in anderen Zusammenhängen besondere Probleme aufgeworfen, die teilweise sogar zur Aufgabe erbrechtlicher Vorgaben geführt haben. So findet beispielsweise im Gesellschaftsrecht unter Abweichung von der Universalsukzession gem. § 2032 ff BGB Sonderrechtsnachfolge in einen Gesellschaftsanteil statt, da die Erbengemeinschaft als solche mangels organisatorischer Verfestigung nicht Mitglied einer Personengesellschaft sein kann, s. BGHZ 22, 186, 191-193; 68, 225, 229-237.

kannt. So sind beispielsweise im Zugewinnausgleich ungewisse und unsichere Rechte nach Auffassung des BGH entgegen zuvor h.M. nicht gemäß § 2313 BGB analog außer Ansatz zu lassen. Vielmehr müssen sie mit ihrem Schätzwert zur Zeit des Zugewinnausgleichs eingestellt werden[214]. Ähnliche Regelungen finden sich in Konkurs bzw. Insolvenz für Forderungen, deren Geldbetrag unbestimmt oder ungewiß ist[215]. Umgekehrt können künftige Entwicklungen auch anspruchsmindernd zu berücksichtigen sein, etwa im Rahmen der Vorteilsausgleichung[216]. Das betrifft gerade auch den Fall, daß der Vermögensschaden durch den Anfall einer Erbschaft ausgeglichen wird: Hier sind dem Geschädigten zufließende Vermögensvorteile, die der Erblasser ohne Eingriff des Schädigers noch verbraucht hätte, anzurechnen[217]. Auch dies erfordert eine notwendigerweise pauschalierende Schätzung zukünftiger, hier sogar rein hypothetischer Entwicklungen[218].

Es entspräche demnach einer aus anderen Fallkonstellationen bekannten Übung von Rechtsprechung und Literatur, wollte man den gegenwärtigen Wert des verlorenen Pflichtteils unter Einbeziehung künftiger Entwicklungen schätzen. Beim Schadensersatz für das verlorene gesetzliche Erbrecht würde eine solche pauschalierte Schätzung allerdings im Gegensatz zu den angeführten Parallelfällen nur ein Problem lösen: Bei der Berechnung des Zugewinnausgleichs ist lediglich unklar,

---

214 BGHZ 87, 367, 369-373; zust. z.B. Soergel-Lange § 1376 Rn. 15; Münch. Komm.-Gernhuber § 1376 Rn. 16; Palandt-Diederichsen § 1376 Rn. 5.

215 Zu alter und neuer Rechtslage bei unbestimmten oder ungewissen Forderungen s. Kilger/Schmidt § 69 KO Rn. 6; Hess-Hess § 69 KO Rn. 6; Smid-Smid § 45 Rn. 7.

216 Hierzu allgemein z.B. Soergel-Mertens Vor § 249 Rn. 205 ff; Münch. Komm.-Grunsky Vor § 249 Rn. 93 ff; Palandt-Heinrichs Vor § 249 Rn. 119 ff.

217 BGHZ 8, 325, 328 ff; BGH, NJW 1974, 1236, 1237; 1979, 760, 760 f; Steffen, VersR 1985, 609; Palandt-Heinrichs Vor § 249 Rn. 139 f; vgl. Soergel-Mertens Vor § 249 Rn. 234.

218 Hierzu bes. deutlich BGH, NJW 1979, 760, 761: Danach hat «der Richter (...) den hypothetischen Verlauf zu erforschen, wobei in der Regel die tatsächliche Entwicklung vor dem Tod des Unterhaltspflichtigen eine wesentliche Erkenntnisquelle zur Überzeugungsbildung darstellen wird». Gerade deswegen krit. Soergel-Mertens Vor § 249 Rn. 234; zu derartigen Pauschalierungen mit prognostischen Elementen im Schadensersatzrecht allgemein Steffen, VersR 1985, 605-611 (mit zahlreichen weiteren Beispielen aus der Rspr.); ähnlich Harrer, FuR 1990, 208.

mit welchem Wert ein ungewisses oder bedingtes Recht anzusetzen ist. Hingegen steht fest, daß es bereits bei der Saldierung der Vermögensmassen mit seinem gegenwärtigen Wert zu berücksichtigen ist. Entsprechendes gilt für Forderungen in Konkurs und Insolvenz oder für die Vorteilsanrechnung: Es ist nur zu ermitteln, wie hoch die Forderung oder in welchem Umfang eine Vorteilsausgleichung anzusetzen ist. Daß die Forderung und der ausgleichende Vorteil sofort berücksichtigt werden dürfen, steht indessen fest.

Dagegen ist der hier zu behandelnde Schadensersatz des Angenommenen für den Wegfall seiner künftigen Erbenstellung nicht nur der Höhe nach unbestimmt, sondern zudem erst zu einem späteren Zeitpunkt fällig. Ein voller, wenn auch pauschalierter Schadensersatz für das entgangene gesetzliche Erbrecht würde dem Angenommenen insoweit mehr gewähren, als er bei Fortbestand der Adoptivverwandtschaft beanspruchen könnte: Er würde sein Erbteil jedenfalls in Form eines pauschalierten Schadensersatzes sofort erhalten, allenfalls vermindert um gewisse schätzungsbedingte Risiko- und Zinsabschläge. Umgekehrt würde ein derartiger Schadensersatz den Annehmenden unter Umständen wirtschaftlich ruinieren. Jedenfalls dann, wenn das ehemalige Adoptivkind der einzige Pflichtteilsberechtigte war, dürfte eine solche «Beerbung bei lebendigem Leibe»[219] die Möglichkeiten des Annehmenden regelmäßig überschreiten.

c) *Die Abfindung nach Maßgabe der §§ 1934 d, e BGB a.F.*

Einen vollen, wenn auch pauschalierten Schadensersatz für seinen Pflichtteil kann der Angenommene nach alledem nicht verlangen. Damit sind die Möglichkeiten eines sofortigen Ausgleichs für den Verlust des gesetzlichen Erbrechtes allerdings noch nicht erschöpft. Immerhin kann auch der Pflichtteilsberechtigte gemäß §§ 2346 ff BGB gegen eine Abfindung auf sein zukünftiges Erbrecht verzichten. In entsprechender Weise könnte auch dem ehemaligen Adoptivkind eine sofortige Leistung als Ausgleich für den Verlust der künftigen Erbenstellung gezahlt werden, wofür es seinerseits auf den künftigen Schadensersatzanspruch verzichtet.

---

219 So das polemische Schlagwort gegen den vorzeitigen Erbausgleich im früheren Nichtehelichenerbrecht, vgl. Münch.Komm.-Leipold § 1934 d Rn. 6 m.w.N; s. hierzu auch Staudinger-Werner § 1934 d Rn. 2.

Eine derartige Abwicklung kann durchaus im Interesse beider Seiten sein. So erhält der Angenommene zwar keinen vollständigen Schadensersatz für den Erbteil, der ihm beim Tode des Angenommenen zugefallen wäre. Die Abfindung kommt ihm dafür sofort zugute, was um so wichtiger ist, als er sich unmittelbar nach Aufhebung der Adoption üblicherweise in einer besonders schwierigen Situation befindet: Gerade zu dieser Zeit, da er unter Umständen für entscheidende Weichenstellungen in seiner Lebensplanung wie Ausbildung, Studium, Existenzgründung o.ä. erhebliches Startkapital benötigt, wäre die Abfindung für ihn besonders wertvoll. Zudem entgeht er der Gefahr, daß sein Schadensersatzanspruch durch Manipulationen des Annehmenden zumindest teilweise vereitelt wird. Der Annehmende seinerseits wird sofort von der Verpflichtung zum Schadensersatz befreit und kann danach uneingeschränkt letztwillige Verfügungen über sein gesamtes Vermögen treffen. Dieses wird zudem durch die Abfindung weit weniger belastet als durch die vollständige Schadensersatzleistung, die ja dem Wert des Pflichtteils für das ehemalige Adoptivkind entspricht.

Für Höhe und Abwicklung dieser Abfindung bieten die lückenhaften Regelungen zur Aufhebung des Annahmeverhältnisses zwar keine Anhaltspunkte. Eine brauchbare Möglichkeit, diese Lücke zu schließen, findet sich aber im früheren Nichtehelichenrecht. Dabei handelt es sich um die Regelungen zum vorzeitigen Erbausgleich des nichtehelichen Kindes. Dieses konnte gemäß § 1934d BGB a.F. zwischen dem 21. und 27. Lebensjahr von seinem Vater eine Abfindung verlangen, die sich (abgesehen von Sonderregelungen) auf das Dreifache des durchschnittlichen Jahresunterhaltes belief (§ 1934d Abs. 2 BGB a.F.). Damit waren gemäß § 1934e BGB a.F. alle erbrechtlichen Ansprüche des nichtehelichen Kindes abgegolten. Dieser Regelung lag eine Interessenlage zugrunde, die der des Angenommenen nach Aufhebung der Adoption erkennbar ähnlich war. Das nichteheliche Kind wuchs typischerweise ebenso wie der Angenommene nach Aufhebung der Adoption außerhalb der Familie des Erblassers auf[220]. Dort konnte die Beteiligung am Nachlaß ebenso zu Kollisionen mit der Familie des Erblassers führen wie im Falle des An-

220 Soergel-Stein § 1934d Rn. 2; Staudinger-Werner § 1934d Rn. 2; Münch. Komm.-Leipold § 1934d Rn. 1.

genommenen nach Aufhebung des Annahmeverhältnisses[221]. Im Ergebnis stand also ebenso wie in vorliegender Konstellation zu befürchten, daß eigentlich dem Nachlaß zugehörige Vermögenswerte beiseitegeschafft und somit dem Kind vorenthalten wurden. Ähnlichkeiten bestehen ferner darin, daß auch nichteheliche Kinder häufig kein eigenes Erbrecht, sondern nur einen nicht dinglich abgesicherten Ersatzanspruch geltend machen konnten: Wie der Angenommene nach Auflösung des Annahmeverhältnisses hatte auch das nichteheliche Kind neben der Familie des Vaters kein gesetzliches Erbrecht. Wenn beim Tode seines Vaters noch dessen Ehegatte oder eheliche Abkömmlinge lebten, stand ihm gemäß § 1934a Abs. 1 BGB a.F. nur ein schuldrechtlicher Erbersatzanspruch zu. Vergleichbar ist schließlich auch das soziale Bedürfnis für einen vorzeitigen Erbausgleich: Wie das nichteheliche Kind wächst auch der Angenommene, dessen Adoption aufgelöst wurde, unter erheblich erschwerten sozialen Bedingungen auf, die auch die beruflichen Aussichten verschlechtern. Eine langwierige Ausbildung ohne nennenswerte Einkünfte oder ein Studium kann die leibliche Verwandtschaft des ehemaligen Adoptivkindes häufig ebensowenig finanzieren wie früher die Mutter eines nichtehelichen Kindes[222].

Diese Probleme milderte § 1934d BGB a.F. beim nichtehelichen Kind durch die Möglichkeit des vorzeitigen Erbausgleichs spürbar ab: Dadurch wurden mögliche Kollisionen mit der Familie des Vaters weitgehend entschärft[223], ein gänzlicher Ausschluß des nichtehelichen Kindes vom späteren Nachlaß des Vaters verhindert und zugleich sein Start in das Berufsleben erleichtert[224]. Angesichts der vergleichbaren Interessenlage des ehemaligen Adoptivkindes erscheint es naheliegend, die hier vorgeschlagene Abfindung für das ehemalige Adoptivkind nach

221 Staudinger-Werner § 1934d Rn. 3; Münch.Komm.-Leipold § 1934d Rn. 1; Palandt-Edenhofer 57.Aufl.1998 § 1934d Rn. 1.

222 Zur sozialen Situation der leiblichen Eltern, die durch die Geburt des späteren Adoptivkindes häufig geradezu zur Notlage wird, s. schon o. § 2 VII 7a mit Fn. 179.

223 Staudinger-Werner § 1934d Rn. 4; Münch.Komm.-Leipold § 1934d Rn. 1; Palandt-Edenhofer 57.Aufl.1998 § 1934d Rn. 1.

224 Zur Starthilfefunktion s. etwa Soergel-Stein § 1934d Rn. 2; Münch. Komm.-Leipold § 1934d Rn. 1; Palandt-Edenhofer 57.Aufl.1998 § 1934d Rn. 1.

den Grundsätzen der §§ 1934 a ff BGB a.F. zu bemessen. Dann könnte der Angenommene den dreifachen Jahresunterhalt verlangen, den der Annehmende bei fortdauernder Adoptivverwandtschaft in den letzten fünf Jahren seiner Unterhaltspflicht durchschnittlich zu leisten gehabt hätte. Dieser Wert läßt sich im Gegensatz zum Umfang des künftigen Erbteils ohne größere Schwierigkeiten sofort ermitteln.

d) *Kein Anspruch auf Abfindung*

Fraglich ist allerdings, ob der Angenommene diese Abfindung ebenso verlangen und notfalls einklagen kann wie früher ein nichteheliches Kind. Eine entsprechende Analogie zu § 1934 d BGB a.F. wäre früher angesichts der sehr weitgehenden Übereinstimmungen in der Interessenlage sicher ohne weiteres vertretbar gewesen. Seitdem die §§ 1934 a - e BGB a.F. im Zuge der Familienrechtsreform aufgehoben wurden, erscheint dies weit problematischer. Zwar bestimmt Art. 227 Abs. 1 EGBGB eine begrenzte Fortgeltung der Regelungen zum vorzeitigen Erbausgleich für Altfälle[225]. Das würde aber allenfalls eine analoge Anwendung auch auf entsprechend zurückliegende Aufhebungsverfahren rechtfertigen. Für Neufälle ist die Analogie zu einer bereits aufgehobenen Norm wohl nicht vertretbar.

Im Ergebnis ist der frühere Anspruch des nichtehelichen Kindes also (nur) ein nützlicher, aber unverbindlicher Anhaltspunkt für vertragliche Vereinbarungen. Darüber hinaus enthalten die §§ 1934 a - e BGB a.F. natürlich brauchbare Vorgaben, wie die vermögensrechtlichen Folgen der Aufhebung von Annahmeverhältnissen gesetzlich geregelt werden könnten. Derzeit erscheint es aber wohl nicht mehr möglich, den Schadensersatzanspruch aus § 826 BGB für das verlorene gesetzliche Erbrecht analog §§ 1934 d, e BGB a.F. in einen einklagbaren Anspruch auf besagte Abfindung umzuwandeln.

6.) *Schadensmindernde Umstände*

a) *Mitverschulden*

Auch im Rahmen von § 826 BGB ist stets zu untersuchen, ob wirklich der gesamte durch die Aufhebung der Adoption entstandene Vermögensverlust auszugleichen ist. Allerdings wird der Schadensersatzan-

---

225 S. Palandt - Edenhofer Art. 227 EGBGB Rn. 2.

spruch aus § 826 BGB viel seltener gemäß § 254 BGB zu kürzen sein: Aufgrund der qualifizierten, weil gegen die guten Sitten verstoßenden Schädigungshandlung wirkt selbst ein grob fahrlässiges Mitverschulden bei der Herbeiführung des Schadens nicht anspruchsmindernd[226]. Eine Herabsetzung des Schadensersatzes kommt also regelmäßig nur dann in Betracht, wenn auch dem Angenommenen ein Fehlverhalten vorzuwerfen ist, mit dem er die Aufhebung der Adoption zumindest bedingt vorsätzlich herbeiführte.

b) *Vorteilsanrechnung beim Schadensersatz nach der prozessualen Lösung*

Wie im Zusammenhang mit den Ansprüchen aus § 823 Abs. 2 in Verbindung mit § 1666 Abs. 1 BGB diskutiert, dürfte aber häufig eine Vorteilsausgleichung in Betracht kommen. Dies ist namentlich dann der Fall, wenn der Angenommene durch das Wiederaufleben der leiblichen Verwandtschaft oder im Wege der Zweitadoption neue, durchsetzbare Unterhaltsansprüche und Erbaussichten erwirbt. Bezüglich der Unterhaltsansprüche kann auf die Ausführungen zu § 823 Abs. 2 in Verbindung mit § 1666 Abs. 1 BGB verwiesen werden[227]; der Schadensersatzanspruch aus § 826 BGB weist insoweit keine Besonderheiten auf. Bei dem nur aus § 826 BGB zu gewährenden Schadensersatz für den Wegfall der künftigen Erbenstellung bereitet die Anrechnung neuerworbener Ansprüche dagegen wiederum die bekannten Schwierigkeiten in der Bezifferung: Die genaue Höhe des anzurechnenden Vorteils ist nur bekannt, wenn die leiblichen Eltern bzw. die neuen Adoptiveltern vor der Fälligkeit des Schadensersatzes versterben. In diesem Falle bereitet die Vorteilsanrechnung keine Probleme. Ansonsten ist die Berechnung aber immerhin dadurch erleichtert, daß die Vorteilsausgleichung gleichzeitig mit der Leistung des Schadensersatzes fällig wird. Hier ist also tatsächlich nur die Höhe des Abzugs von der Schadensersatzforderung unklar. Diese kann aber, ähnlich wie in den bereits angeführten Parallelfällen, pauschalierend geschätzt werden.

226 Staudinger-Schäfer 12.A.1986 § 826 Rn. 19; RGRK-Steffen § 826 Rn. 42; Palandt-Thomas § 826 Rn. 12; einschränkend Soergel-Hönn/Dönneweg § 826 Rn. 93 f.

227 S. o. § 2 VII 7 a.

c) *Vorteilsanrechnung bei der Abfindungslösung*

Noch einfacher ist die Anrechnung des erlangten Vorteils dann, wenn eine Abfindung analog § 1934d BGB a.F. vereinbart wurde. In diesem Fall ist lediglich der für die Zahlungen nach § 1934d BGB a.F. maßgebliche Jahresunterhalt zu ermitteln, den die leiblichen Verwandten bzw. die neuen Adoptiveltern leisten. Dieser kann mit dem Unterhalt, der von dem ehemaligen Annehmenden zu dieser Zeit zu leisten wäre, verglichen werden. Fällt der nach Aufhebung des Annahmeverhältnisses zu leistende Unterhalt geringer aus als die Verpflichtung des Annehmenden, so ist dem ehemaligen Adoptivkind nur in Höhe der Differenz Ersatz zu leisten. Müssen die leiblichen Verwandten bzw. die neuen Adoptiveltern z. B. 8000,– DM Jahresunterhalt leisten, während sich die Verpflichtung des Annehmenden auf 10000,– DM beliefe, so tritt bezüglich des Abfindungsanspruchs in Höhe von 80% Vorteilsausgleichung ein. Deshalb könnte der Angenommene jedenfalls zwischen dem 21. und 27. Lebensjahr nur 20% des Erbausgleichs als Schadensersatz fordern. Allerdings handelt es sich hierbei, wie oben ausgeführt, nur um Richtwerte, von denen die Parteien bei Vereinbarung einer Abfindung abweichen können.

7.) *Zwischenergebnis*

Ein Schadensersatzanspruch des Angenommenen kann sich auch aus § 826 BGB ergeben. Denn ein vorsätzliches Fehlverhalten, das zur Aufhebung des Annahmeverhältnisses und somit zum Erlöschen von Unterhaltsansprüchen und gesetzlichem Erbrecht führt, verstößt gegen die guten Sitten. Zu beachten ist allerdings, daß der Annehmende auch bezüglich der Vermögensschäden mindestens bedingt vorsätzlich gehandelt haben muß. Das ist, wie das Beispiel des Kinderschänders zeigt, noch nicht einmal bei einer Verurteilung aus § 171 StGB zwangsläufig zu bejahen, sondern bedarf genauer Prüfung im Einzelfall. Sind diese Anforderungen an den subjektiven Tatbestand aber erfüllt, so muß der Annehmende nicht nur den Wegfall des Unterhaltes, sondern auch den Verlust der künftigen Erbenstellung ausgleichen. In dieser über § 823 Abs. 2 in Verbindung mit § 1666 Abs. 1 BGB hinausgehenden Reichweite des Schadensersatzanspruchs aus § 826 BGB liegt sogar seine eigentliche Bedeutung für die vorliegende Fallkonstellation. Dabei ist die Ermittlung des Schadens, der sich aus dem Verlust der künftigen Erbenstellung ergibt, zwar nicht auf Anhieb möglich, da bei Aufhebung der Adoption weder der Umfang des Nachlasses noch der hypothetische Erbteil des Angenommenen feststeht. Diese Schwierigkeiten lassen sich aber mit herkömmlichen Mitteln des Prozeßrechts lösen: So hat der Angenommene nach allgemeinen Regeln vollen Beweis für eine entsprechende Erbeinsetzung zu führen, wenn er einen höheren Erbteil als den Pflichtteil geltend machen will. Der Umfang des künftigen Nachlasses kann dagegen offen bleiben, da insoweit nur ein Feststellungsurteil über die grundsätzliche Verpflichtung zum Schadensersatz ergehen muß. Unter Umständen ist aber die Vereinbarung einer Abfindung in entsprechender Anwendung von § 1934d BGB a.F. interessengerechter. Auf diesem Wege läßt sich auch die Vorteilsausgleichung problemlos abwickeln, die ansonsten als pauschalierter Betrag in Ansatz zu bringen ist.

XI. Ergebnis

Das ehemalige Adoptivkind kann nach einer vom Annehmenden verschuldeten Aufhebung der Adoption stets Schadensersatz aus § 823 Abs. 2 in Verbindung mit § 1666 Abs. 1 BGB für den Wegfall seiner Unterhaltsansprüche verlangen. Dabei sind jedoch durch die Rückgliederung in seine Ursprungsfamilie wiederauflebende Unterhaltsansprüche im Wege der Vorteilsanrechnung zu berücksichtigen. Im Ergebnis kann das ehemalige Adoptivkind nur die Aufstockung seines derzeitigen Unterhalts bis zur Höhe der ursprünglichen Unterhaltsleistungen von Seiten des Annehmenden verlangen. Im Hinblick darauf, daß die Verpflichtung zum Schadensersatz beim Tode des Annehmenden ersatzlos entfällt, kann der Angenommene in analoger Anwendung von § 843 Abs. 3 BGB grundsätzlich die Kapitalisierung dieser Leistungen verlangen.

Weitergehende Ansprüche ergeben sich aus § 826 BGB, wenn die Adoptiveltern die Aufhebung des Annahmeverhältnisses zumindest bedingt vorsätzlich herbeigeführt haben. In diesem Falle kann der Angenommene auch einen Ausgleich für den Wegfall seines gesetzlichen Erbrechtes verlangen. Dieser Anspruch ist zunächst nur mit einer Feststellungsklage geltend zu machen. Die genaue Höhe des Schadensersatzanspruchs kann erst nach dem Tode des Angenommenen festgestellt und durchgesetzt werden, sofern sich die Parteien nicht zuvor auf eine Abfindungslösung einigen.

§ 3 Die Ansprüche des Angenommenen gegen Dritte

I. Einführung in die Problematik

In der familienrechtlichen Literatur sind die zivilrechtlichen Folgen eines ehebrecherischen Verhältnisses, das zum Scheitern der Ehe führt, nach wie vor umstritten. Heftig diskutiert wird insbesondere die Frage, ob der Ehestörer ganz oder zum Teil für die Schäden aufkommen muß, die dem betrogenen Ehepartner aus der Auflösung der Ehe erwachsen[1]. Ähnliche Probleme können sich auch im vorliegenden Zusammenhang stellen. Denn es ist durchaus möglich, daß auch hier ein Dritter maßgeblich zur Aufhebung des Annahmeverhältnisses beiträgt.

Zu einer derartigen Situation kann es insbesondere dann kommen, wenn die eheliche Lebensgemeinschaft der Adoptiveltern durch Tod oder Trennung aufgelöst wird. Geht der verbliebene Elternteil dann eine neue Lebensgemeinschaft mit einem Partner ein, der das Adoptivkind ablehnt, so kann dessen Wohl erheblich beeinträchtigt werden. Denn ein neuer Partner des Annehmenden steht jedenfalls dann, wenn ein gemeinsamer Haushalt geführt wird, in einem besonderen sozialen Näheverhältnis zum Adoptivkind. Er ist somit in der Lage, besonders intensiv auf dessen psychisches und gegebenenfalls auch physisches Befinden einzuwirken. Andererseits ist es ihm aufgrund der besonderen Verbindung zum Annehmenden möglich, dessen Schutzbereitschaft für das Adoptivkind zu vermindern: Regelmäßig wird der verbliebene Adoptivelternteil nicht ohne weiteres bereit sein, den neuen familiären Rückhalt sogleich wieder zu verlieren. Deshalb wird er ein mögliches Fehlverhalten seines neuen Partners weit eher «übersehen» oder hinnehmen als Übergriffe Außenstehender[2]. Unter Umständen kann der neue Partner des Annehmenden die Beeinträchtigungen des Kindeswohles sogar so tarnen, daß sie sich im verborgenen abspielen. Nicht zuletzt besteht die

---

1 S. die Übersicht über den Stand der Diskussion z.B. bei RGRK-Roth-Stielow Vor § 1353 Rn. 11; Erman-Heckelmann § 1353 Rn. 30-38; Giesen Rn. 198 f; Soergel-Zeuner § 823 Rn. 65-67; vgl. zur Problematik auch o. § 2 VII 4.

2 Dazu, daß Gefährdungen des Kindes durch Dritte gem. § 1666 Abs. 1, 4. Fall BGB nicht selten von Familienangehörigen oder ähnlich nahestehenden Personen ausgehen, gegen die sich der Erziehungsberechtigte nur schlecht wehren kann, s. Soergel-Strätz §§ 1666, 1666 a Rn. 31; Münch.Komm.-Hinz § 1666 Rn. 43; ähnlich RGRK-Adelmann § 1666 Rn. 49.

Möglichkeit, daß es dem Dritten gelingt, auch den Annehmenden gegen das Adoptivkind einzunehmen. Diese Gefahr besteht insbesondere in dem bereits häufiger angesprochenen Fall, daß sich eigener leiblicher Nachwuchs des Annehmenden einstellt.

Dabei handelt es sich natürlich nur um Beispielsfälle. Selbstverständlich sind noch weit mehr Lebenssituationen vorstellbar, in denen Dritte das Wohl des Adoptivkindes dauerhaft und massiv beeinträchtigen können. In Betracht kommen etwa andere Verwandte, die dem Angenommenen aus welchen Gründen auch immer feindselig gegenüberstehen. Bisweilen wird der Annehmende auch dann nicht in der Lage sein, sich und vor allem das Kind einem entsprechend übermächtigen Angehörigen zu entziehen. In der oben angesprochenen Situation nach dem Tode des Ehegatten kann beispielsweise eine aus der Unterschicht stammende junge Frau schon aus ökonomischen und sozialen Gründen gezwungen sein, wieder im Elternhaus Aufnahme zu suchen. Etwa ein Elternteil, der dem Adoptivkind ablehnend gegenübersteht, könnte seinen unheilvollen Einfluß dann ähnlich ausüben wie ein neuer Lebensgefährte. Vorstellbar sind auch psychische Abhängigkeiten, gegen die sich der Annehmende nicht auflehnen kann. Jedenfalls ist es nicht ausgeschlossen, daß ein Dritter eine Situation herbeiführt, die zur Aufhebung des Annahmeverhältnisses zwingt.

Ähnlich wie bei den oben behandelten Ansprüchen gegen den Annehmenden selbst sind in der Vielzahl der Einzelfälle zwei Grundkonstellationen zu unterscheiden. In der ersten liegen zwar Mißhandlungen o.ä. seitens des Dritten vor, die der Annehmende nicht verhindern kann oder will. Der Dritte bezweckt damit aber nicht die Aufhebung des Annahmeverhältnisses. Möglicherweise versucht er sein Tun sogar vor der Außenwelt zu verbergen[3]. Dagegen zeichnet sich die andere Grundkonstellation dadurch aus, daß der Dritte die Aufhebung der Adoption zumindest billigend in Kauf nimmt. Dies ist insbesondere dann der Fall, wenn das Adoptivkind gewissermaßen «abgeschoben» werden soll. Die Unterscheidung zwischen beiden Fallgruppen bleibt auch für Ansprüche gegen den Dritten von Bedeutung, wie im folgenden zu zeigen sein wird.

---

3 Vgl. hierzu schon o. § 2 X 2 d und u. § 3 IV 3.

II. Ansprüche aus § 823 Abs. 1 BGB

1.) *Das Eltern-Kind-Verhältnis als sonstiges Recht gemäß § 823 Abs. 1 BGB in der bisherigen Rechtsprechung*

Eine mögliche Anspruchsgrundlage des Angenommenen, die Verpflichtung zum Schadensersatz aus § 823 Abs. 1 BGB wegen Verletzung eines sonstigen Rechtes, wurde bereits im Zusammenhang mit den Ansprüchen gegen den Annehmenden angesprochen. Dort konnte aber offengelassen werden, ob die Verwandtschaftsbeziehung zwischen Eltern und Kind ganz oder teilweise als sonstiges Recht im Sinne des § 823 Abs. 1 BGB anzusprechen ist: Jedenfalls zwischen den Familienangehörigen stellen derartige Verwandtschaftsbeziehungen nur relative Rechte dar[4]. Für den Anspruch gegen Außenstehende ist diese Frage dagegen entscheidungserheblich. Wenn das Eltern-Kind-Verhältnis oder Teilbereiche davon als sonstiges Recht im Sinne des § 823 Abs. 1 BGB anzusehen sind, so kommen wegen der Störung des Annahmeverhältnisses deliktische Ansprüche des Angenommenen in Betracht.

Tatsächlich lehnt die Rechtsprechung einen derartigen deliktsrechtlichen Schutz des Eltern-Kind-Verhältnisses nicht von vorneherein ab, wie dies bei der Störung der Ehe durch Dritte der Fall ist. Nach allgemeiner Auffassung kommt zumindest der elterlichen Sorge die Eigenschaft eines sonstigen Rechtes im Sinne des § 823 Abs. 1 BGB zu[5]. Im Gegensatz zur Ehestörung kann demnach eine Beeinträchtigung des Elternrechtes Schadensersatzansprüche aus § 823 Abs. 1 BGB begründen. So kann der Inhaber der elterlichen Sorge etwa dann, wenn Dritte das Kind ohne seine Genehmigung auf Urlaubsreisen mitnehmen, Ersatz der Rückholkosten verlangen[6]. Ebenso kann er denjenigen, der sein Kind ver-

---

4 S. die Nachweise o. § 2 V 1 mit Fn. 38.

5 S. schon RG, JW 1913, 202, 202f; RGZ 141, 319, 320; BGH, JR 1991, 234, 235; KG, JW 1925, 377, 377; OLG Koblenz, FamRZ 1958, 137, 138f; OLG Nürnberg, FamRZ 1959, 71, 71; OLG Köln, FamRZ 1963, 447, 447f; LG Aachen, FamRZ 1986, 713, 714; ebenso die ganz h.M. im Schrifttum, s. etwa Fabricius, AcP 160, 301; Frank, JA 1979, 586; Staudinger-Schäfer 12.A. 1986 § 823 Rn. 128; RGRK-Steffen § 823 Rn. 69; Hohloch, JuS 1990, 1019; Wenz, JR 1991, 238; Coester-Waltjen, Jura 1992, 211; Deutsch, FS Gernhuber 595; Soergel-Zeuner § 823 Rn. 68; Palandt-Thomas § 823 Rn. 17.

6 RG, JW 1913, 202, 203; LG Aachen, FamRZ 1986, 713, 714; zust. etwa Frank, JA 1979, 586; RGRK-Steffen § 823 Rn. 69; RGRK-Wenz Vor § 1626 Rn. 47; Deutsch, FS Gernhuber 595; Gernhuber/Coester-Waltjen § 57 V 6; Soergel-Zeuner § 823 Rn. 68; Palandt-Diederichsen § 1626 Rn. 5.

steckt hält, wegen der Detektivkosten zur Ermittlung des Aufenthaltsortes in Anspruch nehmen[7].

2.) *Das Eltern-Kind-Verhältnis als sonstiges Recht des Kindes*

Inwieweit Beeinträchtigungen des elterlichen Sorgerechtes umgekehrt Ansprüche des Kindes auslösen können, wurde bislang nicht untersucht. Das dürfte aber allein daran gelegen haben, daß diese Frage außerhalb des hier behandelten Zusammenhangs wohl nur von theoretischem Interesse ist. Denn für Ansprüche des Kindes gegen seine Eltern ist dieses sonstige Recht schlicht ohne besondere Bedeutung, da das Eltern-Kind-Verhältnis jedenfalls zwischen den Familienangehörigen nur die Wirkung eines relativen Rechtes entfaltet. Zudem ist der Rückgriff auf ein entsprechendes sonstiges Recht bei fortbestehender Verwandtschaftsbeziehung gar nicht erforderlich. Denn Verletzungen der elterlichen Pflichten werden auf dem gesamten Gebiet der elterlichen Sorge bereits von anderen Anspruchsgrundlagen, insbesondere von § 1664 BGB erfaßt[8]. Zudem kommen, wenn die Eltern absolute Rechte wie Körper oder Gesundheit beeinträchtigen, ohnehin Ansprüche aus § 823 Abs. 1 BGB in Betracht, ohne daß es auf ein sonstiges Recht aus dem Eltern-Kind-Verhältnis ankommt.

Hingegen können Eingriffe Dritter im Gegensatz zur vielbesprochenen Ehestörung den Bestand der familienrechtlichen Sonderbeziehung nur ausnahmsweise gefährden. Zur Auflösung der Verwandtschaft kann es nämlich, sieht man von der hier interessierenden Aufhebung eines Annahmeverhältnisses ab, nur bei der Tötung eines Elternteiles kommen. In letzterem Fall handelt es sich aber nicht um einen spezifisch gegen das Eltern-Kind-Verhältnis gerichteten Eingriff. Zudem kommen dann schon Ansprüche aus § 844 Abs. 2 BGB in Betracht. Die Frage, ob das

---

7 BGH, JR 1991, 234, 236; Frank, JA 1979, 586; Hohloch, JuS 1990, 1019; Wenz, JR 1991, 238f; Münch. Komm.-Hinz §1626 Rn. 63 mit Fn. 169; Deutsch, FS Gernhuber 595; Gernhuber/Coester-Waltjen §57 V 6.

8 S. RGRK-Adelmann §1664 Rn. 5; Erman-Michalski §1664 Rn. 1; ähnlich Münch.Komm.-Lüderitz §1664 Rn. 2; entsprechend auch diejenigen, die die Haftung der Eltern nicht aus §1664 BGB, sondern aus einer ungeschriebenen kindschaftsrechtlichen Parallele zur positiven Vertragsverletzung ableiten (hierzu bereits o. §2 I 1 mit Fn. 3), s. etwa Staudinger-Engler 12.A.1997 §1664 Rn. 12.

Eltern-Kind-Verhältnis ganz oder teilweise als sonstiges Recht im Sinne des § 823 Abs. 1 BGB anzusehen ist, bedarf demnach auch in diesem Fall keiner Erörterung.

Aus dem Schweigen von Rechtsprechung und Literatur kann also nicht geschlossen werden, daß das Kind bei einer Beeinträchtigung des Eltern-Kind-Verhältnisses keine Ansprüche geltend machen kann. Eine solche Annahme wäre auch kaum mit der Struktur familienrechtlicher Sonderbeziehungen zu vereinbaren. Es herrscht Einigkeit, daß aus derartigen familienrechtlichen Verhältnissen kein Recht an anderen Familienmitgliedern nach Art der dinglichen Rechte resultiert[9]. Gerade deshalb werden die Beziehungen zwischen Familienmitgliedern ja als relative Rechte angesehen. Diese rechtliche Bewertung schließt es aus, nur eine Seite einer familienrechtlichen Sonderbeziehung mit dem Deliktsschutz eines absoluten Rechtes auszustatten. Das wird naturgemäß am Beispiel der Ehe am deutlichsten. Es würde heute wohl allgemein als skandalös empfunden, wollte man die Befugnis zur Abwehr von Ehestörungen aus § 823 Abs. 1 BGB grundsätzlich nur einem Ehepartner zubilligen, etwa dem Ehemann. Im Ergebnis liefe das nämlich doch wieder auf ein Herrschaftsrecht an der Person des Ehegatten hinaus, könnte nur der andere über jenes Recht verfügen. Dieses wäre dann tatsächlich nichts anderes als eine einseitige Herrschaftsmacht: Der eine Ehegatte wäre keinerlei Rechtszwang unterworfen, könnte aber gewissermaßen «andere von jeder Einwirkung ausschließen»[10]. In Wirklichkeit würde die familienrechtliche Sonderbeziehung, wollte man sie solchermaßen als einseitiges sonstiges Recht konzipieren, den dinglichen Rechten wie §§ 985, 1004 BGB weitgehend gleichgestellt.

Bei vorstehenden Ausführungen ist zudem zu berücksichtigen, daß eventuelle Ansprüche beider Ehegatten wegen Ehestörungen grundsätzlich auf einer Ebene anzusiedeln sind. Kein Ehepartner kann Gründe

---

9 Diese Frage wird meist im Zusammenhang mit der Ehe erörtert, s. Schwab, NJW 1956, 1150; Raiser, JZ 1961, 470; v. Hippel, NJW 1965, 666; Erman-Heckelmann § 1353 Rn. 30; speziell zur elterlichen Sorge finden sich entsprechende Bemerkungen z.B. bei RGRK-Wenz § 1626 Rn. 2; Wenz, JR 1991, 238; Münch.Komm.-Hinz § 1626 Rn. 5; Gernhuber/Coester-Waltjen § 57 IV 1 u. § 57 V 1; Staudinger-Peschel-Gutzeit 12.A.1997 § 1626 Rn. 2.

10 So der Wortlaut von § 903 S. 1 BGB.

höherer Ordnung für die Fortführung einer ungestörten ehelichen Lebensgemeinschaft geltend machen als der andere. Ehemann und Ehefrau verfolgen insoweit gleichberechtigte, eigennützige Interessen. Gerade von einer solchen, im Grundsatz identischen Interessenlage beider Seiten der familienrechtlichen Sonderbeziehung kann beim Eltern-Kind-Verhältnis keine Rede sein. Es steht in Rechtsprechung und Literatur außer Zweifel, daß die elterliche Sorge kein eigennütziges Recht der Eltern darstellt. Vielmehr handelt es sich um eine im Interesse des Kindes verliehene Rechtsmacht, die die gedeihliche Entwicklung des Kindes sicherstellen soll[11]. Die Befugnis der Eltern besteht vorrangig darin, in jeder Lebenssituation die für das Kind jeweils beste Entscheidung (z.B. zu Umgang, Spielzeug, Schulwahl etc.) zu treffen. Im Kern soll es sich also bei der elterlichen Sorge um ein «dem Interesse des Kindes dienendes Schutzverhältnis»[12] handeln. Die Position der Eltern wird insoweit allgemein mit derjenigen eines Treuhänders verglichen, dessen Aufgabe darin besteht, die Interessen des Kindes zu wahren[13].

Vor diesem Hintergrund wird klar, daß der Deliktsschutz der elterlichen Sorge gemäß § 823 Abs. 1 BGB nur die eine Seite dieses sonstigen Rechtes darstellen kann. «Wenn den Eltern nach allg. M. Pflichten gegenüber dem Kind obliegen und alle elterlichen Rechte pflichtgebunden, also zum Wohle des Kindes auszuüben sind, dann tritt das Kind seinen Eltern als Träger eines Rechts auf pflichtgemäße Ausübung der elterlichen Sorge gegenüber»[14]. Der schwerwiegende Eingriff eines Dritten in die elterliche Sorge verletzt demnach nicht nur Rechte der Eltern, sondern auch und sogar in weit stärkerem Maße Rechte des

11 S. Raiser, JZ 1961, 470; Soergel-Strätz § 1626 Rn. 3; RGRK-Wenz Vor § 1626 Rn. 22 f u. 45; Münch.Komm.-Hinz § 1626 Rn. 5 f; Gernhuber/Coester-Waltjen § 57 IV 2; Staudinger-Peschel-Gutzeit 12.A.1997 § 1626 Rn. 7 u. 19; Palandt-Diederichsen § 1626 Rn. 3.

12 BGHZ 66, 334, 337; fast wörtlich ebenso z.B. OLG Koblenz, FamRZ 1958, 137, 138; Soergel-Strätz § 1626 Rn. 4; Münch.Komm.-Hinz § 1626 Rn. 5.

13 BVerfGE 59, 360, 377; 64, 180, 189; RGRK—Wenz Vor § 1626 Rn. 23; Jarass/Pieroth-Pieroth Art. 6 Rn. 28; Staudinger-Peschel-Gutzeit 12.A.1997 § 1626 Rn. 8; Palandt-Diederichsen § 1626 Rn. 2; inhaltlich ebenso Soergel-Strätz § 1626 Rn. 47, der von den Eltern als «berufenen Sachwaltern» des Kindes redet.

14 Münch.Komm.-Hinz § 1626 Rn. 6, ähnlich etwa RGRK-Wenz Vor § 1626 Rn. 27; Moritz, FS Lübtow 169; Gernhuber/Coester-Waltjen § 57 IV 2.

Kindes. Ist aber selbst die Ausübung des fremdnützigen Rechtes durch die Eltern als sonstiges Recht gemäß § 823 Abs. 1 BGB geschützt, so muß dies erst recht für das Kind als eigentlichen Rechtsträger gelten: Dem Treuhänder können, um diesen Vergleich aufzugreifen, bei der Ausübung des fiduziarischen Rechtes nicht größere Befugnisse zukommen als dem Treugeber. Neben dem Elternrecht ist die familienrechtliche Sonderbeziehung also umgekehrt auch auf Seiten des Kindes als sonstiges Recht nach § 823 Abs. 1 BGB geschützt.

3.) *Der Umfang des sonstigen Rechtes aus dem Eltern-Kind-Verhältnis*

Daß der deliktische Schutz des Eltern-Kind-Verhältnisses im Gegensatz zur Ehe nicht gegen familienrechtliche Prinzipien verstoßen kann, wurde bereits oben im Zusammenhang mit den Ansprüchen gegen den Annehmenden gezeigt[15]. Darüber hinaus ist vorliegend aber noch eine weitere, ebenfalls bereits aus der Diskussion um den Schadensersatz wegen Ehestörungen bekannte Problematik von Bedeutung. Denn selbst diejenigen, die grundsätzlich für einen deliktischen Eheschutz plädieren, wollen überwiegend nicht für jede Ehestörung Schadensersatz aus §§ 823 ff BGB gewähren. Nur ein Eingriff in den Kernbereich der Ehe, der allerdings unterschiedlich bezeichnet wird, soll als unerlaubte Handlung Schadensersatzansprüche nach sich ziehen[16].

Eine ähnliche Beschränkung wird grundsätzlich auch für das Eltern-Kind-Verhältnis anzuerkennen sein: Nicht jede Behinderung in der Ausübung des elterlichen Sorgerechtes kann sogleich deliktische Schadensersatzansprüche des Kindes auslösen. Das geht im übrigen schon daraus hervor, daß umgekehrt auch das Elternrecht nicht in seiner Gesamtheit als sonstiges Recht gemäß § 823 Abs. 1 BGB angesehen wird. Geschützt wird von vorneherein nur die elterliche Sorge. Diese stellt

15 S. o. § 2 VII 4.

16 Bei Eingriffen in den «absoluten Kern des Eheinhaltes» (Gernhuber/Coester-Waltjen § 17 I 2); bei Störung des Rechtes auf Ungestörtheit der geschlechtlichen Beziehungen (Staudinger-Hübner 12.A.1993 § 1353 Rn. 125; Münch.Komm.-Wacke § 1353 Rn. 40; Medicus, Bürgerliches Recht Rn. 619); bei einem Verhalten, das der «Erhaltung und Herstellung der ehelichen Gemeinschaft» zuwiderläuft (Erman-Heckelmann § 1353 Rn. 30; ähnlich Schwab, JuS 1961, 145; Jayme 254).

aber nur einen, wenn auch großen Teilbereich des Elternrechtes dar[17]. Vor allem bedarf es aber einer qualifizierten Drittstörung. Das zeigen die veröffentlichten Entscheidungen, die sich im wesentlichen zwei Fallgruppen zuordnen lassen. In der einen wurde das Kind den Sorgeberechtigten entzogen oder doch zumindest weit aus ihrem Einflußbereich verbracht[18]. In der anderen war es einem erheblichen Einfluß Dritter ausgesetzt, der die Möglichkeit zur Ausübung der elterlichen Sorge stark einschränkte[19]. Diese Beschränkung deliktischen Schutzes auf besonders gravierende Drittstörungen läuft letztlich ebenfalls darauf hinaus, daß nur Verletzungen im Kernbereich des Eltern-Kind-Verhältnisses Schadensersatzansprüche aus § 823 Abs. 1 BGB nach sich ziehen[20].

Wie genau das sonstige Recht des Kindes aus dem Eltern-Kind-Verhältnis im einzelnen abzugrenzen ist, kann im vorliegenden Zusammenhang allerdings offen bleiben. Denn der deliktische Schutz dieses Rechtes umfaßt als Minimum jedenfalls das bloße Fortbestehen des Eltern-Kind-Verhältnisses. Selbst dieses Minimum wird aber verletzt, wenn die Drittstörung zur Aufhebung des Annahmeverhältnisses führt.

---

17 Zur Abgrenzung der elterlichen Sorge von den weiteren elterlichen Rechten wie Umgangsbefugnis, Anspruch auf rechtliches Gehör bzw. Erfordernis der Einwilligung z.B. nach §§ 1747, 1748 BGB, § 50a FGG, § 3 Abs. 2 NamensÄndG s. RGRK-Wenz Vor § 1626 Rn. 46.

18 S. den der jeweiligen Entscheidung zugrundeliegenden Sachverhalt in RG, JW 1913, 202, 202f; BGH, JR 1991 234, 234; KG, JW 1925, 377, 378f; LG Aachen, FamRZ 1986, 713, 713f.

19 S. den Sachverhalt in OLG Koblenz, FamRZ 1958, 137, 137f; OLG Nürnberg, FamRZ 1959, 71, 71.

20 Vgl. hierzu BGH, JR 1991, 234, 236, wo offenbar auf den Kernbereich des Sorgerechtes abgestellt wird: Danach «ist es ein Essentiale des Sorgerechts, daß der Sorgeberechtigte über den Aufenthalt des Kindes Bescheid weiß. (...) Der Schädiger ist gemäß §§ 823 Abs. 1, 249ff. BGB auch bei Verletzung eines nicht-vermögensrechtlichen absoluten Rechts, wie es das Sorgerecht ist, zum Ausgleich der Vermögensnachteile verpflichtet, die durch die Verletzung des Rechts adäquat verursacht worden sind.» Demgegenüber stellt das Schrifttum auf die Unmittelbarkeit des Eingriffs in die Ausübung des Sorgerechtes ab (was allerdings regelmäßig zu denselben Ergebnissen führen dürfte), s. Staudinger-Peschel-Gutzeit 12.A.1997 § 1626 Rn. 23 («nötig ist vielmehr ein Eingriff unmittelbar in die Sorgerechtszuständigkeit»); ähnlich etwa Münch.Komm.-Hinz § 1626 Rn. 63; Gernhuber/Coester-Waltjen § 57 V 6 mit Fn. 40.

Daher besteht hier in jedem Falle ein Schadensersatzanspruch aus § 823 Abs. 1 BGB wegen Beeinträchtigung des sonstigen Rechtes aus dem Eltern-Kind-Verhältnis.

4.) *Schaden im Schutzbereich der Norm*

In hier behandelter Konstellation verletzt der Dritte also ein sonstiges Recht des Kindes aus dem Eltern-Kind-Verhältnis, wenn er die Aufhebung des Annahmeverhältnisses herbeiführt. Gründe dafür, daß die Rechtswidrigkeit dieser Verletzungshandlung entfallen könnte, sind kaum vorstellbar. Allenfalls fehlt es am Verschulden, wenn der Drittstörer etwa suchtkrank, psychisch gestört oder sonstwie nicht schuldfähig ist. Derartige Ausnahmen können aber nur im Einzelfall festgestellt werden und bedürfen im vorliegenden allgemeinen Zusammenhang keiner eingehenden Erörterung.

Durch die Verletzung des sonstigen Rechtes aus dem Eltern-Kind-Verhältnis entsteht dem Kind schließlich auch ein Vermögensschaden: Infolge der Aufhebung des Annahmeverhältnisses verliert es, wie gesagt, seine Unterhaltsansprüche und sein gesetzliches Erbrecht. Dieser Schaden resultiert zweifellos auch adäquat-kausal aus der genannten Rechtsgutsverletzung. Fraglich ist aber wiederum, ob diese Vermögenseinbuße vollumfänglich vom Schutzbereich der Norm erfaßt wird. Hier stellt sich letztlich ein ähnliches Problem wie oben bei der Diskussion der Ansprüche aus § 823 Abs. 2 in Verbindung mit § 1666 Abs. 1 BGB: Muß bei einer Verletzung des sonstigen Rechtes aus der familienrechtlichen Sonderbeziehung jeder hieraus resultierende Schaden ersetzt werden?[21]

Diese Frage ist hier wie dort wegen des beschränkten Schutzbereichs der verletzten Schutznorm oder des verletzten Rechtes zu verneinen. Die elterliche Sorge, deren deliktsrechtlicher Schutz nach § 823 Abs. 1 BGB allgemein anerkannt ist, soll, wie oben eingehend ausgeführt[22], die gedeihliche Entwicklung des Kindes sicherstellen. Dieses Elternrecht reicht keinesfalls über die Volljährigkeit des Kindes hinaus, da die elterliche Sorge aus § 1626 BGB zu diesem Zeitpunkt automatisch

---

21 Vgl. o. § 2 VII 5 e.

22 S. o. § 2 VII 5 e.

erlischt[23]. Die Beschränkungen im Schutzbereich dieses sonstigen Rechtes gelten natürlich nicht nur für die Eltern als «Treuhänder», sondern auch für das Kind als eigentlichen Rechtsträger: Natürlich soll auch das ihm zuzuerkennende sonstige Recht aus dem Eltern-Kind-Verhältnis ebenfalls nur seine gesunde körperliche und geistige Entwicklung bis zur Volljährigkeit gewährleisten, nicht aber umfassenden Schutz gegen jeden Vermögensschaden vermitteln. Damit ist jedenfalls der Verlust des Unterhaltsanspruchs vom Schutzzweck der Norm umfaßt. Denn die rechtzeitige Unterhaltsleistung ist, wie bereits im Zusammenhang mit den Ansprüchen gegen den Annehmenden dargelegt[24], für die gedeihliche Entwicklung des Kindes unabdingbar.

Das gilt aber auch hier nicht für den Wegfall des gesetzlichen Erbrechtes. Denn dieses wird typischerweise erst lange nach Volljährigkeit des Abkömmlings bedeutsam. Jedenfalls ist es grundsätzlich keine Voraussetzung für eine gesunde physische und psychische Entwicklung des Kindes. Daß das Erbrecht ausnahmsweise, beim frühzeitigen Tod eines Elternteiles, eine weitergehende Funktion einnehmen kann, rechtfertigt auch im vorliegenden Zusammenhang keine andere Beurteilung. Insoweit genügt hier wie schon bei den Ansprüchen gegen den Annehmenden eine Kapitalisierung der Unterhaltsansprüche gemäß § 843 Abs. 3 BGB analog[25].

5.) *Haftungsumfang*

Abschließend stellt sich die Frage, ob der Drittstörer für die grundsätzlich erstattungsfähigen Schäden auch stets im vollen Umfang haften muß. Bedenken hieran könnten sich insbesondere daraus ergeben, daß der Dritte den Schaden nicht allein herbeiführen kann. Der Annehmende trägt zumindest durch Unterlassung des gebotenen Schutzes dazu bei, daß das Annahmeverhältnis aufgehoben wird. Es ist sogar

23 S. schon den Wortlaut von § 1626 Abs. 1, S. 1 BGB («für das minderjährige Kind zu sorgen»). Konzepte für ein partiell früheres Ende der elterlichen Sorge je nach der individuellen Reife des Kindes sind nicht praktikabel: «Der jeweilige Reifegrad des Kindes ist kein Maßstab, dem jene Offenkundigkeit eignet, die der Rechtsverkehr vielfach benötigt» (Gernhuber/Coester-Waltjen § 57 VII 1).

24 S. o. § 2 VII 3 b.

25 S. o. § 2 VII 6 b.

denkbar, daß er sich etwa unter dem Einfluß des Dritten aktiv am Fehlverhalten gegenüber dem Angenommenen beteiligt. Zwischen ihm und dem Adoptivkind bestehen aber im Gegensatz zum Drittstörer enge sittliche und rechtliche Pflichten, die ja gerade in Vorschriften wie §§ 1618a, 1626 BGB und der strafrechtlichen Garantenstellung ihren Niederschlag gefunden haben. Vor diesem Hintergrund erscheint eine Prüfung der Frage, ob Dritter und Annehmender gleichrangig haften, nicht von vorneherein unangebracht.

Tatsächlich wird die volle Haftung für Drittstörungen im Eherecht gerade von der Rechtsprechung nachdrücklich abgelehnt. Die Ehestörung von außen wird dort nur als «Beteiligung des Dritten an dem ehewidrigen Verhalten des Ehegatten»[26] angesehen. Es handele sich im wesentlichen um einen innerehelichen Vorgang, wobei die Verletzung persönlicher Pflichten durch einen Ehegatten im Vordergrund stehe. Hierfür dürfe nicht der Dritte haftbar gemacht werden[27]. Zudem werden die bereits behandelten familienrechtlichen Erwägungen auch zugunsten des Drittstörers herangezogen: Die Ehestörung sei abschließend im Eherecht geregelt, der innereheliche Bereich müsse von staatlichem Zwang freigehalten werden etc.[28].

Diese Argumentation läßt sich indessen nicht auf die Drittstörung von Annahmeverhältnissen übertragen. Dies ergibt sich zum einen schon aus dogmatisch-konstruktiven Gründen. Im Gegensatz zum Eherecht sind bei Beeinträchtigungen des Eltern-Kind-Verhältnisses Schadensersatzansprüche aus § 823 Abs. 1 BGB nicht von vorneherein ausgeschlossen. Für Eingriffe in das Recht der elterlichen Sorge sind derartige Ansprüche allgemein anerkannt. Dies muß, wie oben dargelegt wurde, auch zugunsten des Kindes gelten. Führt aber das Fehlverhalten eines Dritten zur Aufhebung eines Annahmeverhältnisses, so werden eben nicht nur die persönlichen Rechtspflichten aus dem relativen Rechtsverhältnis zwischen Adoptivkind und Annehmendem verletzt. Darüber

---

26 BGHZ 23, 279, 281.

27 S. etwa BGHZ 23, 279, 281f; 26, 217, 220-224; 57, 229, 231-233; BGH, FamRZ 1956, 180, 181f.

28 Es besteht insoweit kein Unterschied zu den Argumenten, die auch gegen eine Haftung des anderen Ehegatten vorgebracht werden, s. die ausführliche Darstellung o. § 2 VII 4.

hinaus liegt von Seiten des Dritten auch ein Eingriff in das sonstige Recht aus dem Eltern-Kind-Verhältnis vor[29]. Das begründet eine Haftung aus § 823 Abs. 1 BGB, die von den Ansprüchen gegen den Annehmenden aus § 823 Abs. 2 in Verbindung mit § 1666 Abs. 1 BGB grundsätzlich unabhängig ist.

Darüber hinaus erlaubt es die Struktur des Eltern-Kind-Verhältnisses auch nicht, deren Beeinträchtigung ähnlich, wie dies im Eherecht vertreten wird, als lediglich innerfamiliären Vorgang zu behandeln. Denn im Gegensatz zur Ehe stoßen im Eltern-Kind-Verhältnis eben keine grundsätzlich gleichrangigen Interessen aufeinander. Vielmehr handelt es sich eigentlich, wie oben ausgeführt wurde, um ein Schutzverhältnis zugunsten des minderjährigen Kindes. Beeinträchtigt ein Dritter die Rechte des Kindes aus dieser Beziehung, so kann dies eben nicht als Familieninternum behandelt werden. Der Staat hat hier schon aus Art. 6 Abs. 2 S. 2 GG die Pflicht, zugunsten des Kindes einzugreifen. Schadensersatzansprüche widersprechen also der familienrechtlichen Struktur des verletzten Rechtes nicht, sondern sind sogar von Verfassungs wegen geboten. Die sonstigen, im Zusammenhang mit der Ehestörung entwickelten speziellen familienrechtlichen Einwände gegen eine unbeschränkte Haftung des Drittstörers dringen, wie oben eingehend dargelegt wurde[30], angesichts der abweichenden Struktur des Annahmeverhältnisses ebenfalls nicht durch.

Schließlich ist auch der Umfang der Beteiligung des Dritten bei der Störung des Annahmeverhältnisses üblicherweise anders zu beurteilen als im Eherecht. Der Ehestörer ist tatsächlich weitgehend davon abhängig, daß der Ehegatte ihn gewähren läßt. Es steht im freien Entschluß des Ehegatten, ob er eine Ehestörung ermöglicht oder nicht. Hingegen bestehen für den Dritten typischerweise erheblich weitgehendere Möglichkeiten, in das Annahmeverhältnis einzugreifen. Zumeist wird es sich bei dem Dritten, wie eingangs skizziert, nicht um irgendeinen Außenstehenden, sondern um den neuen Lebensgefährten oder

29 Vgl. Schwab, JuS 1961, 143 zur Parallelproblematik bei der Ehestörung: «Der am Ehebruch beteiligte Dritte wirkt demnach nicht lediglich an der Pflichtverletzung des treulosen Ehegatten mit; er verstößt davon unabhängig gegen das unmittelbar ihm gegenüber bestehende absolute Recht auf Ungestörtheit der Ehe.»

30 S. o. § 2 VII 4 a-f.

einen nahen Verwandten handeln. Häufig wird es ja nur dieses Näheverhältnis zu Annehmendem und Adoptivkind sein, das die nachhaltige Beeinträchtigung des Eltern-Kind-Verhältnisses erst ermöglicht. Diese gegenüber dem Ehestörer üblicherweise weit intensivere Einwirkung ist sicherlich nicht nur als Beteiligung an einer fremden Pflichtverletzung einzustufen. Eine solche Bewertung würde dem weitgehenden Einfluß des Dritten und dem daraus resultierenden erheblichen psychischen und sozialen Druck auf den Annehmenden sicher nicht gerecht. Nicht selten dürfte der Dritte sogar die treibende Kraft sein, der der Annehmende lediglich nicht widerstehen kann.

Im Ergebnis erscheint es vor diesem Hintergrund nicht gerechtfertigt, von einer selbständigen Haftung des Dritten abzusehen. Er haftet vielmehr mit dem Annehmenden gesamtschuldnerisch nach den Grundsätzen des § 840 Abs. 1 BGB. Der Schadensersatz für den erlöschenden Unterhaltsanspruch wird also nur durch ein mögliches Mitverschulden des Adoptivkindes oder nach den Regeln der Vorteilsausgleichung gemindert. Insoweit kann auf die Ausführungen zur Haftung des Annehmenden verwiesen werden.

6.) *Zwischenergebnis*

Im Gegensatz zur ehelichen Lebensgemeinschaft ist das Eltern-Kind-Verhältnis jedenfalls in seinem Kernbereich uneingeschränkt als sonstiges Recht im Sinne des § 823 Abs. 1 BGB deliktisch geschützt. Dieser Kernbereich erfaßt zumindest den bloßen Bestand dieser familienrechtlichen Sonderbeziehung. Der Eingriff eines Dritten, der zur Aufhebung des Annahmeverhältnisses führt, begründet demnach eine Haftung aus § 823 Abs. 1 BGB. Allerdings ist das Kind durch dieses sonstige Recht nur insoweit geschützt, als seine gedeihliche körperliche und geistige Entwicklung betroffen ist. Aus § 823 Abs. 1 BGB kann der Angenommene also vom Drittstörer nur Ersatz für die erlöschende Unterhaltsverpflichtung, nicht aber für den Verlust des gesetzlichen Erbrechtes verlangen, da letzteres für seine Entwicklung unerheblich ist. Die Haftung des Drittstörers ist unabhängig von derjenigen des Annehmenden; beide haften gesamtschuldnerisch gemäß § 840 Abs. 1 BGB. Diese Ersatzpflicht wird nur durch ein eventuelles Mitverschulden oder nach den Regeln der Vorteilsausgleichung gemindert.

III. Ansprüche aus § 823 Abs. 2 in Verbindung mit § 1666 Abs. 1, 4. Fall BGB

1.) *Zur Schutznormqualität von § 1666 Abs. 1, 4. Fall BGB*

Als weitere Anspruchsgrundlage gegen den Drittstörer kommt auch hier § 823 Abs. 2 BGB in Verbindung mit § 1666 Abs. 1 BGB in Betracht. Denn § 1666 Abs. 1 BGB will das Kind nicht nur vor Pflichtverletzungen der Eltern schützen. § 1666 Abs. 1, 4. Fall BGB erfaßt ausdrücklich auch die Möglichkeit, daß das Kind «durch das Verhalten eines Dritten gefährdet» wird.

Ein solcher Anspruch des Kindes aus § 823 Abs. 2 in Verbindung mit § 1666 Abs. 1 BGB setzt zunächst voraus, daß § 1666 Abs. 1, 4. Fall BGB als Schutzgesetz anzusehen ist. Die drei Mindestvoraussetzungen an ein Schutzgesetz im Sinne des § 823 Abs. 2 BGB[31] erfüllt § 1666 Abs. 1, 4. Fall BGB offensichtlich: Als Norm des BGB stellt diese Vorschrift evident ein Gesetz gemäß Art. 2 EGBGB dar. Ferner verbietet es dem Dritten ein bestimmtes Verhalten, nämlich die Gefährdung des Kindes. Daß es dabei mit dem Tatbestandsmerkmal der Gefährdung einen unbestimmten Rechtsbegriff enthält, steht der Bestimmtheit nicht entgegen, wie schon im Zusammenhang mit den Ansprüchen gegen die Adoptiveltern dargelegt wurde[32]. Schließlich ist auch am Zweck des Individualschutzes nicht zu zweifeln. Das Kind ist als geschützte Person ja sogar ausdrücklich in der Norm genannt.

Problematischer erscheinen die zusätzlichen Anforderungen, die Rechtsprechung und Literatur an ein Schutzgesetz stellen[33]. Zwar erfüllt § 1666 Abs. 1, 4. Fall BGB noch die erste der hierfür aufgestellten Bedingungen, da diese Vorschrift nicht der Regelung einzelner Pflichten aus einem Schuldverhältnis dient. Hingegen läßt sich nicht ohne weiteres ersehen, daß § 1666 Abs. 1, 4. Fall BGB dem Schutz von Vermögensinteressen dient und diesen Zweck gerade durch Schadensersatzansprüche verfolgen will. Schon gegenüber den Eltern waren § 1666 Abs. 1 BGB in dieser Hinsicht erhebliche Einschränkungen zu entnehmen: Wie oben ausgeführt, werden Vermögensinteressen auch ihnen gegenüber nur insoweit geschützt, als sie maßgebliche Voraussetzung des Kindes-

31 Dazu eingehend o. § 2 VI 2 a–c.

32 S. o. § 2 VII 1 c mit Fn. 71–74.

33 Hierzu ausführlich o. § 2 VII 3.

wohles sind. Dies ist insbesondere aus den Regelungen zur Sicherung des Unterhaltes abzuleiten[34]. Bei den Maßnahmen gegen Dritte fehlt ein entsprechender vermögensrechtlicher Bezug, etwa zur Abwehr einer Unterhaltsgefährdung o.ä., sogar gänzlich. Ein solcher Schutzzweck in § 1666 Abs. 1, 4. Fall BGB wäre auch eher fernliegend, da Dritte dem Kind den Unterhalt eben nicht vorenthalten noch sonstwie dessen existentiellen Vermögensinteressen beeinträchtigen können.

Es erscheint daher schon zweifelhaft, ob § 1666 Abs. 1, 4. Fall BGB überhaupt primären und unmittelbaren Vermögensschutz gegenüber Dritten bezweckt. Jedenfalls soll § 1666 Abs. 1, 4. Fall BGB die Interessen des Kindes nicht durch zivilrechtliche Schadensersatzansprüche schützen. Denn zum Schutz des Kindes gegen Dritte sieht das Gesetz ausdrücklich nur ein beschränktes Instrumentarium vor. Regelungen, die der Haftung der Eltern für Vermögensschäden entsprechen, fehlen völlig. Insbesondere existiert keine dem § 1664 BGB vergleichbare Haftung für Vermögensschäden. Das Einschreiten des Familiengerichtes ist somit erkennbar die einzige im Familienrecht vorgesehene Maßnahme zum Schutz des Kindes gegen Gefährdungen durch Dritte. Dies entspricht im übrigen natürlich den üblicherweise von Dritten zu erwartenden Gefahren, wie nicht zuletzt die veröffentlichten Entscheidungen zeigen. Diese konzentrieren sich auf Mißhandlungen[35] und sexuellen Mißbrauch[36] des Kindes. Daneben sollen ausweislich der Gesetzesmaterialien auch alle anderen Gefährdungen des Kindes etwa durch Drogen, ein schädliches Umfeld o.ä. erfaßt werden[37]. Es handelt sich hierbei also um Fehlentwicklungen, denen allein durch staatliches Eingreifen in Form hoheitlicher Anordnungen abgeholfen werden kann und muß. Schadensersatzansprüche sind zur Abwendung dieser Gefahren weder erforderlich noch geboten.

Das Kind soll also durch § 1666 Abs. 1, 4. Fall BGB nur mit Maßnahmen des Familiengerichtes vor den Gefahren durch Dritte geschützt werden. Eine darüber hinausgehende Begründung zivilrechtlicher Scha-

---

34 S. o. § 2 VII 3 b.

35 S. etwa BayObLG, DAV 1985, 914, 916; FamRZ 1994, 1413.

36 S. etwa OLG Zweibrücken, NJW 1994, 1741, 1741-1743; OLG Düsseldorf, NJW 1995, 1970, 1970f.

37 BT-Drucks. 8/2788, 59.

densersatzansprüche wird offenkundig nicht bezweckt. Damit erfüllt § 1666 Abs. 1 BGB gegenüber Dritten nicht die Anforderungen an ein Schutzgesetz. Ansprüche aus § 823 Abs. 2 in Verbindung mit § 1666 Abs. 1 BGB scheiden somit in vorliegendem Zusammenhang aus.

2.) *Zwischenergebnis*

Gegenüber Dritten kann das ehemalige Adoptivkind keine Ansprüche aus § 823 Abs. 2 BGB in Verbindung mit § 1666 Abs. 1 BGB herleiten. Denn der Regelungsgehalt des § 1666 Abs. 1, 4. Fall BGB gegenüber Dritten, die das Kindeswohl gefährden, genügt nicht den Anforderungen an ein Schutzgesetz im Sinne des § 823 Abs. 2 BGB. Es erscheint schon zweifelhaft, ob diese Vorschrift primären und unmittelbaren Vermögensschutz bezweckt. Jedenfalls soll § 1666 Abs. 1, 4. Fall BGB die Interessen des Kindes nur durch Maßnahmen des Familiengerichtes, nicht aber durch Begründung eines zusätzlichen Schadensersatzanspruchs gewährleisten.

IV. Ansprüche aus § 826 BGB

1.) *Schädigungshandlung, Schaden, adäquate Kausalität*

Außerdem kommen auch gegen Dritte Ansprüche aus § 826 BGB in Betracht. Hierzu kann in weitem Umfang auf die Ausführungen zur entsprechenden Haftung des Annehmenden verwiesen werden. Die Schädigungshandlung ist hier wie dort ohne weiteres zu bejahen, wenn ein das Kindeswohl gefährdendes Verhalten zur Aufhebung der Adoption führt. Hierdurch wird auch ein Vermögensschaden auf Seiten des Kindes herbeigeführt, da dieses seinen Unterhaltsanspruch und sein gesetzliches Erbrecht verliert. Der adäquat-kausale Zusammenhang zwischen Schädigungshandlung und Schaden steht dabei auch in vorliegendem Zusammenhang außer Zweifel.

2.) *Verstoß gegen die guten Sitten*

Gewisse Unterschiede ergeben sich allerdings insoweit, als der besondere Unwert der Schädigungshandlung bei Eltern und Dritten unter Umständen nicht nach denselben Kriterien bemessen werden kann. Wie oben bereits eingehend dargelegt, setzt ein Anspruch aus § 826 BGB voraus, daß die schädigende Handlung gegen die guten Sitten verstößt. Ein solches gesteigertes Unwerturteil ist bei einer Kindeswohlgefährdung durch die (Adoptiv)eltern unschwer schon aus der strafrechtlichen Wertung des § 171 StGB abzuleiten[38]. Dieser Rückgriff auf das Strafrecht ist im Zusammenhang mit Gefährdungen des Kindeswohles durch Dritte nur eingeschränkt möglich. Diese trifft üblicherweise keine Fürsorge- oder Erziehungspflicht aus Gesetz oder behördlicher Anordnung. In Betracht kommt allenfalls eine Begründung derartiger Pflichten kraft (konkludenten) Vertrages oder faktischer Übernahme[39]. Das wird insbesondere dann zu bejahen sein, wenn zwischen Drittem und Adoptivelternteil eine eheähnliche Lebensgemeinschaft besteht. Kümmert sich der Dritte in diesem Rahmen vereinbarungsgemäß wie ein Elternteil um das Adoptivkind, so läßt sich eine Fürsorge- und Erziehungspflicht im Sinne des § 171 StGB bejahen. Folglich ergibt sich die Sittenwidrigkeit des Fehlverhaltens, das das Kindeswohl gefährdet, auch hier wie bei den entsprechenden elterlichen Pflichtverletzungen schon aus den Wertungen des Strafrechtes.

Eine derartige Übernahme von Fürsorge- und Erziehungspflichten durch den Dritten wird im hier behandelten Zusammenhang zwar häufig vorliegen. Das ist jedoch nicht zwangsläufig der Fall. Es ist gut vorstellbar, daß der Dritte gerade bei starker Abneigung gegen den Angenommenen jede Beteiligung an der Erziehung von vorneherein verweigert. Ähnlich kann es in dem eingangs gewählten Beispiel stehen, wenn der Annehmende nach dem Tode des anderen Adoptivelternteiles in sein Elternhaus zurückkehrt. Auch hier muß keine dem Eltern-Kind-Verhältnis ähnliche Beziehung zwischen dem Adoptivkind und dem Verwandten, der diesem feindlich gegenübersteht, begründet werden. In diesen Fällen kann die Sittenwidrigkeit der Kindeswohlgefährdung nicht schon aus der Wertung des § 171 StGB hergeleitet werden.

Allerdings ergibt sich die erhöhte soziale Mißbilligung auch dort aus den allgemeinen Maßstäben, die Rechtsprechung und Literatur zur Konkretisierung der «guten Sitten» entwickelt haben. Bei gravierenden

---

38 Vgl. hierzu o. § 2 X 2 c.

39 Zur Möglichkeit, daß eine solche Fürsorge- und Erziehungspflicht gem. § 171 StGB kraft faktischer Übernahme gerade beim eheähnlichen Zusammenleben mit einem Elternteil begründet wird, s. etwa SK-Horn § 171 Rn. 12; Lackner/Kühl-Kühl § 171 Rn. 2; Tröndle/Fischer-Fischer § 171 Rn. 3.

Eingriffen etwa in die körperliche Integrität des Adoptivkindes folgt dies schon aus der Art und Weise der Schädigungshandlung und der Bedeutung der verletzten Rechtsgüter[40]: Daß beispielsweise schwere körperliche Mißhandlungen oder der sexuelle Mißbrauch eines Kindes gegen die guten Sitten verstoßen, bedarf keiner weiteren Erläuterung.

Aber auch in weniger dramatischen Fällen greift der Drittstörer in die relativen Rechtsbeziehungen zwischen Adoptivkind und Annehmendem ein, wenn er die Aufhebung des Annahmeverhältnisses veranlaßt. Derartige Schädigungen fremder Rechtsbeziehungen sind zwar nicht ohne weiteres sittenwidrig. Der erhöhte soziale Unwert kann sich aber aus den besonderen Umständen der Drittstörung ergeben. Daß dies auch in vorliegendem Zusammenhang regelmäßig zu bejahen sein wird, folgt aus der Eigenart des Eingriffs in die familiäre Sonderbeziehung. Denn zu einer Gefährdung des Kindeswohles, die eine Aufhebung der Adoption erforderlich macht, kann es nicht gegen den ernstlichen Widerstand des Annehmenden kommen. Das ergibt sich schon aus der Subsidiarität der Aufhebung nach § 1763 BGB gegenüber Maßnahmen aus § 1666 BGB: Ist der Annehmende gewillt und in der Lage, die Gefahr abzuwenden, so scheiden selbst Maßnahmen des Familiengerichtes gemäß § 1666 Abs. 1 BGB, geschweige denn die Aufhebung der Adoption, aus.

Der Dritte vermag das Annahmeverhältnis also allein nicht zu beeinträchtigen. Er muß entweder den Widerstand des Annehmenden ausschalten oder aber im Einvernehmen mit ihm handeln. Ersteres wird der Dritte in der Regel durch Drohungen, den Annehmenden zu verlassen o.ä., oder aber durch schlichte Gewalt erreichen. Die durch eine rechtswidrige Drohung zugefügte Schädigung wäre schon dann als sittenwidrig einzustufen, wenn sie den Bedrohten träfe[41]. Hier aber erzwingt der

---

40 Hierzu s. bes. Münch.Komm.-Mertens § 826 Rn. 19; ähnliche Schlußfolgerungen aus der mittelbaren Drittwirkung der Grundrechte (hier des allgemeinen Persönlichkeitsrechts) über die Generalklauseln des bürgerlichen Rechtes bei Staudinger-Schäfer 12.A.1986 § 826 Rn. 36; RGRK-Steffen § 826 Rn. 18; Soergel-Hönn/Dönneweg § 826 Rn. 36.

41 S. hierzu etwa Soergel-Hönn/Dönneweg § 826 Rn. 128 («Eine rechtswidrige Drohung macht eine sich aus ihr ergebende vorsätzliche Schadenszufügung ohne weiteres sittenwidrig»); ähnlich RGRK-Steffen § 826 Rn. 26; Larenz/Canaris § 78 II 2 b und jetzt Staudinger-Oechsler § 826 Rn. 227.

Drittstörer mit der Drohung sogar die massive Beeinträchtigung des Kindes, also eines anderen. Wenn nicht der Bedrohte, sondern ein anderer durch die rechtswidrige Drohung geschädigt wird, ist diese erst recht sittenwidrig. Denn sie schaltet zudem noch ein unfreiwilliges Werkzeug ein.

Nicht anders steht es, wenn der Dritte mit dem Annehmenden Einvernehmen über die «Abschiebung» des Adoptivkindes erzielt. Schon bei gewöhnlichen Vertragsbeziehungen ist die bewußte Zusammenarbeit mit einem Dritten zu Lasten des Vertragspartners als Kollusion sittenwidrig[42]. Diese Bewertung ist natürlich erst recht angebracht, wenn das Ziel des Zusammenwirkens schon als solches zu mißbilligen ist. Genau dies ist hier der Fall. Verhält sich der Annehmende aus eigenem Entschluß bewußt verantwortungslos, um sein Adoptivkind «loszuwerden», so ist dies an sich schon sittenwidrig[43]. Derselbe Vorwurf muß natürlich seinen Lebensgefährten oder einen sonstigen Dritten treffen, der ihn zu einem derartigen Vorgehen veranlaßt: Ist die elterliche Pflichtverletzung als solche sittenwidrig, so muß dies auch für die kollusive Verabredung zu einem solchen Verhalten gelten.

3.) *Vorsatz*

Die subjektiven Voraussetzungen für den Schadensersatzanspruch aus § 826 BGB werfen bei der Haftung des Dritten dieselben Probleme auf, die schon bei den Ansprüchen gegen die Adoptiveltern angesprochen wurden. Hier wie dort muß nicht nur die Schädigungshandlung, sondern auch der Schaden jedenfalls der Art und Richtung nach vom Vorsatz des Schädigers umfaßt sein. Der Schadensersatz für den Wegfall von Unterhaltsansprüchen und künftiger Erbenstellung setzt also voraus, daß der Drittstörer die Aufhebung des Annahmeverhältnisses zumindest billigend in Kauf nahm. Das wird in vorliegendem Zusammenhang häufig ebensowenig der Fall sein wie bei entsprechenden Pflichtwidrigkeiten des Annehmenden. Hier wie dort wird sich der Schädiger nicht selten sogar bemühen, die Mißhandlung des Kindes oder sonstige Verfeh-

42 Larenz/Canaris § 78 IV 1 b; Staudinger-Oechsler § 826 Rn. 224 u. 237; Soergel-Hönn/Dönneweg § 826 Rn. 129; Palandt-Thomas § 826 Rn. 52.

43 Vgl. o. § 2 X 2 d.

lungen tunlichst zu verheimlichen[44]. In Betracht kommt ein Schadensersatzanspruch gegen den Drittstörer also auch hier vorrangig dann, wenn das Adoptivkind «abgeschoben» werden soll. Denn jedenfalls dann umfaßt der Vorsatz des Schädigers auch die Aufhebung des Annahmeverhältnisses und somit den Fortfall von Unterhaltsverpflichtung und gesetzlichem Erbrecht.

4.) *Schadensumfang*

Sofern der Dritte die Aufhebung der Adoption bei der Schädigung solchermaßen in Kauf nahm, kann der Angenommene auch Schadensersatz für den Verlust seines gesetzlichen Erbrechtes verlangen. Diesbezüglich geht der Schadensersatz aus § 826 BGB auch hier über die sonstige deliktische Haftung hinaus. Zu Umfang und Berechnung der Ansprüche kann auf die früheren Ausführungen verwiesen werden: Der Schadensersatz für den Wegfall der Unterhaltsleistungen entspricht der Verpflichtung des Annehmenden aus § 823 Abs. 2 in Verbindung mit § 1666 Abs. 1 BGB mit der besprochenen Modifikation hinsichtlich der Kapitalisierung aus § 843 Abs. 3 BGB. Den Schadensersatz für den Verlust der künftigen Erbenstellung kann das Adoptivkind auch gegenüber dem Dritten zunächst nur mit der Feststellungsklage geltend machen, sofern nicht die Abfindungslösung gewählt wird[45]. Schadensmindernd ist auch hier eine eventuelle Vorteilsanrechnung zu berücksichtigen.

5.) *Zwischenergebnis*

Der Angenommene kann unter Umständen auch vom Drittschuldner aus § 826 BGB Schadensersatz für den Verlust von Unterhaltsansprüchen und künftiger Erbenstellung verlangen. Die Voraussetzungen hierfür entsprechen der Haftung des Annehmenden aus § 826 BGB. Insbesondere ist zu verlangen, daß auch der Dritte bei der Schädigungshandlung den Wegfall von Unterhaltsleistungen und gesetzlichem Erbrecht in Kauf nahm, also im Hinblick auf die Aufhebung der Adoption vorsätzlich handelte. Lediglich die Sittenwidrigkeit der Schädigungshandlung

---

44 Vgl. o. § 2 X 2 d.

45 Insoweit ergibt sich dieselbe Ausgangslage wie bei den Ansprüchen gegenüber dem Annehmenden, s. o. § 2 X 4 und 5.

beruht auf anderen Wertungen als beim Annehmenden, wenn der Dritte keine Fürsorge- und Erziehungspflicht gegenüber dem Adoptivkind übernommen hat. Umfang und Berechnung des Schadensersatzes entsprechen wiederum den Ansprüchen gegen den Annehmenden.

V. Ergebnis

Der Angenommene kann auch vom Dritten aus § 823 Abs. 1 BGB wegen Verletzung seines sonstigen Rechtes aus dem Eltern-Kind-Verhältnis Schadensersatz für den Verlust seiner Unterhaltsansprüche verlangen. Der Umfang dieses Schadensersatzes entspricht der Haftung der Adoptiveltern aus § 823 Abs. 2 in Verbindung mit § 1666 Abs. 1 BGB. Sofern der Dritte bei der Schädigungshandlung die Aufhebung des Annahmeverhältnisses zumindest in Kauf nahm, kann der Angenommene darüber hinaus Schadensersatz aus § 826 BGB verlangen. Dieser umfaßt dann auch den Wegfall des gesetzlichen Erbrechtes, wobei für die Berechnung die gleichen Grundsätze anzuwenden sind wie bei der entsprechenden Haftung des Annehmenden.

§ 4 Ansprüche Dritter

I. Ansprüche der leiblichen Eltern gegen den Annehmenden

1.) *Die Rechtsverhältnisse zwischen den an einer Adoption Beteiligten*

Die Vermittlung eines Annahmeverhältnisses erzeugt vielfältige Rechtsbeziehungen zwischen den hieran Beteiligten, also den leiblichen Eltern, den Adoptionswilligen und der Adoptionsvermittlungsstelle. Die Rechtsnatur dieser Beziehungen ist bislang nur teilweise geklärt. Auch die wichtige Frage, welche Rechtsfolgen ein Verstoß gegen Pflichten aus diesen Beziehungen nach sich zieht, blieb in Rechtsprechung und Literatur weitgehend unerörtert. Es finden sich, wie im folgenden zu zeigen sein wird, vielfach bestenfalls vereinzelte Ausführungen zu diesem Themenbereich.

a) Die Rechtsbeziehungen zwischen Annehmendem und Adoptionsvermittlungsstelle

Das Verhältnis zwischen dem Annehmenden und der Adoptionsvermittlungsstelle fand in Rechtsprechung und Literatur noch die eingehendste Behandlung. Es herrscht wohl weitgehende Einigkeit darüber, daß dieses Verhältnis jedenfalls bei privatrechtlicher Organisation der Adoptionsvermittlungsstelle nicht öffentlich-rechtlicher, sondern privatrechtlicher Natur ist. Soweit die Adoptionsvermittlungsstelle für den Adoptionswilligen tätig wird, ist dies als Auftragsverhältnis gemäß §§ 662 ff BGB einzuordnen[1]. Dabei ergibt sich schon aus § 9 AdVermiG, daß die Pflicht der Adoptionsvermittlungsstelle zur Beratung und Unterstützung des Adoptionswilligen nicht mit dem Annahmedekret endet, sondern auch nach diesem Zeitpunkt fortbesteht[2]. Die Rechtsfolgen für die Verlet-

---

1 LG Frankfurt, NJW-RR 1988, 646, 646f; zust. Münch.Komm.-Lüderitz Anh. zu § 1752 Rn. 14; Gernhuber/Coester-Waltjen § 68 I 4 mit Fn. 6; Palandt-Diederichsen Vor § 1741 Rn. 6; a.A. wohl Soergel-Liermann Vor § 1741 Rn. 5 u. 51, der offenbar auch bei privatrechtlicher Organisation der Vermittlungsstelle alleine auf die Einbeziehung in die «öffentliche Daseinsvorsorge» abstellt und deshalb für Ansprüche aus § 839 BGB i.V.m. Art. 34 GG plädiert. Zur Parallelproblematik beim Rechtsverhältnis zwischen Pflegefamilie und Jugendamt s. Steding, ZfJ 1993, 577, der die Frage allerdings offenläßt.

2 Dazu, daß diese Beratung nach Ausspruch der Annahme in der Praxis allerdings entgegen § 9 Abs. 2 AdVermiG häufig sehr dürftig ausfällt, s. die krit. Anmerkungen von Textor, NDV 1993, 189f und Paulitz, ZfJ 1997, 131.

zung dieser Pflichten entsprechen den allgemeinen Regeln: Bei Schlechtleistungen haftet die Adoptionsvermittlungsstelle mangels gesetzlicher Gewährleistungsvorschriften im Auftragsrecht aus positiver Vertragsverletzung[3].

b) *Pflichten der leiblichen Eltern gegenüber dem Annehmenden*

Bereits weit seltener werden die Pflichten der leiblichen Eltern gegenüber dem Angenommenen erörtert. Vereinzelt findet sich der Hinweis, daß jedenfalls bei persönlichem Kontakt zwischen leiblichen Eltern und Adoptionswilligen eine «Vertragsbindung besonderer Art iSd §§ 241 und 305»[4] entstehe. Des weiteren werden bei Verletzung von Pflichten aus diesem Rechtsverhältnis, etwa durch falsche Auskünfte zwecks schneller «Abschiebung» des Kindes auch Schadensersatzansprüche bejaht. Dabei sollen neben der Haftung aus § 823 Abs. 2 BGB in Verbindung mit § 263 StGB auch Ansprüche aus § 823 Abs. 2 in Verbindung mit § 1760 Abs. 2 lit. c und d BGB in Betracht kommen[5].

Bisweilen finden sich sogar Hinweise darauf, daß die Rechtspflichten der leiblichen Eltern nicht mit dem Ausspruch der Annahme gemäß § 1752 BGB enden. Einige Pflichten sollen auch und gerade nach der Herstellung der Adoptivverwandtschaft fortdauern. Demnach existieren für die leiblichen Eltern nach Begründung des Annahmeverhältnisses «allgemeine Unterlassungspflichten sowie die spezielle Pflicht, das Annahmeverhältnis nicht zu stören»[6]. Woraus sich diese spezielle Pflicht juristisch ergibt, bleibt allerdings auch in diesem Zusammenhang unerörtert, ebenso mögliche Folgen ihrer Verletzung.

c) *Pflichten des Annehmenden gegenüber den leiblichen Eltern*

Eine noch geringere Beachtung in Rechtsprechung und Literatur wurde den Pflichten der Adoptiveltern gegenüber den leiblichen Eltern des Kindes zuteil. Hier findet sich im wesentlichen nur der singuläre Hin-

---

3 Zur Anwendung der pVV im Auftragsrecht s. Staudinger-Löwisch Vor §§ 275ff Rn. 29; Münch.Komm.-Seiler § 662 Rn. 42; Jauernig-Vollkommer § 276 Rn. 53; zuletzt Palandt-Heinrichs § 276 Rn. 109.

4 Soergel-Liermann vor § 1741 Rn. 6.

5 Soergel-Liermann Vor § 1741 Rn. 6.

6 Erman-Holzhauer § 1761 Rn. 3.

weis, daß auch die Adoptionswilligen über die Umstände, die für die Einwilligung gemäß § 1747 BGB wesentlich sein können, korrekt Auskunft geben müssen[7]. Welche Rechtsfolgen eine dennoch begangene Täuschung haben kann, bleibt aber offen. Ebensowenig finden sich in diesem Zusammenhang auch nur Andeutungen dazu, ob irgendwelche Pflichten des Annehmenden gegenüber den leiblichen Eltern auch nach Begründung der Adoptionsverwandtschaft noch fortdauern.

Gerade diese Seite des Rechtsverhältnisses dürfte aber jedenfalls aus praktischer Sicht weit interessanter sein als die Frage nach Schadensersatzansprüchen des Annehmenden gegen die leiblichen Eltern. Denn zum einen sind die leiblichen Eltern typischerweise vermögenslos. Die in der Literatur noch vergleichsweise ausführlich behandelten Schadensersatzansprüche des Annehmenden gegen die leiblichen Eltern werden also regelmäßig kaum durchsetzbar sein. Zum anderen wird es häufig auch am materiellen Schaden der Adoptiveltern fehlen: Hat das Kind etwa charakterliche Fehler, so ist dies von vorneherein nur ein immaterieller Nachteil. Die Unterhaltsleistungen als solche können die Adoptiveltern dagegen üblicherweise nicht als Schaden geltend machen, da sie ohne Täuschung über bestimmte Eigenschaften des Angenommenen ein anderes Kind adoptiert hätten. In diesem Falle träfen sie dieselben Verpflichtungen, die sie nun dem Angenommenen gegenüber zu erfüllen haben. Allenfalls dann, wenn über den Gesundheitszustand eines kranken Kindes falsche Angaben gemacht wurden, kann es zu einem unvorhergesehenen Mehrbedarf kommen, der als Schadensersatz gefordert werden könnte. Die Unterhaltskosten, die auch für ein gesundes Kind anfielen, haben die Adoptiveltern aus den dargelegten Gründen in jedem Falle selbst zu tragen.

Anders steht es, wenn die von den Adoptiveltern verschuldete Aufhebung des Annahmeverhältnisses für deren Rechtsbeziehungen zu den leiblichen Eltern von Bedeutung ist. Denn für die natürlichen Eltern schlagen die gesamten Kosten des Unterhalts zu Buche: Sie wären ja bei korrekter Ausübung der elterlichen Sorge durch den Annehmenden endgültig von dieser Verpflichtung gegenüber ihrem Kind befreit worden. Zudem verfügen die Adoptiveltern in aller Regel mindestens

7 Soergel - Liermann Vor § 1741 Rn. 6.

über ein durchschnittliches Einkommen und einen entsprechenden Wohlstand[8]. Ihnen gegenüber lassen sich eventuelle Schadensersatzansprüche also zumeist auch durchsetzen. Von daher dürfte die Frage nach Ansprüchen der leiblichen Eltern gegen die Adoptiveltern von erheblich größerer praktischer Bedeutung sein als die andere Seite des Rechtsverhältnisses.

2.) *Zum Rechtsverhältnis zwischen leiblichen Eltern und Annehmendem*
Mit der Umstellung des Adoptionsrechtes vom Vertrags- auf das Dekretsystem wurde der privatrechtliche Aspekt bei der Begründung eines Annahmeverhältnisses bisweilen etwas verdunkelt. So bezeichnen schon die Gesetzesmaterialien die Minderjährigenadoption nach neuerem Recht als einen «Akt staatlicher Fürsorge»[9]. Dies fand bereits zur Zeit des Gesetzgebungsverfahrens berechtigten Widerspruch: «Viel wesentlicher als die *akzidentielle* staatliche Mitwirkung bei der Adoption ist die Bereitschaft von *Privaten*, ein Kind als solches anzunehmen»[10].

Diese rechtspolitische Einschätzung von öffentlichem und privatem Beitrag bei Begründung eines Annahmeverhältnisses hat sich auch in der Bewertung der hierfür erforderlichen rechtlichen Einzelakte durchgesetzt. Es herrscht heute wohl Einigkeit darüber, daß die Adoption ein im wesentlichen privatrechtlicher Vorgang unter staatlicher Überwachung und Mitwirkung geblieben ist. Die Willenserklärungen von leiblichen Eltern und Adoptionswilligen stellen das vorrangige Element der Adoption dar, nicht das staatliche Dekret: Es ist nicht der staatliche Akt, der kraft Hoheitsmacht Kinder einem neuen Elternpaar zuweisen kann, sondern allein der (übereinstimmende) Wille von leiblichen Eltern und Adoptionsbewerbern[11]. «Der Annehmende erklärt sich mit einem an das Vormundschaftsgericht adressierten *Antrag* (§ 1752), der Verfahrensanstoß ist (und insofern ein Akt des formellen Rechtes), zugleich aber auch ein Teil des inneren Grundes der Adoption. In dieser

---

8 S. dazu die Nachweise o. § 1 II 3 mit Fn. 39.

9 BT-Drucks. 7/5087, 6; anders noch BT-Drucks. 7/3061, 16, wo die Adoption «als Mittel der Fürsorge» bezeichnet wird.

10 Bosch, FamRZ 1976, 404 Fn. 49.

11 S. etwa Gernhuber/Coester-Waltjen § 68 II 1; Giesen Rn. 705; Schwab, Familienrecht Rn. 697; Beitzke/Lüderitz Rn. 1005.

Funktion ist er Willenserklärung, die zwar nicht mit der Einwilligung des Kindes einen Vertrag bildet, sondern einseitiges Rechtsgeschäft bleibt, jedoch die Erklärung des Kindes (trotz aller isolierenden Tendenzen des Gesetzes) als Folgeakt intendiert und erst zusammen mit ihr das richterliche Dekret rechtfertigt»[12].

Demgegenüber verfolgt die staatliche Mitwirkung vor allem zwei ergänzende Absichten. Zum einen soll die Überprüfung durch das Vormundschaftsgericht (wie schon im Genehmigungsverfahren früheren Rechtes) sicherstellen, daß die Adoption tatsächlich dem Kindeswohl entspricht[13]. Zum anderen – und das ist das eigentlich neue Element – sollte die Stabilität des Annahmeverhältnisses erhöht werden[14]. Wie bereits ausgeführt, war eine Adoption unter dem Vertragssystem mit allen Risiken der Unwirksamkeit behaftet, die sich aus dem allgemeinen Teil des BGB ergeben können. So stellte der BGH noch 1974 die Unwirksamkeit eines mehr als 25 Jahre zuvor geschlossenen Adoptionsvertrages fest, da eine Vollmacht nicht rechtsgültig war[15]. Vor allem ergab sich daraus, daß die Adoption als Vertrag konstruiert war, das Risiko der Anfechtbarkeit: Der Annehmende konnte seine Willenserklärung zum Adoptionsvertrag unter Umständen noch Jahrzehnte später nach den allgemeinen Regeln der §§ 119 ff BGB anfechten. Dies schloß auch die Anfechtung wegen Irrtums über charakterliche oder sonstige Eigen-

---

12 Gernhuber/Coester-Waltjen § 68 IV 5; ähnlich schon Bosch, FamRZ 1984, 837 («öffentlich-rechtliche Gestaltung eines im Grunde bürgerlich-rechtlichen Tatbestandes»); Staudinger-Frank 12.A.1992 § 1752 Rn. 2 u. 4; und jetzt Schwab, Familienrecht Rn. 697; wohl auch Münch. Komm.-Lüderitz Vor § 1741 Rn. 38. Dazu, daß auch die Einwilligung der leiblichen Eltern als amtsempfangsbedürftige Willenserklärung anzusehen ist, s. etwa Soergel-Liermann § 1749 Rn. 5 u. § 1750 Rn. 1.

13 BT-Drucks. 7/3061, 24 (dort auch zur Rechtslage bis 1977); vgl. hierzu z.B. RGRK-Dickescheid § 1741 Rn. 2f; Soergel-Liermann § 1741 Rn. 1; Staudinger-Frank 12.A.1992 § 1741 Rn. 7; Erman-Holzhauer § 1741 Rn. 2f; Jauernig-Schlechtriem §§ 1741-1750 Rn. 6f.

14 BT-Drucks. 7/3061, 26; vgl. hierzu schon aus der Zeit der Diskussion um die Änderung des Adoptionsrechtes Knur, FS Ballerstedt 393f; und jetzt RGRK-Dickescheid § 1759 Rn. 1; Soergel-Liermann § 1759 Rn. 1; Staudinger-Frank 12.A.1992 § 1759 Rn. 2; Münch.Komm.-Lüderitz § 1759 Rn. 1; Heilmann, DAV 1997, 583; krit. hierzu Erman-Holzhauer § 1759 Rn. 5.

15 BGH, FamRZ 1974, 645, 646-648; zu dieser Entscheidung BT-Drucks. 7/3061, 24 und Bosch, FamRZ 1984, 837.

schaften des Kindes ein[16]. Insbesondere dieser Gefahr wollte der Gesetzgeber mit dem Übergang zum Dekretsystem abhelfen[17]. Die Adoption sollte grundsätzlich ebenso unauflöslich sein wie die leibliche Verwandtschaft[18]. Deshalb wurden nur die Anfechtungstatbestände, die zur Wahrung rechtsstaatlicher Prinzipien gegenüber dem Annehmenden schlechthin unerläßlich sind, als Aufhebungsgründe in das neue Adoptionsrecht übernommen. Etwa dann, wenn er überhaupt keinen Antrag zur Adoption des Kindes gestellt hat (§ 1760 Abs. 1 BGB) oder hierzu durch Täuschung oder Drohung (§ 1760 Abs. 2 lit. c und d BGB) veranlaßt wurde, kann er nach neuem Recht die Aufhebung des Annahmeverhältnisses beantragen.

Gerade die beiden vorrangig mit dem Dekretsystem verfolgten Ziele können im vorliegenden Zusammenhang aber von vorneherein nicht mehr erreicht werden: Wenn die Adoption nach § 1763 BGB aufgehoben werden mußte, konnte trotz vormundschaftsgerichtlicher Sachprüfung weder die gedeihliche Entwicklung des Kindes in der neuen Familie noch die Stabilität des Annahmeverhältnisses gesichert werden. Die staatliche Mitwirkung kann also spätestens hier neben dem ohnehin vorrangigen privatrechtlichen Element keine sinnvolle Rolle mehr spielen. Das wird gerade am oben angeführten Beispiel des Irrtums über wesentliche Eigenschaften des Adoptivkindes deutlich. Könnte der Annehmende seinen Antrag nach § 1752 BGB ebenso anfechten wie jede andere Willenserklärung (und früher die Annahmeerklärung zum Adoptionsvertrag), so kämen Schadensersatzansprüche aus § 122 BGB in Betracht. Diese Ansprüche könnten insbesondere die leiblichen Eltern des Adoptivkindes geltend machen. Denn der Antrag nach § 1752 BGB ist eine Willenserklärung, die nicht ihnen oder sonst «einem anderen

16 BT-Drucks. 7/3061, 24; vgl. hierzu schon Dölle Bd. 2 § 115 III; Bosch, FamRZ 1984, 837; Staudinger-Frank 12.A.1992 § 1759 Rn. 1; Heilmann, DAV 1997, 585 f.

17 Bes. deutlich BT-Drucks. 7/3061, 47: «Es ist ein wesentliches Reformanliegen, den Bestandsschutz des Annahmeverhältnisses dadurch zu erhöhen, daß ein Teil der Gründe, die nach den Vorschriften über Willenserklärungen (§§ 116 ff. BGB) zur Anfechtbarkeit von Willenserklärungen führen, ausgeschlossen wird.»

18 BT-Drucks. 7/3061, 25; hierzu s. etwa Soergel-Liermann § 1759 Rn. 1; Staudinger-Frank 12.A.1992 § 1759 Rn. 2; Gernhuber/Coester-Waltjen § 68 XI 2.

gegenüber abzugeben»[19] ist. Vielmehr muß der Antrag nach § 1752 BGB an das Vormundschaftsgericht gerichtet werden, ist also amtsempfangsbedürftig. Bei derartigen, nicht- oder amtsempfangsbedürftigen Willenserklärungen hat der Anfechtende aber gemäß § 122 BGB auch den Schaden zu ersetzen, den «der Dritte dadurch erleidet, daß er auf die Gültigkeit der Erklärung vertraut»[20].

Auf den ersten Blick könnte man eine entsprechende Lösung heute vor dem Hintergrund des Dekretsystems für ausgeschlossen halten. Denn eine Anfechtung nach §§ 119 ff BGB ist nach geltendem Recht nicht mehr möglich, da die Adoption eben nicht mehr direkt durch die Willenserklärungen der Beteiligten, sondern durch den Beschluß des Vormundschaftsgerichtes herbeigeführt wird[21]. Das würde aber geradezu paradoxe Ergebnisse nach sich ziehen. Wie oben bereits angesprochen, kann der Annehmende den Wegfall der Anfechtungsmöglichkeit jedenfalls durch mutwillige Herbeiführung einer Aufhebung nach § 1763 BGB «kompensieren»[22]. Schließt man in solchen Fällen die (analoge) Anwendung des § 122 BGB unter Hinweis auf das Dekretsystem aus, so wäre der verantwortungslose Annehmende im Vergleich zum früheren Recht auch noch bevorteilt: Ausgerechnet die Regelungen, die Kindeswohl und Stabilität des Annahmeverhältnisses gewährleisten sollten, würden nunmehr die ehemaligen Adoptiveltern vor Schadensersatzansprüchen bewahren. Wenn die staatliche Mitwirkung im Adoptionsverfahren ohnehin funktionslos geworden ist, sollte sie einer sinnvollen Rückabwicklung des verbleibenden privatrechtlichen Kernvorgangs aber nicht auch noch entgegenstehen.

---

19 So der Gesetzeswortlaut, wenn nur der Erklärungsempfänger Schadensersatz aus § 122 BGB fordern kann.

20 Zur Haftung aus § 122 Abs. 1 BGB gegenüber Dritten bei nicht- oder amtsempfangsbedürftigen Willenserklärungen s. etwa Soergel-Hefermehl § 122 Rn. 3; Münch.Komm.-Kramer § 122 Rn. 7; Palandt-Heinrichs § 122 Rn. 3.

21 Daß der Beschluß, in dem die Annahme ausgesprochen wird, mit Rechtsmitteln nicht mehr angegriffen werden kann, ergibt sich schon aus § 56 e, S. 3 FGG; dazu, daß auch der Antrag nach § 1752 BGB nicht aus materiellem Recht wegen Willensmängeln angefochten werden kann, s. BT-Drucks. 7/3061, 46 f; RGRK-Dickescheid § 1760 Rn. 1; Soergel-Liermann § 1759 Rn. 4; Staudinger-Frank 12.A.1992 § 1760 Rn. 10 f; Münch.Komm.-Lüderitz § 1760 Rn. 1.

22 S. o. § 1 II 5 mit Fn. 56-58.

Tatsächlich erscheint ein Schadensersatzanspruch aus § 122 BGB in vorliegendem Zusammenhang auch aus zivilrechtlicher Sicht angemessen. Eine analoge Anwendung von § 122 BGB auf Situationen mit vergleichbarer Interessenlage wird seit jeher von einer weitverbreiteten Auffassung befürwortet. Gerade die Rechtsprechung beschränkt den Schadensersatzanspruch aus § 122 BGB nicht auf die in dieser Vorschrift ausdrücklich aufgeführten Fälle der §§ 118-120 BGB[23]. Vielmehr ist § 122 BGB nach dieser Auffassung «Ausdruck eines verallgemeinerungsfähigen Gedankens, nämlich eben der auf einem "Mangel der eigenen Sphäre" beruhenden Vertrauenshaftung»[24]. Diese Haftung soll beispielsweise sogar dann eingreifen, wenn gar keine Willenserklärung vorliegt, etwa in den Fällen abhandengekommener schriftlicher Vertragsangebote[25]. Darüber hinaus wird ein Schadensersatzanspruch aus § 122 BGB etwa auch bei Zweckerreichung und Zweckfortfall bejaht, wenn die Willenserklärung rechtlich gar nicht beseitigt, sondern nur durch tatsächliche Umstände obsolet wird[26].

Im Rahmen der erweiterten Anwendbarkeit von § 122 BGB wird man die Ausdehnung dieses Schadensersatzanspruchs auf die vorliegende Konstellation kaum verneinen können. Denn die Lage der Eltern nach einer Aufhebung der Adoption gemäß § 1763 BGB ist tatsächlich mit der Situation nach Anfechtung einer Willenserklärung (etwa zum

---

23 RGZ 170, 65, 69; BGH LM § 276 (Fa) Nr. 28, Bl. 1168; BGH, WM 1986, 608, 610.

24 Münch.Komm.-Kramer § 122 Rn. 4; hierzu schon Kuhlenbeck, DJZ 1905, 1143-1145; der § 122 BGB (wohl zu weitgehend) sogar auf jeden Fall der Nichtigkeit einer Willenserklärung ausdehnen wollte; jedenfalls für einige der diskutierten Anwendungsfälle bejahen die Analogiefähigkeit von § 122 BGB z.B. auch Erman, AcP 139, 336; Wieacker, FS Nipperdey 808; v. Craushaar, JuS 1971, 131; Larenz, FS Ballerstedt 416-419; Canaris, JZ 1976, 134; Otto/Stierle, WM 1978, 546f; Erman-Brox § 122 Rn. 3; Larenz/Wolf § 26 Rn. 5; a.A. etwa Soergel-Hefermehl § 122 Rn. 2; Palandt-Heinrichs § 122 Rn. 2, wonach § 122 BGB nur in den Fällen der §§ 118-120 BGB anzuwenden und nicht Ausdruck eines allgemeinen Rechtsgedankens sei; offengelassen in RGRK-Krüger-Nieland § 122 Rn. 2.

25 Erman-Brox § 122 Rn. 3; Münch.Komm.-Kramer § 122 Rn. 5; Larenz/Wolf § 26 Rn. 5.

26 Wieacker, FS Nipperdey 808; Münch.Komm.-Kramer § 122 Rn. 5; hierfür trotz grundsätzlicher Ablehnung einer erweiterten Anwendung von § 122 BGB auch Palandt-Heinrichs § 122 Rn. 2.

Adoptionsvertrag früheren Rechtes) vergleichbar. Sie vertrauten ja bei Abgabe ihrer Einwilligung in die Adoption ihrerseits darauf, daß umgekehrt auch die Adoptionswilligen vollumfänglich zu ihrem Antrag nach § 1752 BGB stehen würden. Die von den Adoptiveltern verschuldete Aufhebung des Annahmeverhältnisses kommt in Ursache und Auswirkungen aber der früher möglichen Anfechtung der Willenserklärung zum Adoptionsvertrag praktisch gleich. Auch hierbei handelt es sich um eine Annullierung des Annahmeverhältnisses, die ebenso wie im Falle der Anfechtung ausschließlich aus dem Risikobereich des Annehmenden stammt. Die Aufhebung nach § 1763 BGB hat auch in familienrechtlicher und wirtschaftlicher Hinsicht praktisch dieselben Folgen: Einerseits wird das Kind wieder in seinen alten Familienverband eingegliedert. Andererseits geht damit wirtschaftlich die Belastung der leiblichen Eltern mit der Unterhaltsverpflichtung gegenüber dem ehemaligen Adoptivkind einher[27].

Angesichts dieser Übereinstimmungen mit der Situation nach Anfechtung einer Willenserklärung erscheint es daher dringend geboten, die vom Annehmenden verschuldete Aufhebung des Annahmeverhältnisses in den erweiterten Anwendungsbereich des § 122 BGB einzubeziehen. Dies entspräche im übrigen der oben dargelegten Abwicklung von Schäden, die aus Pflichtverletzungen der Adoptionsvermittlungsstelle gegenüber dem Annehmenden verursacht wurden. Denn auch die Adoptionsvermittlungsstelle haftet hierfür nach privatrechtlichen Grundsätzen[28]. Dabei geht gerade ihre staatlich angeordnete Beteiligung am Zustandekommen der Adoption über die privatrechtlichen Vorgänge eindeutig hinaus. Als Teil der staatlichen Überwachung gehört sie eindeutig den (wenn auch bereits vor dem Übergang zum Dekretsystem eingeführten) öffentlich-rechtlichen Elementen der Adoption zu. Schließlich würde es die analoge Anwendung von § 122 BGB auch ermöglichen, die aus der Auf-

27 Der einzige Unterschied zur Anfechtung liegt darin, daß die Aufhebung der Adoption das Annahmeverhältnis nicht rückwirkend auflöst; s. BT-Drucks. 7/3061, 50; RGRK-Dickescheid § 1764 Rn. 1; Soergel-Liermann § 1764 Rn. 1; Staudinger-Frank 12.A.1992 § 1764 Rn. 4; Münch. Komm.-Lüderitz § 1764 Rn. 1; Erman-Holzhauer § 1764 Rn. 2. Für die Zeit nach Rechtskraft des Aufhebungsbeschlusses weichen die vermögensrechtlichen Folgen der Aufhebung nicht von der Anfechtung ab.

28 S. o. § 4 I 1 a mit Fn. 1.

hebung nach § 1763 BGB resultierenden vermögensrechtlichen Lasten in einer am Wohle des Kindes orientierten Weise zu verteilen. Wenn den leiblichen Eltern nämlich die Mittel zur Aufzucht ihres Kindes gegeben werden, erübrigt sich unter Umständen eine neuerliche Adoption mit einem nochmaligen, dem Kind abträglichen Wechsel der Bezugspersonen. Jedenfalls erscheint diese analoge Anwendung von § 122 BGB aber zivilrechtlich weit befriedigender als die Freistellung des verantwortungslosen Annehmenden von den vermögensrechtlichen Belastungen aus dem Annahmeverhältnis.

3.) *Der Umfang des Schadensersatzanspruchs aus § 122 BGB*

a) *Nach § 122 BGB ersatzfähiger Schaden*

Die Haftung aus § 122 BGB analog verpflichtet den Annehmenden bekanntlich zum Ersatz des Vertrauensschadens. Die leiblichen Eltern sind demnach so zu stellen, wie sie stünden, wenn sie nicht auf den Antrag des Annehmenden nach § 1752 BGB vertraut hätten[29]. Hier wird das Vermögen der leiblichen Eltern dadurch beeinträchtigt, daß sie wieder für das ehemalige Adoptivkind aufkommen müssen. Hätten sie nicht auf die Erklärung des Annehmenden vertraut, so wäre ihnen diese Belastung mit hoher Wahrscheinlichkeit erspart geblieben. Denn dann wäre das Kind anderweitig adoptiert worden.

Diese Vermögenseinbuße wird von § 122 BGB erfaßt. Daß die Belastung mit Unterhaltspflichten grundsätzlich als Schaden angesehen werden kann, wird von der Rechtsprechung des BGH[30] und der h.M.[31]

---

29 Zur Pflicht, den Geschädigten so zu stellen, wie er stünde, wenn er nicht auf die Willenserklärung des Ersatzpflichtigen vertraut hätte, s. RGZ 170, 281, 284; BGH, NJW 1984, 1950, 1950f; Soergel-Hefermehl §122 Rn. 4; Münch.Komm.-Kramer §122 Rn. 8; Palandt-Heinrichs §122 Rn. 4.

30 BGH, NJW 1980, 1450, 1451f; 1980, 1452, 1453; 1981, 630, 631; BGHZ 124, 128, 138-146; nun auch BVerfG, NJW 1998, 519ff.

31 Rspr.und Lit. zu diesem teilweise erbittert geführten Streit sind mittlerweile kaum mehr zu überschauen; zust. zur Rspr. des BGH in neuerer Zeit z.B. Harrer, DAV 1990, 509ff; ders., FuR 1990, 206ff; Deutsch, NJW 1993, 2361ff; ders., VersR 1995, 609ff; Emmerich, JuS 1994, 608f; zuletzt Soergel-Zeuner §823 Rn. 19 mit Fn. 41/42; Palandt-Heinrichs Vor §249 Rn. 47-48a; a.A. BVerfGE 88, 203, 204 (Leitsatz 14) u. 295f; OLG Bamberg, NJW 1978, 1685ff; OLG München, NJW 1981, 2012ff; OLG Frankfurt, NJW 1983, 341ff; im Schrifttum z.B. Roth, NJW 1994, 2402ff; Pik-

bejaht. Dem kann hier gefolgt werden, ohne daß es auf den bekannten Streit, ob ein unerwünschtes Kind bzw. der mit seiner Geburt begründete Unterhaltsanspruch ein Schaden sein kann, überhaupt ankommt. Denn dieser Diskussion liegt der Fall einer unerwünschten Geburt eines Kindes nach fehlgeschlagener Abtreibung, Sterilisation o.ä. zugrunde. Im Kerne geht es dort also darum, daß die Schädigungshandlung in der unterlassenen Verhinderung menschlichen Lebens liegt. «Alle einschlägigen Fälle weisen die Gemeinsamkeit auf, daß eine Kausalitätsbedingung der — negativen, den Vermögensschaden herbeiführenden — realen Lage die positive Existenz des Kindes ist, umgekehrt die hypothetische Lage auf der Annahme der Nichtexistenz des Kindes beruht, unabhängig vom Grund der Nichtexistenz»[32]. Diese ethische Problematik steht hier nicht zur Debatte. Vorliegend wird die Belastung mit Unterhaltsansprüchen des Kindes allein durch die Änderung seiner familienrechtlichen Zuordnung verursacht. Der hierfür zu leistende Schadensersatz ist am ehesten noch mit den Regreßansprüchen eines Ehemannes zu vergleichen, dessen Rechtsanwalt bei der Ehelichkeitsanfechtung schuldhaft die Anfechtungsfrist versäumte. In diesem Falle verurteilte der BGH den Rechtsanwalt ohne weiteres zum vollen Ersatz der Unterhaltsleistungen[33], was wenig Empörung auslöste[34]. Jedenfalls kann die Existenz des Kindes hier in keinem Falle mit dem Schaden identifiziert werden. Die Schädigungshandlung besteht auch nicht in der unterbliebenen Tötung des Kindes, sondern in der Gefährdung seines Wohles. Daß dies zum Schadensersatz verpflichten kann, dürfte unstreitig sein.

Die unterbliebene Übernahme der Unterhaltspflicht durch einen anderen Adoptionswilligen ist auch ein nach § 122 BGB beachtlicher Schaden. Denn bei der Ermittlung des Vertrauensschadens sind die §§ 249 ff BGB anwendbar[35]. Die leiblichen Eltern können folglich nach § 252 BGB auch Schadensersatz für den entgangenen Gewinn verlan-

ker, AcP 1995, 483ff; zuletzt Stürner, JZ 1998, 317ff; Laufs, NJW 1998, 796ff jeweils m.w.N.

32 Schöbener, JR 1996, 93.

33 BGHZ 72, 299, 300f.

34 Vgl. hierzu Diederichsen, VersR 1981, 693.

35 Staudinger-Dilcher § 122 Rn. 10; ähnlich Münch.Komm.-Kramer § 122 Rn. 8; Palandt-Heinrichs § 122 Rn. 4f.

gen[36]. Dies schließt alle Vermögensvorteile ein, die dem Geschädigten ohne das schädigende Ereignis zugeflossen wären, also auch die Befreiung von Verbindlichkeiten. Voraussetzung ist allein, daß diese Vorteile gemäß § 252 S. 2 BGB «nach dem gewöhnlichen Lauf der Dinge (...) mit Wahrscheinlichkeit erwartet werden konnte(n)».

Die leiblichen Eltern müssen demnach dartun, daß sie mit Wahrscheinlichkeit von der Unterhaltsverpflichtung befreit worden wären, wenn sie nicht auf den Antrag des Annehmenden nach § 1752 BGB vertraut hätten. Dabei sind allerdings an ihre Darlegungspflicht keine allzu hohen Anforderungen zu stellen[37]. Es genügt, wenn sie Umstände vortragen, aus denen hervorgeht, daß das Kind nach gewöhnlichem Lauf der Dinge auch von einem anderen Adoptionswilligen angenommen worden wäre. Davon ist angesichts der Tatsache, daß weit mehr Adoptionsbewerber als zur Adoption freigegebene Kinder registriert werden[38], in aller Regel auszugehen. Denn ohne Vertrauen in den Antrag des Annehmenden nach § 1752 BGB hätten die leiblichen Eltern ihre Einwilligung in die Adoption durch diesen Adoptionswilligen nicht erteilt. Das Kind wäre dann von einem anderen Bewerber angenommen worden. Allenfalls bei kranken oder behinderten Kindern könnte hier anderes gelten.

b) *Umfang des Schadens*

Die leiblichen Eltern können somit Schadensersatz verlangen, soweit ihre Befreiung von der Unterhaltspflicht fortgefallen ist. Positiv ausgedrückt ist also ihre Unterhaltsbelastung nach Aufhebung der Adoption maßgeblich für den Schadensersatzanspruch nach § 122 BGB: Der An-

---

36 Dazu, daß auch das Nichtzustandekommen eines anderen Rechtsgeschäftes zu dem von § 122 BGB erfaßten Schaden gehört, s. BGH, NJW 1984, 1950, 1951; zust. zur Anwendung von § 252 BGB in diesem Zusammenhang z.B. Soergel-Hefermehl § 122 Rn. 4; Münch.Komm.-Kramer § 122 Rn. 8; Palandt-Heinrichs § 122 Rn. 4.

37 S. BGHZ 29, 393, 397f; BGH, NJW 1993, 1989, 1990; Soergel-Mertens § 252 Rn. 12; Münch.Komm. § 252 Rn. 9c; Palandt-Heinrichs § 252 Rn. 5.

38 Für die Zeit vor Inkrafttreten des neuen Adoptionsrechtes s. die Zahlen in BT-Drucks. 7/3061, 18 (bis 1972); für die Zeit bis 1989 s. die tabellarische Zusammenstellung in Münch.Komm.-Lüderitz vor § 1741 Rn. 9. Von entsprechenden Zahlenverhältnissen ist auch in neuester Zeit noch auszugehen, s. Paulitz, ZfJ 1997, 129.

nehmende muß ihnen nur den Unterhalt ersetzen, den sie selbst zu leisten haben. Insoweit kann auf die Rechtsprechung des BGH zum Schadensersatz für die Belastung mit Unterhaltsverpflichtungen ungeplanter Kinder zurückgegriffen werden: Auch in den dort zugrundeliegenden Fällen ist nicht der konkrete Aufwand der Eltern für das Kind zu ersetzen, sondern nur ein pauschalierter Betrag[39]. Zweifelhaft könnte allenfalls erscheinen, ob dieser Ersatzanspruch ebenso wie der Schadensersatz für Unterhaltsverpflichtungen gegenüber ungewollten Kindern anhand der Regelunterhaltsverordnung bzw. ihrer Nachfolgerin, der Regelbetrag-Verordnung zu ermitteln ist[40]. Eine solche Orientierung am Existenzminimum traf auch bei denjenigen, die die Rechtsprechung des BGH zum Schadensersatz für ungeplante Unterhaltsverpflichtungen befürworten, auf Kritik[41]. Im vorliegenden Zusammenhang spricht auch der Vergleich mit dem Schadensersatzanspruch gegen einen Rechtsanwalt, der die Frist zur Ehelichkeitsanfechtung versäumt, für den Ersatz der gesamten Unterhaltsbelastung. Denn in diesem Fall verurteilte der BGH tatsächlich zur Totalreparation[42].

Allerdings stellt sich diese Frage in vorliegendem Zusammenhang nicht mit ähnlicher Dringlichkeit wie beim Schadensersatz für Unterhaltsansprüche ungewollter Kinder. Denn das ehemalige Adoptivkind kann ja in jedem Falle die Aufstockung dieser Zahlungen auf das Unterhaltsniveau, das der Annehmende zu erbringen hätte, als eigenen

39 BGH, NJW 1980, 1452, 1454-1456; bestätigt in BGHZ 124, 128, 144; zum allgemeinen Zusammenhang der sonstigen Schadenspauschalierungen s. Steffen, VersR 1985, 606.

40 Da der BGH den Schadensersatz für die Unterhaltsbelastung nach der zwischenzeitlich aufgehobenen RegelunterhaltsVO bemaß (s. die Nachweise in voriger Fn.), steht nunmehr die Heranziehung der Regelbetrag-VO zu erwarten.

41 Dazu, daß das Ergebnis der höchstrichterlichen Rspr. «dogmatisch nicht zwingend» ist, s. schon das eigene Eingeständnis in BGH, NJW 1980, 1452, 1455. Abweichend vom BGH plädieren für den Ersatz der konkreten Unterhaltsbelastung nach dem Grundsatz der Totalreparation etwa Münch.Komm.-Grunsky Vor § 249 Rn. 12a; wohl auch Deutsch, VersR 1995, 611; für die Heranziehung der Düsseldorfer Tabelle LG Freiburg, NJW 1977, 340, 341; Harrer, FuR 1990, 209f; krit. in dogmatischer Hinsicht auch Medicus, VersR 1981, 603, der das Ergebnis jedoch aus rechtspolitischer Sicht billigt.

42 S. BGHZ 72, 299, 300f.

Schaden geltend machen[43]. Insoweit ist seine materielle Versorgung im früheren Umfang auch dann sichergestellt, wenn man den Schadensersatzanspruch seiner Eltern mit oben angeführter Rechtsprechung nur nach der Regelbetrag-Verordnung bemißt.

Eine Minderung dieses Anspruchs der leiblichen Eltern durch ein Mitverschulden an der Aufhebung dürfte kaum jemals in Frage kommen. Von größerer Relevanz dürfte hier die Frage nach einer Vorteilsausgleichung sein. Denn es könnten öffentlich-rechtliche Leistungen wie Kindergeld nach den Regeln der Vorteilsausgleichung anzurechnen sein. Dies hat der BGH beim Schadensersatz für Unterhaltsansprüche wegen fehlgeschlagener Sterilisation oder ähnlichen ärztlichen Fehlern ohne weiteres aus «allgemeinen schadensrechtlichen Grundsätzen» bejaht[44]. Dies erscheint indessen fragwürdig. Denn nach eben diesen «allgemeinen schadensrechtlichen Grundsätzen» ist der durch die schädigende Handlung mitverursachte Vermögensvorteil nicht unbegrenzt anrechenbar. Er kann nur dann berücksichtigt werden, wenn dies nach Sinn und Zweck der Schadensersatzpflicht angemessen erscheint und den Schädiger nicht unbillig entlastet[45]. Öffentlich-rechtliche Leistungen wie Kindergeld stellen aber staatliche Zuwendungen dar, die allein den Familien zugute kommen sollen. Ihr Sinn und Zweck liegt ja gerade darin, die mit der Aufzucht von Kindern verbundenen Lasten wenigstens in materieller Hinsicht zu vermindern. Dieser Effekt tritt hier aber nicht ein, wenn man diese Zuwendungen im Rahmen einer Vorteilsausgleichung anrechnet. Denn die leiblichen Eltern erhielten ihren Vermögensschaden, den sie durch die Belastung mit der Unterhaltsverpflichtung erleiden, dann nur abzüglich der öffentlich-rechtlichen Leistungen erstattet. Im Ergebnis würden nicht sie entlastet, sondern der Annehmende, also der Schädiger. Damit verlören besagte staatliche Leistungen ihren Sinn. Eine Anrechnung würde somit gerade nicht dem Sinn und Zweck der Verpflichtung zum Schadensersatz entsprechen und den

43 S. hierzu § 2 VII 7 a.

44 BGH, NJW 1980, 1452, 1456.

45 S. schon BGHZ 8, 325, 328 ff; BGH, NJW 1979, 760, 760 f; vgl. die weiteren Nachweise o. § 2 VII 7 a mit Fn. 177.

Schädiger unbillig entlasten[46]. Deshalb scheidet eine Vorteilsausgleichung in vorliegendem Zusammenhang aus.

4.) *Ansprüche aus §§ 823 ff BGB*

Hingegen können sich die leiblichen Eltern im Gegensatz zu ihrem Kind nach Aufhebung der Adoption nicht auf eine Haftung des Annehmenden aus §§ 823 ff BGB berufen. Solche Ansprüche scheitern schon daran, daß sich die Schädigungshandlung des Annehmenden nicht gegen sie, sondern gegen das Adoptivkind richtete. Dessen leibliche Eltern sind somit nur mittelbar Geschädigte. Diese können ihren Vermögensschaden aber bekanntlich nur in den besonders geregelten Fällen wie etwa §§ 844, 845, 618 Abs. 3 BGB geltend machen[47].

5.) *Zwischenergebnis*

Die leiblichen Eltern können vom Annehmenden aus § 122 BGB analog den Ersatz des Schadens verlangen, der ihnen dadurch entsteht, daß sie auf dessen Erklärung gegenüber dem Vormundschaftsgericht nach § 1752 BGB vertrauten. Dieser Schaden umfaßt die unterbliebene Befreiung von den Unterhaltsansprüchen, die durch eine anderweitige Adoption eingetreten wäre. Der Schadensersatz umfaßt den Ausgleich der Unterhaltsleistungen, die sie selbst zu leisten haben. Eine Vorteilsausgleichung wegen öffentlich-rechtlicher Leistungen scheidet aus.

II. Ansprüche der leiblichen Eltern gegen Dritte

Wie oben ausgeführt[48], kann das ehemalige Adoptivkind auch von Dritten Schadensersatz verlangen, wenn deren Verhalten die Aufhebung des Annahmeverhältnisses (mit)verursacht hat. Dagegen stehen den leiblichen Eltern solche Ansprüche nach Aufhebung der Adoption nicht zu. Denn für eine Haftung aus § 122 BGB fehlt es hier schon an einem

---

46 Vgl. in diesem Sinne die Ausführungen von Medicus, VersR 1981, 597 f; krit. zur Rspr. des BGH insoweit auch Diederichsen, VersR 1981, 695 mit Fn. 23.

47 RGZ 57, 353, 355; BGHZ 7, 30, 33 f; Frank, JA 1979, 584; Soergel-Mertens Vor § 249 Rn. 20; Medicus, Bürgerliches Recht Rn. 834; zuletzt Palandt-Heinrichs Vor § 249 Rn. 109 f.

48 S. § 3 II u. IV.

privatrechtlichen Rechtsgeschäft des Dritten, auf das die leiblichen Eltern hätten vertrauen können. Für Ansprüche aus §§ 823 ff BGB hingegen gilt das gerade oben Gesagte: Hier ist nur das Kind unmittelbar geschädigt worden. Die Vermögensschäden mittelbar Geschädigter sind aber grundsätzlich nicht zu ersetzen.

III. Ansprüche sonstiger Familienangehöriger

Neben den leiblichen Eltern erleiden möglicherweise auch andere Familienangehörige durch die Rückgliederung des Angenommenen in seinen alten Familienverband Vermögensnachteile. Denkbar ist etwa, daß leibliche Geschwister durch die unerwartete Zusatzbelastung ihrer Eltern nicht mehr im bisherigen Umfang versorgt werden können. Ganz sicher mindert sich aber durch das Wiederaufleben der Verwandtschaft zum ehemaligen Adoptivkind ihr Erbteil. Fraglich ist, ob auch diese Vermögensnachteile auszugleichen sind.

1.) *Ansprüche aus § 122 BGB analog*

Eine Haftung der ehemaligen Adoptiveltern aus § 122 BGB analog dürfte diesen leiblichen Verwandten des Angenommenen gegenüber nicht in Betracht kommen. Denn ihnen ist wohl kein schutzwürdiges Vertrauen in die Erklärung der Adoptionswilligen gegenüber dem Vormundschaftsgericht zuzubilligen: Sie waren ja an den privatrechtlichen Rechtsgeschäften, die zur Adoption führten, in keiner Weise beteiligt. Unter Umständen waren sie zu dieser Zeit noch nicht einmal geboren. Die Tatsache, daß die Entlastung ihrer Eltern durch die Adoption eines anderen Kindes mittelbar auch dessen Geschwistern zugute kommt, ist wohl nur als Rechtsreflex, nicht aber als rechtlich geschützte Erwartung anzusehen. Im übrigen werden die Abkömmlinge ja auch nicht vor der Geburt weiterer leiblicher Geschwister geschützt, die ihre Vermögensinteressen in derselben Weise beeinträchtigen[49].

49 Vgl. die Parallelproblematik bei der Adoption, wenn dadurch Erbteil und Unterhalt leiblicher Kinder vermindert werden (hierzu etwa Grziwotz, FamRZ 1991, 1400; ähnlich zu «aufgedrängten» Enkeln noch Beitzke/Lüderitz 26.A. 1992 § 33 V 1): Nach § 1745, S. 2 BGB sollen vermögensrechtliche Interessen hier ausdrücklich nicht ausschlaggebend sein.

2.) *Ansprüche aus §§ 823 ff BGB*

Im Hinblick auf Ansprüche aus §§ 823 ff BGB kann auf die obigen Ausführungen zu den Ansprüchen gegen die leiblichen Eltern verwiesen werden: Wenn schon diesen als lediglich mittelbar Geschädigten kein Ausgleich ihrer Vermögensnachteile zugesprochen werden kann, so gilt dies noch viel mehr für weitere leibliche Geschwister des ehemaligen Adoptivkindes. Denn deren Schaden etwa in Form des verringerten Unterhaltsanspruchs wird ja wiederum erst über die Eltern vermittelt.

3.) *Zwischenergebnis*

Sonstige Familienangehörige können mangels schutzwürdigen Vertrauens in den Antrag der Adoptionswilligen nach § 1752 BGB keinen Vertrauensschaden gemäß § 122 BGB analog geltend machen. Da sie durch das zur Aufhebung der Adoption führende Fehlverhalten der Adoptiveltern lediglich mittelbar geschädigt werden, scheiden auch Schadensersatzansprüche aus §§ 823 ff BGB aus.

IV. Ergebnis

Von dritter Seite können nur Ansprüche gegen die ehemaligen Adoptiveltern aus § 122 BGB analog geltend gemacht werden. Diese Ansprüche stehen allein den leiblichen Eltern zu. Sie können auf diesem Wege den Ausgleich der nach § 1764 Abs. 3 BGB wiederauflebenden Unterhaltsverpflichtungen gegenüber ihrem leiblichen Kind verlangen.

Zusammenfassung

Vorliegende Dissertation beschäftigt sich mit den vermögensrechtlichen Folgen der vom Annehmenden verschuldeten Aufhebung eines Annahmeverhältnisses: Mit den Änderungen in den Verwandtschaftsbeziehungen geht zwangsläufig der Verlust von Unterhaltsansprüchen und gesetzlichem Erbrecht des Angenommenen einerseits und die Belastung der leiblichen Verwandtschaft mit entsprechenden Verpflichtungen andererseits einher. Dieser Aspekt wurde bislang bei der Beschäftigung mit der Auflösung von Annahmeverhältnissen weitgehend vernachlässigt. Rechtsprechung und Literatur behandelten die vermögensrechtlichen Einbußen des Angenommenen allein als Abwägungskriterium bei der Frage, ob die Aufhebung der Adoption erforderlich ist. Diese Behandlung widerspricht indessen, wie im ersten Kapitel dieser Arbeit gezeigt werden soll, den eindeutigen Wertungen des Gesetzgebers. Denn danach sollen vermögensrechtliche Interessen bei der Entscheidung über Zustandekommen oder Auflösung eines Annahmeverhältnisses nicht ausschlaggebend sein. Deshalb wird in vorliegender Arbeit ein anderer Ansatz vorgeschlagen: Die beschriebenen wirtschaftlichen Auswirkungen sollen nicht bei der Entscheidung darüber, ob die Adoption aufzuheben ist, berücksichtigt werden, sondern eine eigenständige Behandlung erfahren. Es ist daher zu untersuchen, ob das Fehlverhalten des Annehmenden, das zur Auflösung der Adoptivverwandtschaft führt, Schadensersatzansprüche auslösen kann.

Im zweiten Kapitel dieser Arbeit werden zunächst mögliche Anspruchsgrundlagen für einen Schadensersatzanspruch des Angenommenen untersucht. Im Ergebnis sind Ansprüche aus § 823 Abs. 2 in Verbindung mit § 1666 Abs. 1 BGB und aus § 826 BGB zu bejahen. Dieser deliktischen Haftung des Annehmenden stehen im vorliegenden Zusammenhang auch nicht die familienrechtlichen Erwägungen entgegen, die Rechtsprechung und Literatur im Eherecht herausgearbeitet haben. Allerdings kann der Angenommene aus § 823 Abs. 2 in Verbindung mit § 1666 Abs. 1 BGB nur Schadensersatz für den Verlust seiner Unterhaltsansprüche verlangen. Einen Ausgleich für den Wegfall seines gesetzlichen Erbrechtes kann er nur dann beanspruchen, wenn die weitergehenden Voraussetzungen des § 826 BGB erfüllt sind.

Das dritte Kapitel dieser Dissertation ist den Ansprüchen des Angenommenen gegen Dritte gewidmet. Diese kommen dann in Betracht, wenn neben dem Angenommenen eine weitere Person für die Aufhebung des Annahmeverhältnisses verantwortlich ist. In diesem Falle kann das ehemalige Adoptivkind auch von dem Dritten wegen der Verletzung des Eltern-Kind-Verhältnisses Schadensersatz verlangen. Denn das Eltern-Kind-Verhältnis ist als sonstiges Recht gemäß § 823 Abs. 1 BGB anzusehen. Daneben kommen auch hier Ansprüche aus § 826 BGB in Betracht, sofern die weitergehenden Voraussetzungen der vorsätzlichen, sittenwidrigen Schädigung vorliegen.

Im vierten Kapitel dieser Arbeit werden schließlich mögliche Ansprüche Dritter untersucht. Hierbei geht es vor allem um den Ausgleich für die zusätzliche Belastung der leiblichen Eltern, die dem ehemaligen Adoptivkind nach der Aufhebung wieder Unterhalt leisten müssen. Ihnen stehen allerdings keine Ansprüche aus §§ 823 ff BGB zu, da sie durch die Pflichtverletzung des Annehmenden nur mittelbar geschädigt werden. Hingegen können sie aus § 122 BGB analog den Ersatz des Schadens verlangen, den sie dadurch erleiden, daß sie auf den Antrag des Annehmenden nach § 1752 BGB vertrauten.

Peter Lang · Europäischer Verlag der Wissenschaften

Kurt Seelmann (Hrsg.)

Aktuelle Fragen der Rechtsphilosophie

Frankfurt/M., Berlin, Bern, Bruxelles, New York, Oxford, Wien, 2000. 143 S.
ISBN 3-631-36193-9 · br. DM 48.–*

Viele der heute in der Öffentlichkeit erörterten Fragen haben eine zentrale rechtsphilosophische Komponente. Ob Schwangerschaftsabbruch, Umweltschutz, Strafbarkeit von „Mauerschützen", Nationalismus, mitmenschliche Solidarität, Ordnung des Arbeitslebens, Menschenrechtsschutz und Achtung staatlicher Souveränität sowie Sterbehilfe – überall geht es um die Möglichkeit einer rationalen Begründung nichtpositiver Richtigkeitskriterien und um die Bestimmung einer sinnvollen Begrenzung rechtlicher Regelungen. Didaktisch besonders anregende Beiträge aus den *Rechtsphilosophischen Heften* sind hier zu einem Reader zusammengefaßt.

Aus dem Inhalt: Schutz des Lebens · Grenzen des positiven Rechts · Verteilungsgerechtigkeit · Nationalismus · Solidarität · Philosophie des Arbeitsrechts · Menschenrechtsschutz · Sterbehilfe

FSC
www.fsc.org
MIX
Papier | Fördert
gute Waldnutzung
FSC® C083411

Kolibri 360 GmbH
Ferdinand-Jühlke-Straße 7
99095 Erfurt, Deutschland
produktsicherheit@kolibri360.de

Druck:
CPI Druckdienstleistungen GmbH
im Auftrag der
Kolibri 360 GmbH
Ferdinand-Jühlke-Str. 7
99095 Erfurt